KB010167

땅이름의 문화찾기

정호완 저

어회

▌머리말 ▌

　마을은 우리 삶의 둥지라고 할 수 있습니다. 이 둥지에 사람들이 새처럼 깃들여 살다가 저승으로 돌아갑니다. 사람보다 그가 남긴 예술이 길듯이 마을의 이름이나 강산의 이름, 더러는 겨레의 이름은 오래 두고 입에서 입으로 전해지기도 하고 끈질기게 살아 쓰입니다.

　언제 적의 서울이 지금도 서울인가 말입니다. 이같이 땅이름이란 아주 보수적이어서 우리 옛말의 모습을 잘 알기 어려운 판에 땅이름은 중요한 광맥이 된다고 할 것입니다.

　우리말이란 우리 겨레의 삶의 양식이라고 할 문화를 반영한다는 생각을 오랫동안 하면서 이를 위한 작업을 해 보았으면 하는 게 저의 소박한 바람이었습니다. 특히 잃어버린 왕국이라 하기에는 너무나도 큰 역사의 길목을 차지한 가락(駕洛) 언어의 모습은 어떠했을까 하는 궁금증 같은 것이 늘 떠나지 않았습니다. 제가 10여 년 전에 「우리말의 상상력」이란 소품을 내놓은 것도 기실은 그러한 생각의 작은 열매였다고 봅니다.

　이런 저런 기회에 익지 않은 글을 발표한 것을 글 모음의 형식으로 엮어 보았습니다. 우선 앞으로 보다 더 애정을 가지고 공부해 보았으면 하는 다짐의 정표로서 이 글을 묶었으니 행여 관심이 있는 분의 많은 도움의 말씀을 기다리겠습니다.

우리말은 우리 겨레의 영혼이어야 한다는 생각을 가지면서 스스로를 다짐해 보는 때가 많습니다. 더러는 잘못된 부분이 많을 것입니다. 차차 고쳐 나아가기로 하겠습니다.

자진모리 장단의 '대～한민국'이 이 나라 마을 마을마다 메아리칠 때 우리는 참으로 하나됨에의 그리움이 가을 언덕에 들꽃처럼 피어나리라고 생각합니다. 언젠가 그 날이 오기를 기다리면서요.

임오년 입추절에
감내 정호완 올림

제3부
곰신앙과 조상숭배

제4부
단군왕검의 문화론적 풀이

제1부

거북신앙과 땅이름

가락(駕洛)과 거북신앙

1. 머리말

말이란 사회제도이며 이를 통하여 역사와 문화를 이어가게 마련이다. 마침내 어떤 모양으로든 특정한 겨레가 이루어 놓은 문화는 언어에 되비쳐 드러나게 되어 있다. 특히 가장 보수성이 강한 언어 자료가 땅이름이다.

≪삼국유사≫의 기록을 중심으로 할 때, 여섯 가야의 구심점이 되는 것이 김해 중심의 금관가야다. 가락(駕洛)의 뜻을 풀이하는 이의 관점에 따라서 여러 갈래의 고리들이 있다. 가락은 하천이다. 가락은 갈래이다. 가락은 가운데이다. 가락은 변한 지역에서 발생한 나라이니 끝 부분이다. 가락에 처음으로 나라를 세웠으니 도읍이란 뜻이 된다. 특히 이병선(1989, 한국고대국명지명 연구)에서 금관의 금(金)은 군왕이요, 관(官)은 성읍으로 추정한 바 있다.

한편 방법을 달리 하여 외래어 기원설을 주장하는 이들도 있다. 이르자면, 18세기에 유득공은 경도잡지(京都雜志)에서 몽고어 기원의 가능성을 보인 바 있으며, 강길운(1992, 고대사의 비교언어학적 연구)에서 드라비다어의 기원을 주장하였다. 강길운의 지적은 눈여겨볼 필요가 있다. 아유타의 공주가 김수로왕의 왕비가 되면서 불교전파가 되었음을 떠올린다. 인도의 드라비다 말에서 가라가 우리말에 차용되어 가락으로 쓰였음을 떠올리면서 그럴 만한 까닭을 설명한다.

그렇다면 4세기 이후에 불교가 들어 온 고구려나 백제, 신라의 경우는 어떠한가. 원나라의 공주를 아내로 맞이한 고려조 공민왕의 경우도 그러한가. 미루어 보건대 불교문화가 가락에 들어 온 뒤에 고유문화와 접합이 이루어진 것으로 보인다. 언어는 문화기호라는 관점에서 볼 때, '가락'이 우리의 고유한 토템신앙을 드러내 준다는 점에서 이를 뒷받침해주고 있다. 가락을 김해의 기원적인 이름으로 보는 까닭에 먼저 가락에 대한 문화론적인 논의의 실마리를 잡아서 살펴보고자 한다.

6세기에 신라가 가락국을 통합하고 불교를 국교로 받아들이면서 비슷한 소리와 느낌에 따라서 고쳐 썼을 가능성이 있다.

오늘날의 국어사 연구나 교육에 있어서 김해 곧 가락의 존재란 너무나도 허술하기가 이를 데가 없다. 그저 한 두 줄의 풀이가 있을 뿐인데 과연 누가 있어 자신 있게 딱 부러지게 이야기를 할 수 있을까. 물론 가락에 대한 언어자료가 없으니까 누가 누구를 탓할 수는 없다.

≪삼국유사≫의 가락국기를 따르자면 490여 년 동안이나 존속한 가락의 왕조는 신라 고구려 백제와 함께 원삼국시대의 한 갈래가 분명하거늘 그냥 내버려 둘 수만은 없다. 1970년대 들어서면서 가락의 유물유적을 중심으로 한 국사학계의 연구는 앞으로의 가락문화에 대한 실체규명을 밝게 하고 있다. 언어는 문화라는 문화기호론적인 바탕 위에서 가락국 언어의 징표라 할 가락의 문화기호론적인 형태와 의미를 상정하고 여기서 갈라져 나아간 땅이름의 겨레들을 살펴봄으로써 어느 정도의 실마리를 풀 수 있지 않을까 한다.

가락의 말은 가락의 문화라는 관점에서 '가락'이 거북 제의를 바탕
으로 하는 감(駕-甘)의 표기이며 낙동강 중심의 여섯 가야의 지명에
어떻게 분포되어 있고 다른 지명의 형성 과정에 어떻게 방사되었는가
를 살펴보고자 함이 이 글의 목적이다.

먼저 가락의 다양한 표기를 알아보고 김해를 비롯한 가야의 지역으
로 추정되는 고장의 땅이름에 어떻게 거북신앙이 맞물려 반영되어 있
는가. 이러한 작업들은 거북신앙을 문화적인 기원으로 하는 김해지역
의 언어자료를 검색하고 언어구조를 캐어 가는 길목에 반드시 필요한
거멀못이 될 것으로 본다.

2. 가락(駕洛)과 거북신앙

가락을 표기하는 자료나 풀이하는 관점에 따라서 그 적기는 아주
다양하다. 어느 것을 중심으로 해야 할 지가 의문스럽다. 먼저 한자로
적은 가락의 표기들을 살펴보도록 한다.

(1) 가야의 표기 분포
ㄱ. 駕洛(삼국유사 가락국기)/伽落(삼국사기 34 지리 1)
ㄴ. 加羅(삼국사기)/加良(삼국사기)
ㄷ. 伽耶(삼국유사)/伽倻(삼국사기)
ㄹ. 狗邪(삼국지위지동이전)

입천장소리되기와 소리의 약화탈락으로 '가락-가라-가야'의 과정
을 거쳐서 가야가 되었다는 이병선(1989)의 풀이가 있다. 그러니까 가

락을 기원형으로 보고 있는 셈이다. 김해의 옛 이름 중에서 가락을 금
관과 맞걸어 생각할 때 금(金) - 군왕 / 관(官) - 읍으로 상정할 수 있
을 것으로 보고 군왕이 거처하는 도읍으로 뜻매김을 하고 있다. 가락
이 두 가지로 적혀 있는데 가락(駕洛)이 기본이고 나머지는 그 다음
인 것으로 본다. 뒤에 풀이하겠거니와 가락의 가(駕)는 거북신앙을 드
러내는 감(검)/가마를 적어 놓을 가능성이 있기 때문이다.

먼저 가량(加良)의 경우를 떠올려 보자. 신라 향가의 표기로 보아
량(良)은 -아/어(라/러)로 적힘을 보더라도 결국 가량은 가라의 이표
기로 보아 큰 무리는 없을 것이다. 다음으로 구사(狗邪)의 적기는 어
떻게 보아야 할까. 강길운(1990)에서 구사가 가야의 잘못된 적기로서
가야가 옳다는 것이다. 이병선(1989)에서도 크게는 같다고 하겠다. 자
료에 기록이 되었다고 하여 모두가 그대로 받아들이기란 잘 살펴 볼
필요가 있으나 그렇다고 해서 분명히 구사로 적힐 까닭이 있음에도
이건 별 게 아니라 함도 또한 있을 수 없는 일이다. 구사는 굿 또는
구시의 적기가 아닌가 한다.

김해에서는 옛부터 쇠가 많이 나오는 곳으로 이름이 알려져 온다.
쇠는 청동기시기에 구리라고 했다. 구리의 형태와 낱말의 겨레들을 생
각해 보면 구리(굴+이-구리)→굴-군-굿이 되니까 굿에 씨끝 '-이'
가 달라붙으면 구시 혹은 구사의 형태가 나옴을 알게 된다. 이두식으
로 간추려 보면 구사-굿의 맞걸림이 가능할 것으로 보인다.

굿은 크게 두 가지의 뜻으로 풀이된다. 하나는 종교공간으로서 굿
이요, 다른 하나는 구리쇠로서의 굿이다. 오늘날에 와서 굿은 무당의
연희 행위를 통틀어 이르는 말이 되었지만 옛말로는 종교공간이면서
행정공간이었던 것으로 보인다. 한마디로 굿은 굴이었다고 보면 좋을

것이다. 적어도 굴살이를 하던 그 때에 종교 지도자이면서 행정의 머리 구실을 하던 제사장이 살던 장소는 겨레들의 모꼬지라 할 수 있지 않은가. 조상신을 향한, 아니면 하늘과 땅신을 향한 제의가 있을 적이면 적어도 온 겨레들의 잔치가 벌어지게 마련이다. 잘못한 사람도 용서해 주고 짝이 없던 이들도 짝짓기를 하는 등 참으로 좋은 계기가 됨직하다.

옛적 무덤을 보면 무덤 들어가는 입구에 연도라고 해서 무덤 안의 공간에 제의를 위한 이바지 물건을 마련해 놓고 거기서 제사를 모시고 신을 위한 춤을 추며 노래를 부른다. 뒤로 오면서 제의 공간이란 뜻은 없어져 버리고 연희행위의 개념으로만 쓰이게 된 것으로 보인다. 중세국어에서 구의 또는 구위가 관청을 뜻하는 말임을 생각하면 굴살이의 발자취를 실감하게 해 준다. '구의'의 형태발달 과정을 보면 굿의-구싀-구싀-구의에서 비롯됨을 알 수 있다. 행정과 종교가 한 사람에 의하여 다스려지기 때문에 종교 공간이 곧 행정공간이 되지 않겠는가.

한편 다른 하나는 구리쇠가 나오던 곳임을 드러내는 것일 수가 있다. ≪삼국유사≫의 가락국기를 보면 김수로왕은 금 궤짝 속의 금알에서 태어났음을 알 수 있다. 이로 말미암아 태어난 이의 성을 김으로 하게 되었던 것이다. 김씨의 성은 본디의 소리가 금(金)이다. 금이란 물질로 보아 쇠이지만 소리로만 보고 문화기호론 관점에서라면 거북을 적은 글자로 보인다.

(2) 구사(狗邪)의 상징과 거북(감) 신앙
ㄱ. 굿＋이＞구시＞구싀＞구이＞귀[굴]/굴자(屈自)-굿〈창원〉거시(居自)
   〈언양〉[굴-穴居生活]

ㄴ. 구사(狗 邪)-굿-굼-굴(굴＋이＞구리)[靑銅器]

ㄷ. 금궤짝-황금알-금수로왕(금→금.검.감)[거북신앙과 철기문화의 공유]

ㄹ. 감(가마 盆·龜·甘 거무.거미))-금[駕.架-檢.儉-今.金.琴(龜)]거북(龜)-
거미(거무.거먹.거묵)(땅이름사전)

보기(2)의 자료를 보면 구사의 표기가 한갓 지나칠 정도의 부름말
인가를 의심하게 된다. 창원과 언양의 땅이름을 보더라도 구사의 속내
를 의심할 수 가 없다. 창원은 김해부의 주요한 속군으로서 함안과 함
께 거북(감/검) 신앙을 드러내는 땅이름으로 보이기 때문이다.

이제 가락의 형태와 속뜻을 좀더 살펴보면 아래와 같다.

(3) 가락의 형태

ㄱ. 가락(駕洛)(삼국유사/삼국사기)-駕＋洛

ㄴ. 駕⇒가(加)＋마(ㅁ)(馬)＞가마(감)[龜神]＋라(羅)[國](駕山〈사천〉駕浦
〈웅천〉)

ㄷ. 架山〈대구.부산〉⇒加(가)＋木(목/ㅁ)＞가목.가막.감뫼.가막재〈부산.대구.
울산.김해〉

ㄹ. 감(곱kAm)-검(萬物引出者〈신자전〉) 검뫼(神舞山)〈장수〉

ㅁ. kAmi(일본) kAmui(神熊아이누) kuma(熊) kame(龜)(일본)[음절구조:
ㄱVㅁV]

ㅂ. 거무(巨物山) 거문산(巨文山)〈대동지지 기장〉물금(勿禁-물검[水神])〈구
포〉 부산(釜山) 금정산(金井山) 가산(架山) 감동포(甘同浦)-구포(龜浦) 엄
광산(嚴光山, 敢kam-嚴)〈대동지지 동래〉 현무(玄武)-감물(甘勿)〈함안)〉
[검-감-금:구(龜)]

위의 보기 (3)ㄴ-ㄹ에서 가락이 감라로 읽힐 수 있는 가능성이 보

인다. 한자의 음운체계가 우리말과 다르기 때문에 아무리 정확하게 적고자 하더라도 어려웠음을 고려한다면 그냥 지나칠 수 없는 가능성이라고 하겠다. 한국어의 기층 위에 이루어졌을 것으로 보이는 고대 일본말의 자료에서도 그럴 개연성은 드러난다.

고고인류학적으로 가락국시기는 청동기문화의 시대이다. 농경문화가 정착되면서 석기시대에서는 생각도 못하던 엄청난 생산을 이루어냄은 물론 상당한 방위력을 갖추게 된다. 기름진 김해평야를 중심으로 하여 땅과 물신을 거북상징으로 하여 여름 농사를 하였던 원주민들에게 철의 생산이란 새로운 삶의 이정표를 세운 것이나 다름이 없다. 일종의 문화적인 변혁이 일어난 것이다.

이르자면 하늘의 천신 겨레인 김수로왕이 원주민인 거북토템 겨레들을 다스리게 되는 결정적인 실마리가 쇠의 사용이었을 것으로 미루어 짐작할 수 있다. 쇠를 먼저 쓸 줄 알았던 이들은 요동반도 중심의 북방 계열의 족속들로서 차츰 한반도로 내려와 일부는 백제로 일부는 백제와 흐름을 함께 하는 겨레들이 곰내 그러니까 웅천(熊川)에서 발을 들여놓고 동쪽으로, 북쪽으로 15리쯤에 있는 곳에 가락국을 세웠던 것으로 상정할 수 있다.

여러 가지 가락의 표기 가운데 '가락'이 기본형이고 가락이란 이름은 거북신앙을 드러내는 상징체계를 갖고 있다. 이와 관련하여 무슨 근거로 거북이와 '검(감)'을 같은 뜻으로 읽으며 거북신앙의 속내는 어떠한가를 알아보도록 한다.

3. 김해의 지명과 거북신앙

1) 구지가(龜旨歌)와 거북신앙

김해의 말미암음은 구지봉의 전설로부터 온다고 할 수 있다. 가락 세움의 이야기를 노래 가락의 모양으로 만든 것이 구지가 또는 영신 군가(迎神君歌)이다. 이 노래를 보면 한문시의 형태로 전하여 온다. 가락국을 세울 당시에 이미 한시를 지을 정도의 수준이 아님을 미루어 틀림없이 한문시는 나중에 만들어 붙인 것으로 보이고 본디는 입에서 입으로 전하여 오던 노래 말, 곧 겨레들의 민요가 아니었을까. 입옮김 글로 볼 때, 이르자면 거북이 노래-검(神) 맞이 노래가 바로 구지가의 원형이 아닌가 한다.

(4) 거북신앙의 제의문화

ㄱ. 龜何龜何首其現也若不現也燔灼而喫也〈삼국유사. 구지가〉龜乎龜乎出首露 掠人婦女罪何 極汝若傍逆不出獻入網捕掠燔之喫〈삼국유사. 해가사〉

ㄴ. 공주군 석장리 후기석기시대의 돌거북/처용가(處容歌). 4신도의 현무 (玄武)/집에 대들보를 얹을 때 써 놓는 구룡(龜龍)/국사당(-龜首堂) 거 북이를 탄 신선기(神仙旗)/용머리와 거북이의 모습을 한 조선왕조의 옥 새(玉璽)와 어인(御印)/수골문자(甲獸骨文字)와 주역(周易)//신(神)☞ [검也萬物引出者]〈신자전〉뉴멕시코의 주니(zuni)족의 거북 토템//지로 귀(指路鬼) 굿의 거북이역할/거북이청 배 놀이

ㄷ. 귀두(龜頭)의 용두화(龍頭化) 과정〈본초강목(本草綱目)〉⇒남성의 성(性) 상징(phallic symbol)→태양신 숭배//호국룡(護國龍). 호교룡(-敎-). 호 국구(護國龜).

ㄹ. (검(거무.거미)/감(가마.가매)가마솥釜 : 가메(かめkame龜)-가마(釜.駕籠.

甑釜甑屬獻〈신자전〉증대산(甑大山)-시리대.증대.부산〈부산동구좌천동〉//
거무(거미)〉거북(⇒금기(禁忌)-일종의 에두름)⇒[가마(솥)]

ㅁ. 파해평리(坡害坪里)〉파평(坡坪). 가해(加害)〉가선(嘉善). 대구(大丘)〉
대구(大邱) 니산(尼山)〉노성(魯城)〈삼국사기〉//거북하다(거북살스럽다)

4신도(神圖) 그림 속에 거북이가 나타나니까 섬김의 대상이었음은
재론의 여지가 없거니와 임금의 옥새에까지 올라 있는 상징이라면 벌
써 우리가 알고 있는 평범한 동물로서의 거북은 아니다. 공주 석장리
와 송산리에서 출토된 돌 거북은 돌로 된 곰과 함께 신앙의 대상이었
을 가능성이 높다고 하겠다. 앞 절에서 옛말로 거북이를 '검(거무.거
미)'이라고 하였는데 거북이 몸 자체를 신(神)의 몸으로 보았을 가능
성이 크다.

더욱이 보기 (4)ㄷ을 보면 거북은 남자의 성(性)을 상징한다. 필연
코 이는 태양숭배로 이어지는 논리로 고리를 지을 수 있다. 종교적이
고 사회적인 의미를 띄게 되니까 호국의 상징으로서 교(敎)를 지키는
호교의 상징으로서 떠오르게 된 것이 아닌가 한다.

땅이름을 보면 가마 혹은 가매 또는 시루가 많이 나오는데 소리로
나 에두른 뜻으로 보아 거무(거미)와 많은 친연성을 보이며 가장 결
정적인 것은 '감(검)-가매(가메)-함(咸)-현무(玄武)'로 이어지는 음
절구조의 유사성과 완곡법에 따라서 거북을 금기시하여 가마솥으로,
더러는 시루로 썼을 가능성이 짙다고 본다.

흔히 돌아 간 선조의 이름자를 자손들이 함부로 부르지 않음이나
스승의 이름자를 제자들이 함부로 부르지 않음은 일종의 에두름이요,
금기에서 말미암은 것으로 보아 큰 무리는 없을 것으로 보인다. ≪삼
국사기≫에서 경덕왕 때 땅 이름을 고침에 있어 나쁜 뜻을 드러내는

글자나 부르기가 거북한 이름을 달리 고쳐 부른 보기는 적은 실례이
기는 하지만 보기 (4)ㅁ으로 가름한다. 보기(4)ㅁ에 보이는 '거북하다'
도 그러한 문화적인 뜻을 드러내는 것으로 보인다.

기원적으로 거북신앙을 바탕으로 하는 거북제의를 드러내는 구지가
를 비롯한 감-(거무.거미＞거북)의 형태분석과 그 분포에 대하여 알
아보도록 한다.

(5) 검맞이 노래

ㄱ. 검이시여 검이시여 머리를 내놓으시오 만일 내놓지 않으면 불에 구워
   먹겠습니다(龜何龜何首其現也若不現也燔灼而喫也)

ㄴ. 거미야 거미야 왕거미야 진주덕산 왕거미야 네천룡 내활량 청용산에 청
   바우 미리국 미리국 두덩실두덩실 왕거미야(조순규 채록 왕거미 노래)

ㄷ. *검(神龜)＞검＋움(음)＞거붐＞거붑＞거북/[ㅁ∞ㅂ]二于萬隱吾羅(도
   천수관음가)際于萬隱德海(칭찬여래가)/거멍터(거북터)〈원주소초〉금오
   산(거무산-거머산-현무산)〈영주.상주.천원.구미(龜尾)〉없다-움다〈영일.
   영덕〉거벅개(거무개)〈함평구산〉거무산(巨武山/神武山)〈무주.칠곡〉신어
   산(神魚山)-구암산(龜岩山)-감로산(甘露山) : 영구암(靈龜庵)〈김해〉감
   천(甘川)-가무내〈영양〉(神-龜-儉(甘))

ㄹ. 검(神:萬物引出者〈신자전〉)곰-김.검.곰.금(양주동1965고가연구)곰:위.크
   다.신(神) 이병도)//가메(龜)-가미(神)〈일본〉/(감-검-금)(음절구조:ㄱV
   ㅁV)

ㅁ. 금관-금(金)(감(가마駕)/검(神-龜神)＋관(官:穴(집)＋몸(제단)洛落羅)
   [굿-나라(도읍)]⇒'거북(검/감)신의 나라(도읍)'

검 맞이 노래에서 (5)ㄱ을 보면 거북에 높임의 씨끝 -하(何)를 붙
였는데 이는 거북의 신성함을 드러내는 것으로 보아서 무리가 없을

것이다. ≪석보상절≫에서도 세존에게만 높임의 '-하'를 붙임은 같은 흐름으로 보아야만 할 것이다. 지금이니까 거북이지 중세어의 자료를 보면 거붑(능엄경 1-74)이었다. 비읍과 미음이 넘나들어 쓰이고 소리의 발달과정을 되 돌이켜 보면, ㅁ-ㅂ-ㅍ의 단계를 미루어 볼 수 있다. 해서 거뭄-거붑-거북의 과정을 큰 무리 없이 풀이할 수 있게 된다. 다시 거뭄은 신(神)을 드러내는 검에 씨끝 움(음)이 녹아 붙어 이루어진 형태임을 알게 된다. 이 때 검이 다시 구성된 재구성형임은 물론이다. 그럼 거미는 어떻게 풀이할 수 있을까. 이 또한 검에다 씨끝 -이를 붙여 만든 형태로 보아 큰 어려움은 없을 것이다. 거미 가운데서도 왕거미가 거북이 됨은 물론이다.

다시 검-곰의 맞걸림은 웅천의 땅이름에서도 드러나며 일본의 자료에서도 그럴 가능성은 뒷받침되고 있다. 이러한 흐름은 검-곰(곰-검-감-금)이 곰신(熊神)에서 비롯했음과도 이어지는 논리의 줄거리가 된다(양주동, 1965 고가연구 / 박지홍, 1957 구지가 연구 참조).

금관과 걸림을 두어 가락은 '검(거북)신의 나라-거북(검)신을 제사하고 쇠가 많이 나는 나라'의 뜻으로 풀이할 수 있다. 여기서 거북 토템을 좀더 풀이할 필요가 있다. 동식물을 싸안아서 자연물을 숭배하거나 짐승을 사람의 조상신으로 믿고 바라는 모든 믿음을 일컬어 이를 토템이라고 뜻매김을 한다.

곰은 신화에서 거의가 여성으로 드러나며 거북은 남성 특히 남자의 뿌리 상징으로, 혹은 태양숭배 상징으로 드러냄이 큰 줄거리를 이룬다. 이런 살핌을 받아들인다면 곰신앙은 곰이 그러하듯 수렵문화시기를 이르며, 거북 상징은 아무래도 거북이가 물과 뭍에서 살듯이 농경문화시기를 이르는 보람으로 보아 좋을 것이다.

문화기호론의 시각에서 보면 김수로왕의 김(金)은 그 본질이 검(감) 곧 거북이며 쇠이다. 그러니까 겨레의 흐름으로 보면 감(검) 겨레가 되고 문화적으로는 쇠 문화 곧 청동기 문화를 누리고 거북신앙을 함께 공유하는 문화의 겹쌓기 모양으로 이해한다면 좋을 것이다. 인류의 문화발달로 볼 때 구리쇠가 나타나면서 사람들은 엄청난 생산력과 국방력을 갖추게 된다. 해서 힘 센 나라를 세울 수도 있고 힘 센 짐승들의 공포로부터 벗어날 수 있었다.

문화는 단층으로 이루어지기보다는 서로 다른 문화들이 뒤섞여 있으면서 스스럽게 변모하여 간다. 그러니까 곰을 조상신으로 하던 곰신앙에서 땅과 물을 상징하는 거북 곧 지모신(地母神)으로 섬기는 신앙의 대상이 갈음한다.

구지가에서 거북이-검이 황금의 알을 하늘에서 내려오게 하여 김수로왕을 태어나게 함은 앞에서 이른 바대로 남자의 성(性)인 거북의 머리와 여성의 상징인 땅에 구멍을 파므로 하여 생산과 번영을 비는 일종의 제의 형태로 풀이할 수 있다(주채혁, 1989 거북신앙과 그 분포 참조). 형태의 대응성을 고리 짓자면 감(검龜)-금-거북의 모양이 이루어진다고 할 수 있다.

감(검)이 거북이를 드러낼 가능성은 함(咸)-계 지명 분포에서도 그 고리를 찾아볼 수 있다. 자료의 대응성과 음운변화의 언어적 질서를 살펴보도록 한다.

함(咸)-으로 구성되는 땅이름의 분포를 알아보고서 땅이름의 변천 과정을 통한 그 의미를 추정해 나아가도록 한다. 이와 함께 함과 걸림을 보이는 한자의 옛 소리를 거슬러 올라가서 이들이 같은 뜻을 드러내는 표기상의 변이형이었음을 캐어 보도록 한다.

(6) (咸安)-(古邑) 현무현(玄武縣)은 함안현의 서쪽 삼십리 쯤에 자리한 마을이다. 본디는 신라 적에 소삼(召三)이라고 하였는데 뒤에 소삼정(-停)을 두었다. 경덕왕 16년에 현무로 고치고 함안군 영현으로 삼는다. 고려 현종 9년에 강등을 시켜 소삼부곡(-部曲)을 만든다. 멀지 않은 지역에 감물부곡(甘勿部曲)을 둔다./ 읍호(邑號)는 금라(金羅) 또는 함주(咸州)라 이른다〈대동지지/신증동국국여지승람〉.『咸-玄武-甘勿-金』

보기 (6)에서 함안의 함(咸)-은 현무와 걸림을 보이니 함-현무(거북)의 대응을 상정할 수 있다. 현무는 북방의 별(斗牛汝虛危室璧)을 가리키기도 하지만 주로 거북을 이름이 많다. 별을 향한 신앙이 예전의 보편적인 신앙의 형태였음을 떠올리면 북방의 별신은 동물 상징으로 보아 거북이가 되었음에 틀림이 없을 것이다. 자료에서도 보았듯이 현무는 오늘날의 일본말에서도 겐부(玄武-けんぶ: 검무>거무)라 함을 보면 옛말로 거북-거무-현무의 가능성을 엿보게 해 준다.

이를 더욱 미덥게 하는 것은 현무와 함께 감물(甘勿)이라 하는 부곡이 있기에 그러하다. 그러니까 감(甘)-검(玄)의 걸림이 있음이요, 이 소리가 뒤에 밝혀지겠지만 현(玄)의 옛 소리가 기엔(gien)으로 읽혔으니 그 가능성은 커지는 것이 아닐까 한다. 그럼 현무의 옛 이름인 소삼(召三)과는 어떤 걸림이 있는 것일까. 이를 이두식으로 읽으면 소삼-솟(솥 釜)이 되며 솟은 흔히 '가마솟 혹은 가마솥'이라 함을 생각해 보면 분명 '소삼-현무-감물-함안(咸安)'이 별개의 이름이 아님을 알게 된다. 뒤에 살피겠지만 이는 읍호로 불리는 금라(金羅)의 '금(金)'과도 무관하지 아니하다.

함안(咸安)의 지명소 '함(咸)-'과 감(甘)- 금(金)- 현(玄)- 소(召-)의 대응성은 다음의 함열(咸悅), 함양(咸陽), 함평(咸平), 함창(咸昌)

에서도 찾아 볼 수 있다. 먼저 함열(咸悅)의 경우를 들어 보자.

(7) (咸悅)-본디는 백제 땅으로서 감물아(甘勿阿)라고 하였다. 당나라가 백
제를 멸망시키고서는 노산을 노산주(魯山州) 영현으로 고치게 된다. 신
라 경덕왕 16년에 들어 와서는 함열(咸悅)이라고 부르게 된다. 읍호는
함라(咸羅)이며 주위에는 함라산이 있는데 이 산은 서쪽으로 흑산(黑
山)에 이어진다〈대동지지〉『咸-甘-黑』

함열의 옛 이름은 감물아(甘勿阿)였고 읍호가 함라(咸羅)였음을 보
면 앞에서 들어 보인 함-감의 대응 가능성은 여기서도 검증이 될 개
연성이 높다. 산 이름을 볼라치면 함라산-흑산이 있으니 이 또한 이
와 같은 맥락으로 보아 무리는 없을 것이다. 여기 검을 흑(黑)-에서
흑의 뜻을 따다가 쓴 것으로서 검-감-함이 같은 의미소를 드러낸
것이 아닌가 한다. 이제 같은 함-계열의 지명으로서 함평의 경우를
살펴보기로 한다.

(8) (咸平)-본디는 백제의 땅으로서 굴내(屈乃)라 하였는데 당나라가 백제
를 멸망시킨 뒤로는 이 곳을 군나(軍那)라 하여 대방군의 영현으로 삼
았다. 신라 경덕왕 십육년에 이르러서 다시 함풍(咸豐)이라고 고치게
된다. 고읍(古邑)으로서 해제(海際)가 있는데 백제 적에는 이를 도제
(道際) 혹은 음봉(陰峰)이라고도 불렀다〈대동지지〉『咸-軍-陰』

함평의 옛 고을로 바다 해자 해제(海際)가 있었다. 백제 때에는 이
를 길도자 도제(道際) 혹은 음봉(陰峰)이라 하였는바, 음봉의 음을 보
면 함(咸)-과의 상관성을 짚어 보게 된다. 왜냐 하면 음(陰)의 옛소리
를 돌이켜 보면 북경 중심의 관어에서 진(jin) 혹은 금(kïm)으로 읽

을 가능성을 보이기 때문이다(칼그렌, 1923 한자고음사전 참조). 소리
의 비슷함으로 미루어 보아 함－음－군(軍)의 대응성을 추정하게 된
다. 이와 아울러 함양과 함흥 및 함창의 경우를 알아보도록 한다.

(9) (咸陽)-본디는 신라의 땅으로서 경덕왕 16년에 천령군(天嶺郡)으로 고
　　치게 된다. 읍호는 함성(含城)이라고 하였다.〈대동지지〉『咸-含』
(10) (咸興)-본디 옥저의 땅으로서 한(漢)나라에서 현토(玄兎)를 두게 된
　　다.〈대동지지〉『咸-玄』
(11) (咸昌)-본디는 고령가야국(古寧加耶國)으로서 신라가 이 곳을 빼앗은
　　뒤로는 고동람군(古冬攬郡) 또는 고릉군(古陵郡)이라 불렀다. 경덕왕
　　16년에 고쳐서 고령군(古寧郡)이라 하게 된다. 군명을 함령(咸寧)이라
　　하였으며 이 곳에 공검지(恭檢池)가 있고 바로 연하여 오산(鰲山)이 있
　　다.〈대동지지〉『咸- 檢-鰲』

　보기(9)에서는 한자의 소리 빌림으로 보아서 함－함(含)의 걸림을,
보기(10)에서는 한자의 뜻을 빌어다가 쓴 것으로 함－현(玄)의 대응
가능성을 점칠 수 있다고 본다.
　함창의 경우, 땅이름을 통한 함- 계열의 가능성을 알아 본 것은 함
(咸)－검(檢)－오(鰲)의 걸림이 있기에 그러하다. 여기서 자라를 가
리키는 오는 무슨 까닭으로 들어갔을까. ≪신자전≫을 따르면 자라 오
(鰲)나 자라 별(鼈)은 모두 같은 종류의 동물을 이른다. 이는 다시 거
북 구(龜)와 같은 뜻으로서 통용되기에 그러하다. 이러한 증빙은 땅이
름의 실제로서 뒷받침될 것이다.
　무슨 일로 고령(古寧)과 고릉, 공검, 함창을 하나의 끈으로 묶었는
가. 함창의 함을 감－검으로 볼 수 있다면 여기서 옛 고(古)와의 뜻

걸림을 짐작할 수 있게 된다. 감-검이 동물 상징으로 거북신이다. 신이 우리말로 검(감)인 것은 《신자전》에서도 밝혀 보인 바와 같다(神검也萬物引出者也).

한데 옛 고(古)도 조상을 뜻함이니 거북신 곧 검을 조상신으로 하는 토템에서라면 그리 이상할 것도 없다. 하긴 옛 고(古)의 '옛'은 옛말로 '녜-'에서 비롯되었고 '녜-'는 다시 '니다'에서 말미암았음은 이미 글쓴이의 앞선 글에서도 밝힌 바가 있다(정호완(1990) 님의 의미와 형태 분화, 대구어문논총 8집 참조). 여기 '니-'는 태양신을 이르는 말로서 태양숭배의 문화적인 흔적으로서 볼 수 있기 때문이다.

이어서 함-계 땅이름과 금(金)-계의 땅이름을 대응시켰는데 그럴만한 까닭이 있을까를 알아보도록 한다.

(12) (金山)-고읍(古邑)으로 어모현(禦侮縣)이 있었다. 금산현의 북쪽 35리쯤에 자리하였다. 신라 아달라왕 4년에 감물현(甘勿縣) 혹은 금물현(今勿縣)을 두었으니 이를 음달(陰達)이라고도 하였다. 경덕왕 16년에 어모현(禦侮縣)이라고 고쳤으며 상주에 속하게 된다. 여기 감천(甘川)이 흘렀는데 감천(甘川)의 근원으로 셋이 있었다. 하나는 현의 서쪽 45리에 무주의 부항(釜項)에서 흐르니 내감천(內甘川)이라 일컫는다. 하나는 대덕산에서 흐르니 외감천이라 하며 하나는 우마현(牛馬峴)에서 흘러 나와 합하여 북으로 흐르다가 구산(龜山)의 아래로 흐른다〈대동지지〉
『金-甘-今-陰-禦侮-龜-釜』

보기 (12)에서와 같이 김천의 경우를 보인 것이다. 김천의 옛 이름이 금산(金山)이었고 본디의 고장이 어모였음을 《대동지지》는 보여주고 있다. 원 이름은 감물(甘勿) 혹은 금물(今勿) 혹은 음달(陰達)

이었으니 경덕왕 때에 와서 어모현으로 고쳐서 부르게 된다. 뒤로 오면서 금산(金山)이 되었으니 우선 감(甘)－금(今)－금(金)－음(陰)의 개연성을 보인다고 하겠다.

부항(釜項) 혹은 구산(龜山)이 보이는데 따지자면 이들은 모두 한자의 뜻을 빌려온 것으로 보이며 드러내려고 하는 바탕은 역시 검(감)에 있다고 하여 무리가 없을 것으로 보인다.

옛 한자음으로 함(咸)-계 땅이름과 걸림을 보이는 한자들의 대응 가능성을 부분적으로 보였거니와 이제 다시 이를 간추려 동아리 지어 보도록 한다.

(13) 함(咸)-계 대응 한자의 독음

咸(hien⟨m⟩ham⟨c⟩ɤam⟨a⟩)-玄(hüan⟨m⟩ün⟨c⟩ɤiwen⟨a⟩)玄(kam⟨m⟩kam⟨c⟩kam⟨a⟩)//咸-含(ɤam⟨m⟩ham⟨c⟩ɤam⟨a⟩)//咸-陰(ȷin(≒kïm)⟨m⟩iam⟨c⟩iəm⟨a⟩)咸-檢(kiam⟨m⟩kim⟨c⟩kiɐm⟨a⟩)//甘-金(kiəm⟨a⟩-釜(kama)

함(咸)-계 관련의 한자를 보면 역시 소리에 있어 작게만 다를 뿐 크게는 다르지 않음을 알 수 있다. 본디 우리말은 있으되 그 소리를 적을 글자가 없어서 한자를 빌려쓰다 보니 먼저 우리말의 소리와 같은 한자의 소리를 빌어 썼다고 봄이 옳을 것이다.

남은 문제는 오늘날의 함(咸-)이 어떻게 옛적의 감(甘－檢－今)과 대응되는가를 동아리 지으면 논리의 고리가 서리라고 본다. 람스테트(1949)에서도 밝혔듯이 기역 소리가 약화되면 히웋 소리가 되고 다시 약해지면 이응 소리가 된다. 이러한 가능성은 일본 한자음과 우리가 쓰는 한자음을 비교해 보면 그리 어렵지 아니하다.

(14) 기역(ㄱ) 소리를 가진 한자음의 비교

ㄱ. 학자-각샤〈일〉학문-가구몬〈일〉해결-가이게쓰〈일〉화학-가가꾸〈일〉현무
(玄武)-겐부〈일〉 // 견(見)-현.해(解)-개(解)〈계림유사〉

ㄴ. -gon＞-hon＞-on〈mon〉//욕(褥)＞요. 적(笛)＞저.

ㄷ. 곰추골-*홈추골-옴추골(태백산)/굼(구무)-훔(함경도 방언)/곰파다-홈
파다-옴 파다

기원적으로 모든 소리란 처음 소리가 시작될 때에 마찰음으로 피어
났다가 사라질 때도 마찰음으로 사라지기 때문에 파열음인 기역 소리
가 약해지면 목구멍 마찰음인 히읗 소리가 되었다가 다시 약해지면
소리 값이 없는 이응 소리로 되는 것은 소리가 나는 고리로 보아 너
무나도 당연한 것이기에 앞에서 검(금)－어모(음)의 대응도 그리 이
상할 것은 없다고 본다.

이상의 논의에서 함(咸)-은 그 대응과 분포의 걸림으로 보아 '함－
거북(龜)'임을 상정할 수 있다. '함(咸)'의 옛 고음이 '감' 혹은 '검' '임'
을 떠올리면 '거북≒검'이란 말이 되는데 이에 대하여 고대한자음을
고려하여 다시 한번 그 대응관계를 알아보면 다음과 같다.

(15) 거북-거무(거미/검)의 맞걸림

ㄱ. 거먹뱅이(黑島)-거북뱅이(龜島)〈태안원북〉검산-현무산(玄武山 けんぶ-
(genbu))〈청원약사산〉거벅개-거먹개〈충남대천〉거멍터-거북터(흑태(黑
台)마을)〈강원원주〉//거벅매-구산(龜山)〈전남함평〉금오산(金鰲山)-거
무산.현무산(玄武山)〈충남천원〉[거무(검)≒거북]

ㄴ. (ㅂ∞ㅁ)다리미-다리비〈고흥.여수.순천〉말밤-말밥〈구례.순천〉모래-모
새-복새〈광양.원주.횡성〉나막신-나박신〈순천.광양〉[ㅂ-ㅁ]

ㄷ. 거미야거미야왕거미야왕거미야진주덕산왕거미야네천룡내활량청용산에청

바우미리국미리국두덩실두덩실왕거미야(조순규 채록 왕거미 노래[거미-거북]
ㄹ. 거무(거미)/검＋-음＞거듬＞거뭄＞거붑＞거북⇒구(龜)/지주(-蛛)

위의 보기 (15)에서 거무(거미) – 거북의 대응성을 찾아 본 셈이다.
흔히 미음과 비읍은 넘나들어 쓰이는 수가 많음은 영어의 발달을 보
더라도 그리 생소한 경우는 아니다.

언어는 문화를 투영한다. 이를 문화기호론 또는 언어의 문화투영이
라고도 하는바, 거무(거미)- 함(咸)-이 드러내는 문화기호론적인 풀
이는 어떻게 할 수 있을까. 과연 제의문화로 볼 때 거북이는 어떤 위
치에 있는 신앙의 대상이었을까.

2) 김해(金海)의 땅이름과 거북신앙의 투영

앞에서 가락의 여러 표기 가운데 '가락'이 기본형이며 이는 문화기
호의 관점으로 볼 때, 거북토템을 드러내는 상징기호임을 살펴보았다.
따라서 김해의 검맞이는 거북신앙에 바탕을 둔 제의문화라고 할 수
있다. 이제 이러한 문화적인 특징들이 어떻게 김해와 이를 둘러싼 땅
이름에 되 비쳐 갈무리되어 있는가를 알아보도록 한다.

또한 오늘날의 거북이란 형태는 기원적으로 그 전차형이 [거붑－
거뭄－검]으로 거슬러 오를 수 있음을 알 수가 있었다. 가락을 터 세
움에 있어 그 문화적인 뿌리가 거북제의였음을 살펴보았는데 이제 거
북신앙이 어떻게 김해의 땅이름에 나타나 있는가를 알아보도록 한다.

(16) 김해(金海)의 내력
ㄱ. 본디는 가락국 혹은 가야라고 하였는데 뒤에 금관국이라고 부르게 된다.

시조 김수로왕으로부터 구해왕에 이르도록 10대 491년을 이어 갔다. 구
해왕이 신라 법흥왕에게 항복을 하고 신라왕은 예로써 금관국을 식읍으
로 주었다. 읍 이름은 금관군으로 하다가 문무왕 때에 이르러 금관소경
으로 하였다.

경덕왕에 이르러 오늘날의 이름으로 고친다. 딸려 있는 군이 2, 현이 5
이었다. 창원과 함안이 이에 들며 칠원, 진해, 고성현도 이에 든다. 직속
현에 태산부곡이 있었으며 본디는 엄산(嚴山)에 있고 도호부의 서북 45
리쯤에 있다(동국여지승람). *엄(嚴)-kam (kalgren)

ㄴ. (읍호)분성(盆城) : 동우골(盆山)(고성.밀양) 동우논는(하동.논산.김해.보은)
[동우-시루-가마]

김해의 땅이름을 간추리면 가락－금관소경－금관군－김해와 같이
바뀌어 왔음을 알 수 있다. 여기 가락은 앞(제2장)에서 가락－감라
(검(거북)신의 나라)로 풀이한 바 있다. 여기서 우리는 금－김－함－
감이 기원적으로 거북 곧 검(감)을 드러내는 상징성을 엿볼 수 있다.
그럼 김해의 원형적인 의미인 거북 곧 검(감)에서 갈라져 나아간 땅
이름에 대하여 그 반사형으로서의 그 맥을 짚어 보기로 한다.

(17) 검(감)[龜]의 땅이름 방사
ㄱ. 가락(駕洛)〈삼국유사〉-가마(加馬)(감)＋라[洛]/가마⇒釜.龜.甑.盆神-甘
儉感金
ㄴ. *검산-거머산(神魚山일명龜岩山/靈龜庵)검말(龜旨)-구산동(龜山洞)신
어천(神魚川)구천(龜川 일명 해반천(海畔川))구장(龜場 일명 구시장)〈김
해〉구사.검뫼.〈장유〉검병산-금병산〈진영〉부곡리(가마실/가매실)-구시골
(장유)고모리(고모실)〈진례〉감로리(甘露里)대감(大甘).소감(小甘)-가
미(거미甘勿也鄕)〈상동〉감내(甘內)소감.감천(甘泉)〈대동〉함박산(含朴
山)〈홍동〉가락동〈부산편입〉[神-龜-釜/金-儉-甘-含]

ㄷ. 분산성(盆山城)-분성(盆城)/증봉(甑峰)〈장유〉시루봉(甑峰).증산(甑山)
〈한림〉증봉〈상동〉감동포(甘同浦)-구포(龜浦)

ㄹ. 김수로(金首露) ⇒龜何龜何首其現也/金-龜:首-首:露-現

위의 보기와 같이 김해 중심의 땅이름에는 빌려 쓰는 한자의 적기를 따라서 소리 빌림에 금- 검- 감- 함-계가 있고 뜻 빌림으로는 분- 신- 웅- 구- 부- 증- 계열의 땅이름들이 널리 쓰이고 있음을 알겠다. 특히 상동면의 감로리(甘露里)는 글 그대로 풀이하면 감이 드러난 곳이 된다.

이러한 가능성은 ≪조선왕조실록≫ 태조실록 부분에서도 금관의 관(官)이 큰 도읍의 뜻으로 쓰이고 있음 또한 확인되는 사실이다. "2년 태조 계유년 11월 임인(壬寅)삭 계축일에 각도의 도읍을 정하고…(중략)…경상도에는 계림과 안동 그리고 상주, 진주, 김해, 경산과 같은 큰 도읍을 둔다(二年太祖癸酉十一月壬寅朔癸丑各道首官…慶尙道鷄林安東尙州晉州金海京山)"에서 우리는 금관의 관(官) – 도읍이라는 의미를 읽어낼 수 있으니까 금관은 '검(거북)의 도읍' 혹은 '검(거북)의 나라'임을 드러내는 경우로 상정할 수 있다.

구지가의 노래말과 걸림을 두면 김수로가 '거북'의 머리를 드러낸 것(金-甘(龜)/首-首/露-現)이라고 할 적에 금-감이 맞걸리고 수로의 로(露)와 감로의 로가 같은 흐름임은 눈 여겨 볼 만하다. 이와 같은 보기로는 (17)ㄱ의 감물야(甘勿也)를 들 수 있는데 감물야-가미(감神)로 걸림을 인정한다면 이는 분명 구지봉의 검맞이의 반사형으로 보인다.

상동면의 감로리(甘露里)가 바로 이러한 맥락을 함께 하는 김해의 이름이기도 하다. 고려 고종 24년(1237)에 해안(海安) 대사가 세운 감로사 절이 있는데 뒤에 충렬왕 시절에 원감국사가 주석을 하였던 당시 전국 사찰 가운데 자복사찰(資福寺刹) 중의 하나였다고 전해온다. 이 곳은 신어산의 동쪽인데 세종실록 지리지에는 감물야촌(甘勿也村)으로 기록되어 있고 고려 때에는 감물야향(甘勿也鄉)으로 나온다. '감물야'는 이두식으로 읽어 '가미(감)'로 읽을 가능성이 있다. 이를 다시 감로(甘露)와 고리 지으면 가미-감의 대응이 가능하게 된다.

감로리에 감로진(甘露津)이 있고 강 건너에 양산군 원동면에 가야진사(伽倻津祠)가 있어 하천에 제사를 지냈던 기록이 있음을 보면 ≪삼국유사≫의 가락국기(駕洛國記)의 거북(검) 설화의 거북신앙의 반사형으로 보아 무리가 없을 것이라고 본다. 기록을 보면 물 위에서 지내는 제의가 계욕(禊浴)인 바, 제의의 대상은 거북(겁/감)이었음을 상정할 수 있다고 본다. 계욕의 제를 올리던 구지봉 기슭의 냇물이 오늘날의 해반천 곧 거북내(龜川)이므로 그렇게 상정해 보는 것이다.

『검이시여 당신의 머리를 내놓으시오』할 때의 검과 내놓다를 대응시키면 감로(甘露)가 된다는 이야기다. 여기 감 혹은 가미가 신어산의 신어가 거북이니 그 당시의 신(神)이 또한 검(감)이었음을 상기하면 감로의 '감'이 거북이었음을 상정할 수 있다고 본다.

이러한 맥락은 김천의 옛 고을이 어모 혹은 감문국(甘文國)이었다. ≪삼국지≫ 위지동이전에 감로국(甘露國)이라 한 것을 보면 감문-감이 같고, 이는 다시 구성(龜城)과 고리 지을 수 있다고 본다. 김천의 기원이 감천(甘川)에서 비롯되었고, 외감과 내감 그리고 부항(釜項)의 가마목에서 감내의 원류들이 흘러내림을 생각하면 감-구(龜)의 대응성이 더욱 짙어짐을 알 수 있다고 하겠다. 여기서도 김-금-가마-엄구-부의 대응성이 확인되는 셈이다.

이를 한데 동아리 지으면 감-구의 대응을 유추할 수 있다. 신어산이 거북구자 구암산(龜岩山)이란 점과 신(神)이 검 혹은 감이라 함을 떠올리면 [신-구-감(검/가미/거미)]의 대응될 개연성이 커진다.

이는 또 구포-감동포의 경우에서도 여실하게 드러난다. 이를 다시 간추리면 감-:구-의 대응이 찾아진다. 이는 앞 보기 (15)ㄷ과 같이 양산지방의 모심기노래인 왕거미 노래에서도 입증된 바라고 하겠다. 모음교체에 따라서 때로는 '검'으로도 드러난다.

신어산(神魚山)의 경우는 어떠한가. 이는 ≪삼국유사≫의 불영어산 부분에 나오는 이름이다. 글 쓰는 이는 신어산을 거머산(거무산/가미산)으로 풀이하였는데 불영어산과의 걸림에 대하여 물을 수 있다. 신어산의 신어(神魚)는 구체적으로 검 곧 거북이 되며 이두식으로 읽으면 신어-거머(검)의 대응 가능성을 보이고 있다. 이르자면 신체(神體)로서의 거북이란 말이 된다.

흔히 신어산을 김해 불교의 성지라고도 이른다. 신어산을 거북구자 구암산이라고도 하는바, 영주 순흥의 백운동 서원을 지을 때 회암 선생이 절간을 밀어 버리고 이 자리에 공자의 도리를 깨우치는 서원을 세운 것이나 크게 다를 바 없다고 생각한다. 옛부터 내려오던 거북(검)신앙을 밀어내고 불영이라고 뜻매김 한 것으로 본다.

거북-검(감)의 대응 가능성을 다시 한 번 살펴보기 위하여 김해의 딸림군의 하나였던 함안군의 경우를 들어보기로 한다.

(18) 함안의 땅이름
ㄱ. 함안(咸kam〈kalgren〉)-감안(감내)/(읍호)금라(金羅)함주(州)사라(沙羅)
   〈대동지지〉/(옛고을)현무(玄(검/감)＋武(무/ㅁ)＞검(거무/가미)＋-움＞
   거뭄＞거붐＞거북)

ㄴ. 부봉리(釜峰)〈산인〉검암(儉岩:검바위)가야리〈가야〉구성리(龜城)〈칠원
　(漆原)〉구포리(龜浦)〈칠서〉검단(檢丹:黑赤-玄거무-거북/현무)〈칠북〉
　[玄釜漆龜-咸檢儉金]

　함안의 함(咸)의 옛 한자음이 감임을 받아들인다면 함안－감안의
걸림이 가능하다. 다시 감이 거북의 옛말인 검(감)과 서로 한 동아리
가 됨을 고려할 때, 함안의 옛 이름인 현무와 바로 이어짐을 가늠하게
된다. 현무를 이두식으로 읽으면 검의 소리로 읽힐 가능성이 있기 때
문이다. 특히 색깔 상징으로 볼 때, 현무의 현(玄)색은 흑적색으로서
이르자면 검은 색이 된다.

　흔히 귀신의 색을 검정색으로 쓰는데 이는 검 곧 거북의 그것과도
좋은 걸림을 보인다. 다시 현무의 또 다른 이름 가운데에서 금라(金
羅)의 검－금의 맞걸림은 함안의 땅이름에 곰신앙과 거북의 신앙이
함께 습합되어 있음을 알기에 어렵지 않다.

　곰이 북방 상징이매 거북이 예서 다르지 않다. 물과 뭍 어느 쪽에서
나 잘 살아 갈 수 있음 또한 그러하다. 북에서 온 곰 겨레들과 남방의
기름진 강과 바다에서 살던 겨레들의 어울림으로 보는 까닭도 다른
데 있지 않다. 여기서 남방이라 함은 한반도의 남녘을 이르며 원주민
으로 봄이 옳을 것이다. 함안의 땅이름 중에서 좀더 풀이할 부분은 칠
원 칠북으로 이어지는 칠(漆)-계의 경우이다.

(19) 칠원(漆原)의 땅이름

ㄱ. 본디 신라의 칠토(漆吐)였는데 경덕왕 16년에 다시 고쳐 칠제라 하였으
　며 의안군의 영현으로 삼았다. 고려 태조 23년에 다시 칠원으로 되돌려
　부른다. 현종 9년에 금주(金州)에 속하게 된다.〈대동지지 칠원〉금암리

(錦岩里)〈칠곡동명구암리(龜岩里)〉

ㄴ. (옛 고을)구산(龜山):남쪽 70리에 있으며 본디는 성법부곡이라 하였으
며 고려 때 구산현으로 격을 높이었으며 웅신현(熊神)에 따라 붙인다.
뒤에 다시 금주에 속하게 된다. /구성(龜城):구산(龜山):구연(龜淵):구
암(龜岩)-거물리(巨勿里-거무실)〈김천구성(龜城)〉

ㄷ. 표기의 맞걸림:[검-곰-금(漆龜熊金)]

두드러지게 눈에 뜨이는 것은 칠원의 옛 고을인 구산(龜山)이 웅신
과, 다시 금주[金海]와 맞걸려 있음이라고 하겠다. 칠원의 칠은 거북
을 가리키는 바, 검(龜神)과 같고 다시 웅천의 웅(熊) 곧 곰과 함께 고
리 지어 있다는 점이다. 이제 구지봉 검맞이의 고향이라고 할 수 있는
웅천에 대하여 알아보도록 한다. 웅천 역시 김해도호부의 딸림현으로
있었음을 고려하면 함께 고리 지어 살핌 또한 스스러울 것으로 본다.

(20) 웅천(熊川)의 땅이름

ㄱ. 본디 이름은 신라의 웅기(熊只)였는데 경덕왕 16년에 웅신으로 고쳤으
며 고려 현종 9년에 웅천으로 고쳤으며 금주에 속하게 된다.

ㄴ. (군명)熊只.熊口.熊神.屛山.熊山〈동국여지승람〉「熊＝神體」

ㄷ. 동쪽으로 김해부와 15리, 남쪽으로 제포가 2리,서쪽으로 창원부와 25리,
북쪽으로 김해부와 15리, 서울까지는 901리의 지점에 있다(신증동국여
지승람)./웅산(熊山): 곰메(현의 진산)

ㄹ. (옛 고을)완개(莞浦):서 30리 본디는 합포현의 향(鄕)이었다. 고려 때
현으로 승격되었고 금주에 속하게 된다(莞-菅(관/간:艸＋官(穴＋呂(제
단)＞구시.굿(굴)).

ㅁ. 곰개(熊浦)부곡포.곰섬.감물도(甘勿)곰개잣(熊浦城)부도(釜島)

ㅂ. 웅천 패총-웅천동고분-웅산신당(屈自郡 熊只縣에 명산 제사를 모셨는데

소사로 하였다)〈대동지지 웅천〉주포(主浦)-김수로왕이 허왕후를 처음
으로 맞이한 곳

얼추 보더라도 웅천은 곰신앙과 깊은 걸림이 있지 않을까를 되묻게
한다. 땅이름의 씨끝 천(川)이 고구려 계통이요, 기(只) 또한 백제의
땅이름과 다르지 않으며 백제는 그 뿌리가 바로 고구려임은 잘 아는
일이다. 게다가 가락국의 마지막 임금인 구형왕릉의 무덤 모양을 보면
고구려 계의 돌쌓기 무덤 또한 그러한 물음을 일으키기에 충분하다.
처음으로 허왕후를 웅천 곧 곰내에서 맞이함은 김수로왕의 혈통이 고
구려 계열의 지도자가 아닌가를 미루어 볼 수도 있다. 이는 고구려,
고려가 모두 고마로 읽히는 흐름에 닿아 있기 때문이다.

가장 돋보이는 건 뭐라 해도 곰메에서 모시는 곰신 제의이며 검맞
이를 하여 가지고 산 아래로 내려와서 곰 축제를 벌이는 것이다. 이를
테면 곰 제의가 산 넘어 김해로 가서는 검-거북이의 제의로 바뀐 것
이 흥미롭다. 이 부분에 대한 인류 고고학적인 캐어봄이 더욱 절실하
다. 옛 고을이었던 완개의 땅이름 속내로 보아서 굿-구시와 걸림을
보인다. 이는 굴살이 그러니까 혈거생활을 하면서 바닷가의 조개 따위
로 살아가던 곰 겨레들이 청동기의 나타남과 더불어 김해로 나아가서
삶의 터전을 일군 것으로 보인다.

김해의 속현이었던 창원의 옛 이름이 굴자(屈自)인데 이는 당시의
터짐갈이 소리가 없음을 고려하여 구시-굿(굴/구리)으로 읽힐 가능
성이 이를 뒷받침해 준다고 하겠다. 굴자와 걸림을 두어 김해와의 땅
이름으로 본 걸림을 알아보도록 한다.

(21) 창원의 땅이름

ㄱ. 본디 신라의 굴자현(屈自)이었는데 경덕왕 16년에 의안으로 고쳤다가
   다시 고쳐 현종 9년에 금주가 되기에 이른다.〈대동지지 창원〉

ㄴ. (옛고을)회원(會原) : 서쪽으로 15리에 있으며 본디는 골포국(骨浦)이었는
   데 경덕왕 16년에 합포라 고친다.〈대동지지〉〈골(骨:kuEt/kwEt〈kalgren〉/
   골-곧-곳(곶/굿-굴-굳)

ㄷ. 웅남(熊南)〈웅남〉감개(架浦)구복(龜伏)구산성지(龜山城)〈구산〉감천(甘
   泉)구암리〈내서〉웅읍.웅동.금산(錦山)〈진북〉외감.감계(鑑溪)〈북면〉

ㄹ. 마산창(馬山倉) : 창원.김해.함안.칠원.거제.웅천 및 의령 동북면, 고성의
   동남면에 걸친 전세(田稅)를 모아 들여 서울로 보낸다.[熊.龜/甘.鑑.錦.
   架]

　창원의 땅이름들을 보면 곰 계열의 것과 거북-검 계열의 땅이름들
이 고루 분포되어 있다. 이 가운데 구산의 가포(架浦)-감개(가마개)
는 가락의 가(駕)를 감 또는 가목 혹은 가마로 읽을 가능성에 대한
믿음을 더해 준다. 이런 가능성은 칠곡군 가산(架山)의 감골(甘谷)에
서도 엿볼 수 있다(감(架)-감(甘)).

　굴에서 우리는 굿-구시/굴(구리)-굳의 가능성을 살펴보았는데 이
는 회원의 옛 이름인 골포에서도 상당한 걸림을 찾을 수 있다. 낱말
겨레로 보아서 골-곳(곶)-곧으로 이어지는 소리들의 묶음이 이루
어진다. 한마디로 꽃봉오리처럼 툭 튀어 나와 바다에 굽돌이를 이룬
곳을 뜻한다고 할 수 있다. 해서 마산의 경우 여러 곳에서 나라의 세
금을 모아다가 서울로 보내는 구실을 하게 됨은 너무도 스스럽다. 하
니까 필시 좋은 항구가 생겨나고 많은 사람과 물건들이 오고 가게 되
었던 것이다.

　같은 형태라고 할지라도 하나의 개념은 시간과 공간을 달리하면서 중심개념에서 주변개념으로 멀어져 간다. 특히 문화의 변이와 사회변동에 따른 영향을 많이 받게 되어 있다. 거북(겁/감) 신앙의 중심 개념에서 차츰 그 신앙이 일반화되면서 거북이와 형체가 비슷한 가마솥의 가마와 시루의 글자로 바뀌어 쓰이는 지역에 대한 변별성을 더해주기에 이르는 것이다.

　이제 거북신앙을 밑으로 하는 지명의 표기에 있어서 한자의 소리와 뜻을 빌어 적은 것을 갈라서 알아보기로 한다.

(22) 김해(金海)의 지명과 거북신앙 및 철기문화

ㄱ. (소리빌림)감내(甘內)감천(甘泉)대감리(大甘里)가매솥〈대동면〉가매소.감분(甘粉)가매소.거북산.거북내.신어산(神魚山/일명龜岩山,개암산)거북내(海畔川)〈김해시〉감로리(甘露里)감로진(甘露津)묵방리(墨方里)먹방리/웃먹방〈상동면〉거북산〈김해외동〉구장(龜場)금병산(錦屏山일명금늑검)〈김해시〉음법리(陰法里)〈명법〉

ㄴ. (뜻빌림)구암산(龜岩山-靈龜庵혹은靈龜寺)신어현(神魚峴)신어천(神魚川)구지봉(龜旨峰일명개라봉)구산리(龜山里)구장(龜場)분산성(盆山城)신못〈김해시〉부곡리(釜谷里일명가마실)〈장유면〉

ㄷ. (쇠-계 지명)봉곡(鳳谷)봉림(鳳林)봉하(鳳下)금천(金川쇠내/쐬내)봉곡천(鳳谷川)신전리(新田里)신호리(新湖里)신포(新浦)〈김해시〉신안리(新安里)〈진례면〉신용리(新龍里)〈진영면〉조눌리(鳥訥里)주동리(酒同里)주중리(酒中里)〈대동면〉월촌리(月村里)〈대동면〉월포(月浦)동리(東里)〈김해시〉사촌리(沙村里)생철리(生鐵里)금곡(金谷일명 쇠실.새실)〈생림면〉우동리(牛洞里 일명 소골)〈진영면〉초정리(草亭里)〈대동면〉飛禽之總名새됴(鳥)≪신증유합≫

ㄹ. (쇠의 방언형) 쇠. 새. 쐬. 씨. 쉐. 세. 쉬≪한국방언사전≫슐-숫-슷(間)≪신증유합≫

　가락문화의 요람이라고 할 수 있는 김해의 지명에 거북(검) 신앙이 그 기초를 이루고 있다. 위의 보기 (22)에서 살펴 본 바와 같이 한자를 빌려 씀에 있어 소리와 뜻을 따다가 썼음을 알 수가 있다. 가장 많은 분포를 보이고 있는 것은 감(甘)-계의 지명인데 이는 '감(검)'이 곧 거북을 말하며 신의 몸 그러니까 거북의 몸이 신체(神體)였음을 드러내는 것이고, 김해의 산과 바다에 그 이름으로 저네들의 거북신앙을 투영하고 있다 할 것이다.

　뜻을 빌리는 경우에는 구(龜)-계의 지명과 신(神)-계의 지명이 가장 많은 분포를 보이고 있다. 이는 《삼국유사》에서 전하여 오는 바, 아홉 지도자 가운데 신귀(神鬼) 신천(神天)의 이름에서 벌써 그러한 징후들을 찾아 낼 수가 있음은 결코 우연한 일이 아니다.

　거머산 혹은 검산 [神魚山]에서 비롯하는 거북의 표상은 김수로왕의 탄강을 예고하면서 구지봉과 거북산, 그리고 구천(龜川) 구장(龜場) 구산(龜山)으로, 다시 신어천(神魚川)으로 이어져 산과 물, 또한 삶의 터에 거북신앙의 그림자를 드리우고 있다.

　보기 (22)ㄷ의 경우는 어떠한가. 김해는 거북신앙의 정신적인 터전 위에서 처리, 문화를 꽃 피운 해양국가의 상징이라고 하여 지나침이 없을 것이다. 그 대표적인 것이 생림면(生林面)의 생철리(生鐵里)다. 말 그대로 쇠가 났던 고장임을 드러내고 있다. 쇠의 방언형을 보면 '새(세)' 형이 나오는데 이를 중세어의 복모음으로 읽으면 '사이(서이)'가 된다. 이르자면 쇠란 돌도 아니고 흙도, 나무도 아닌 새로운 소재로서 인류의 문화의 지평을 열어 놓은 이정표였으니 가히 철기문화의 태양이라 하여 무리가 없다. 대성동(大成洞)이나 양동(良洞)의 고분에서 출토된 유물·유적으로 보아 이러한 철기문화가 김해를 통하여 무역이 이루어지고 생산이 되었다는 기록이 있으니 이름에 걸맞게 쇠의 바다 김해(金海)라 부르게 되었다고 상정해 볼 수가 있다.

뜻은 같지만 그 글자를 달리하여 지명을 확산시켜 나아갔으니 김해의 여러 가지 지명 가운데 봉(鳳)-계가 가장 많은 분포를 보이고 있다. (22)ㄷ에서 날아다니는 모든 날짐승을 일컬어 '새'라 하였음은 시사하는 바가 크다. 하늘과 땅 사이에서 날아다니니 쇠의 의미 사이와 같은 유연성을 지녔다고 할 수 있다.

그럼 주동이나 주중의 경우는 어떠한가. 본디 술이라 함은 낟알이 썩은 것도 아니고 날 것도 아니면서 발효된 먹거리로 보아야 하니 결국은 쇠의 변이형으로 보아야 한다. 이를 뒷받침할 가능성은 ≪신증유합≫의 자료에서 보였듯이 술-숟-숫-슷의 단어족에서도 확인할 수 있다고 본다.

우리는 여기서 김해 지명의 뿌리가 되는 주요한 지표는 다름 아닌 거북과 쇠라고 할 수 있음을 알게 되었다. 같은 뜻을 공유하면서 다르게 드러난 이들 지명을 바탕으로 하여 적은 수이기는 할지라도 가야의 음운과 어휘를, 문법을 재구성할 수 있는 하나의 방향을 모색한 셈이다.

4. 맺음말

고대국어의 큰 과제중의 하나가 가락의 언어에 대한 언어적인 질서를 찾는 것이다. 이 과제를 풀기 위한 단초로서 가락(駕洛)의 표기의 실상과 가락의 뜻과 소리에 대한 문화기호론적인 풀이를 하고 거북신앙을 드러내는 김해 지명의 한 줄기를 탐색하고자 함이 이 글의 큰 보람이었다.

이제까지의 풀이를 바탕으로 주요한 얼개를 간추리면 아래와 같다.

가) 한자의 소리를 바탕으로 한 이두식의 글자적기로 볼 때 가락(駕洛)을 기본형으로 터 잡아 볼 수 있다. 가락은 '감라' 혹은 '가마라'로 읽으며 이는 '거북신(감)의 나라' 혹은 '거북신의 도읍'이란 뜻이다

나) 구지봉의 검맞이(迎神) 형식이나 문화발달의 단계로 보아 거북신앙에서 문화적인 기초를 상정할 수 있다. 그러니까 구지가 곧 영신군가의 기본은 가락의 거북신 굿에서 변이 발달한 것이란 말이 된다. 거북은 강과 바닷가에 살고 있는 농경중심의 거북 토템문화를 가리킨다.

지명의 분포로 보거나 함(咸)-계 지명에서 드러난 것과 같이 거북은 '검(거미)' 혹은 '감(가마)'으로 읽었으며 형태의 변천과정에서 '검＋음＞*거품＞거붑＞거북'으로 바뀌었다.

다) 가락과 금관의 걸림은 가(駕)를 금－검－감으로 읽게 할 가능성이 크고 이러한 개연성은 김해의 딸림현이요, 군이던 함안이나 웅천, 창원의 경우에도 땅이름의 겨레들이 찾아진다. 한자의 뜻을 빌린 것으로는 부(釜)현(玄)구(龜)칠(漆) 계열의 땅이름이 있으며, 소리를 빌린 것으로는 금(金)감(甘)검(儉/檢)함(咸)가(架)가(駕) 계열의 김해 지명과 관련한 거북신앙의 반사형이 있음을 알 수 있다.

한편 김해는 철기문화를 꽃 피운 징표로서의 지명 분포를 보여준다. 쇠가 남으로 하여 생긴 생철리(生鐵里)라는 지명이 단적으로 이를 반증하거니와 쇠 김(金)-계 지명이나 여기서 퍼져 나아간 신(新)-계, 월(月)-계, 주(酒)-계와 그 밖에도 동(東)-계 등을 들 수가 있어 김해의 지명은 거북신앙과 철기문화의 문화적인 정보를 엿볼 수 있게 해준다고 하겠다.

라) 임나일본부설과 걸림을 두고 볼 때, 임나는 일본 속의 3한 3국의 종주국이거나 가락이 일본의 주인의 나라였음을 뜻할 수 있는 개연성이 있다. 식민사관에 따른 역사적인 사실의 잘못된 정략적인 풀이라고 하겠다. 삼한의 -부리(불/벌)계 지명과 부여어계의 -홀계 혹은 -달계의 지명이 달라 서로 확연히 다른 언어였으며 삼한의 지역은 일본의 임나일본부의 지배를 받았다는 것은 오히려 일본이 주인의 나라로 섬기던 앞선 철기문명의 가락이었음을 드러내는 것이라고 상정할 수 있다.

특히 한반도 전역에 걸친 폭 넓은 거북 계열의 지명분포를 보더라도 일본이 가야를 통치하였다는 것은 어불성설이라고 하겠다.

가락은 거북신앙을 바탕으로 청동기문화 곧 쇠 문화를 뼈대로 한 거북(감/검)신의 나라다. 앞으로 가락지명을 통하여 가락 언어의 음운이나 형태를 추정하고, 6가락의 땅이름의 걸림 고리를 찾아 낼 때 이들 작업은 더욱 큰 설득력을 지니게 될 것이다.

■ 참고문헌

강길운(1988) 한국어계통론, 형설출판사.

_____(1991) 고대사의 비교언어학적 연구, 새문사.

_____(1994) 국어사 정설, 형설출판사.

강헌규(1992) '공주 지명에 나타난 고마.웅.회.공.금'의 어원, 웅진문화 5집, 공주
　　　　　향토문화연구회.

구중회(1994) '금강유역의 설화', 공주문화 3집, 공주문화원.

김진규(1993) 훈몽자회 어휘 연구, 형설출판사.

김차균(1983) 음운론의 원리, 창학사.

김화경(1989) '웅.인 교구담의 연구', 성기열 교수 화갑기념논총.

도수희(1982) 백제어 연구, 아세아문화사.

박지홍(1957) '구지가 연구', 국어국문학 16, 국어국문학회.

서재극(1980) 중세국어의 단어족 연구, 계명대출판부.

양주동(1980) 고가연구, 일조각.

이기백 편(1990) 단군신화논집, 새문사.

이남덕(1985-1986) 한국어 어원 연구 (1-4), 이화여대출판부.

이병선(1988) 한국 고대 국명 지명 연구, 아세아문화사.

이영희(1994) 노래하는 역사, 조선일보사.

정호완(1987) 후기 중세어 의존명사 연구, 학문사.

_____(1989) 낱말의 형태와 의미, 대구대출판부.

_____(1991) 우리말의 상상력 1, 정신세계사.

_____(1994) 우리말로 본 단군신화, 명문당.

채혁종(1988) '거북신앙과 그 분포', 민간신앙, 교문사.

천소영(1992) 고대국어의 어휘 연구, 고대민족문화연구소.

최길성 옮김(1988) 시베리아의 샤마니즘, 민음사.

최학근(1987) 한국방언사전, 명문당.

허 웅(1975) 우리 옛 말본, 샘문화사.

'감문(甘文)'에 대하여

1. 머리말

이 글은 가야시대 김해를 중심으로 하는 여섯 가야의 지명에서 거북신 제의를 상징하는 것으로 보이는 감(甘)- 계열의 지명의 형성과 낙동강에 연접하는 가야의 지명에 감-계가 어떻게 방사하여 있는가를 알아보도록 한다.

박지홍(1955)에서 양산 지방의 모심기 노래 가운데 왕거미 노래를 예로 보이면서 왕거미의 「거미」가 거북임을 논증한 바 있다. 글 쓰는 이는 이러한 양주동(1972:40)에서는 마한 54국 및 변진 24국 중에는 천(川)·양(壤)과 함께 양(襄)·노(奴)·로(盧)·로(路)·난(難), 그리고 내(內)·내(乃)·내(奈)·나(那)·뇌(惱)로 적히는 말의 기원은 「니」라고 할 수 있으니 감로(甘路)는 감니(甘川)라는 등식이 가능하다는 풀이를 한 바가 있다.

감문이라 함은 경상북도 개령의 옛 이름이다. 신라 조분왕 2년(231)에 이찬 석우로(昔于老)를 대장군으로 삼아 감문국을 토평함으로써 뒤에 감문군을 삼는다. 여지지(輿地志)에 이르기를 감문은 지금의 개령이니 북 20리쯤에 큰 무덤이 있었는데 세상에서는 감문국의 김효왕릉(金孝王陵)일 것이라고 추정한다.

아울러서 개령현의 서쪽 웅현(熊峴)에 큰 무덤이 있었는데 감문국 당시에 장부인릉(獐夫人陵)이라고 한다. 감문산은 현의 북쪽 2리에 있고 유산(柳山)현의 동쪽 2리에 자리하고 있다. 산의 북동쪽에 원방(院傍)에 아직도 감문국의 터가 있다. 감주(甘州)라고 하여 지금의 감천면을 이른다.

삼국지위지동이전에는 변진감로국(弁辰甘路國)이라 적고 있다. 그러면 감로와 감문은 같은 이름인가. 그렇다. ≪대동지지≫의 개령편을 보면 그럴 가능성을 엿보게 해준다. 진평왕 때에 이르러서 주를 폐하고 문무왕 원년에 다시 감문군을 복원시킨다. 그러다가 경덕왕 16년(757)에 이르러 고쳐서 개령군이라 하고 영현으로 어모(禦侮), 금산(金山), 지례(知禮) 무풍(茂豊)현을 둔다. 감문과 관련하여 먼저 어모현의 내력을 살펴 볼 수 있다.

어모는 본디 금산의 고읍이었다. 금산현의 북쪽 35리 쯤에 자리하고 있었으며 신라 아달라왕(阿達羅王) 4년에 감물현(甘勿縣)을 두었는데 달리는 금물(今勿) 혹은 음달(陰達)이라고 하였다. 여기서 우리는 감문(甘文)−감물(甘勿)−금물(今勿)−어모(禦侮)−감로(甘路)라는 등식의 가능성을 짚어 볼 수가 있다고 본다.

다음 마디에서 무슨 군거로 감(甘)-이 거북신을 드러내며 이는 물과 땅을 신앙하는 거북 토템에서 비롯하였음과 감문−감물의 대응 가능성을 밝혀 보고, 아울러 감-의 지명방사에 대하여 알아보도록 한다.

2. 감(甘)-과 거북신의 상관성

1) 거북 제의와 감(甘)-

지은이의 글(1998)에서 살펴 본 바와 같이 감(甘)은 거북신을 드러낼 가능성이 있음을 제기한 바 있다. 이제 간략한 논거를 들어 거북신앙의 분포와 거북－신－거미의 가능성을 되짚어 보고 이와 관련한 논거를 함(咸)-계 지명에서 찾아보도록 한다.1)

(1) 거북신앙의 제의문화와 거북-감(검)

ㄱ. 龜何龜何首其現也若不現也燔灼而喫也〈삼국유사, 구지가〉龜乎龜乎出首露掠人婦女罪何極汝若傍逆不出獻入網捕掠燔之喫〈삼국유사〉

ㄴ. 공주군석장리후기석기시대의 돌거북/처용가(處容歌). 4신도의 현무(玄武)/집에 대들보를 얹을 때 써 놓는 구룡(龜龍)/국사당(-龜首堂) 거북이를 탄 신선기(神仙旗)/용머리와 거북이의 모습을 한 조선왕조의 옥새(玉璽)와 어인(御印)/갑수골문자(甲獸骨文字)와주역(周易)//신(神)[검也萬物引出者]〈신자전〉뉴멕시코의 주니(zuni)족의 거북 토템//지로귀(指路鬼) 굿의 거북이역할/거북청배놀이

ㄷ. (護國龜)귀두(龜頭)의 용두화(龍頭化) 과정〈본초강목(本草綱目)〉⇒남성의 성(性) 상징(phallic symbol)→태양신 숭배//호국룡(護國龍호교룡(-敎-)호국구

ㄹ. (검(거무.거미)/감(가마.가매)가마솥釜):가메(かめkame龜)-가마(釜.駕籠.甑釜甑屬獻〈신자전〉증대산(甑大山)-시리대.증대.부산〈부산동구좌천동〉//거무(거미)＞거북(⇒금기(禁忌)-일종의 에두름)⇒[가마(솥)]

---

1) 정호완(1998) '가야의 지명연구', 한어문교육 6, 한국어문교육학회, pp.44-47. 참조.

ㅁ. 파해평리(坡害坪里)＞파평(坡坪) 가해(加害)＞가선(嘉善) 대구(大丘)＞
대구(大邱)니산(尼山)＞노성(魯城)〈삼국사기〉//거북하다(거북살스럽다)

ㅂ. 己汶縣本今勿(삼사지리 4)賓汶縣本比勿(삼사지리 4)眞寶縣本柒巴火縣
(삼사지리 4) 軍那縣本屈奈(삼사지리 4)[汶-勿/眞-柒/軍-屈]

4신도(神圖) 그림 속에 거북이가 나타나니까 섬김의 대상이었음은
재론의 여지가 없거니와 임금의 옥새에까지 올라 있는 상징이라면 벌
써 우리가 알고 있는 평범한 동물로서의 거북은 아니다. 공주 석장리
와 송산리에서 출토된 돌거북은 돌 곰과 함께 신앙의 대상이었을 가
능성이 높다고 하겠다. 앞 절에서 옛말로 거북이를 '검(거무.거미)'이
라고 하였는데 거북이 몸 자체를 신몸으로 보았을 가능성이 크다.2)

말 그대로 국가와 종교의 명운을 걸머진 수호신으로서 혹은 고대로
부터 내려오는 신앙의 형태로서 숭앙 받아 왔던 것이다. 물신 곧 바다
의 해신(海神)으로 강한 상징성을 띤다고 볼 수 있다.

더욱이 보기 (19)ㄷ을 보면 거북은 남자의 성(性)을 상징한다. 필
연코 이는 태양숭배로 이어지는 논리로 고리를 지을 수 있다. 종교적
이고 사회적인 의미를 띠게 되니까 호국의 상징으로서 교(敎)를 지키
는 호교의 상징으로서 떠오르게 된 것이다.

땅이름을 보면 가마 혹은 가매 또는 시루가 많이 나오는데 소리로
나 에두른 뜻으로 보아 거무(거미)와 친근성을 보이며 가장 결정적인
것은 '감(검) - 가매(가메) - 함(咸) - 현무(玄武)'로 이어지는 음절구
조의 유사성과 에두름에 따라서 거북을 금기시하여 가마솥으로, 더러
는 시루로 썼을 가능성이 짙다고 본다. 지명으로는 같은 뜻이지만 지

---

2) 박지홍(1957), '구지가연구', 국어국문학 16, 국어국문학회. 참조.

역의 다름을 드러내는 변별성을 띤다고 하겠다. 일종의 기능이나 모양의 유사성으로 인한 유연성의 드러냄이라고 볼 수 있을 것이다.

보기 (1)ㅂ의 경우는 받침에서 니은－리을의 넘나듦이 있음을 보여주고 있다. 이르자면 감문(甘文)－감물(甘勿)의 대응이 결코 특수한 경우가 아님을 보여 주므로 감문－감물이 같은 이름의 이표기일 가능성을 제기하고 있다.

기원적으로 거북신앙을 바탕으로 하는 거북제의를 드러내는 구지가를 비롯한 감-(거무.거미>거북)의 형태분석과 그 분포에 대하여 알아보도록 한다.3)

(2) 거북-검의 대응 가능성

ㄱ. 검이시여 검이시여 머리를 내놓으시오 만일 내놓지 않으면 불에 구워 먹겠습니다(龜何龜何首其現也若不現也燔灼而喫也)〈삼국유사〉

ㄴ. 거미야 거미야 왕거미야 진주덕산 왕거미야 네천룡 내활량 청용산에 청바우미리국미리국 두덩실두덩실 왕거미야(조순규 채록 왕거미 노래)

ㄷ. *검(神龜)>검＋움(음)>거뭄>거붐>거북/[ㅁ∞ㅂ]二于萬隱吾羅(도천수관음가)際于萬隱德海(칭찬여래가)/거명터(거북터)〈원주소초〉금오산(거무산-거머산-현무산)〈영주.상주.천원.구미(龜尾)>없다-움다〈영일.영덕〉거벅개(거무개)〈함평구산〉거무산(巨武山/神武山)〈무주.칠곡〉신어산(神魚山)-구암산(龜岩山)-감로산(甘露山)：영구암(靈龜庵)〈김해〉감천(甘川)-가무내〈영양〉龜浦-甘同浦(동래) 【神-龜-儉(甘)】

ㄹ. 검(神：萬物引出者〈신자전〉)곰-깁.검.곰.금(양주동1965고가연구)곰：위.

---

3) 지명개칭의 과정을 보면 주군현과 같은 글자를 중국식으로 지명끝에 넣어서 썼다. 이 때 뜻이나 소리가 나쁜 글자를 갈아치우고 음독중심으로 일관되게 지명을 바꿈으로써 중국의 그 것과 큰 차이가 사실상 없어지고 말았다. 가령 大丘>大邱 / 加害郡>嘉善郡, 坡害平吏>坡平과 같은 보기를 들 수 있다.

크다.신(神)(이병도)//가메(龜)구마(熊)가미(神)〈일본〉//熊神-熊只-熊
川〈대동지지 웅천〉[곰-검-감-금](음절구조: ㄱ모ㅁ모)

ㅁ. 금관-금(金)(감(가마駕)/검(神-龜神)＋관(官:穴(집)＋呂(제단)洛落
羅)[굿-나라(도읍)]⇒ 거북(검/감)신의 나라(도읍)

ㅂ. 甘川-甘源有三一出縣西三十五里茂朱之釜項嶺稱內甘川一出大德山稱外甘川一出
牛馬峴合而北流經龜山之下東北流入金山之界復東流經開寧善山通稱甘川詳善山
(甘-釜-龜)

　위 보기에서 (2)ㄱ을 보면 거북에 높임의 씨끝 -하(何)를 붙였는데
이는 거북의 신성함을 드러내는 것으로 보인다. ≪석보상절≫에서도
세존에게만 높임의 '-하'를 붙임은 같은 흐름으로 보아야만 할 것이다.
지금이니까 거북이지 중세어의 자료를 보면 거붑(능엄경 1-74)이었다.
비읍과 미음이 넘나들어 쓰이고 소리의 발달과정을 돌이켜 보면 ㅁ—
ㅂ—ㅍ의 단계를 미루어 볼 수 있다. 해서 거뭄—거붑—거북의 과정
을 큰 무리 없이 풀이할 수 있게 된다. 다시 거뭄은 신(神)을 드러내
는 검에 씨끝 움(음)이 녹아 붙어 이루어진 형태임을 알게 된다. 이
때 검이 다시 구성된 재구성형임은 물론이다. 그럼 거미는 어떻게 풀
이할 수 있을까. 이 또한 검에다 씨끝 -이를 붙여 만든 형태로 보아
큰 어려움은 없을 것이다. 거미 가운데서도 왕거미가 거북이 됨은 물
론이다.

　그럼 여기서 하나의 문제를 제기할 수 있다. 거북이 곧 감(검)이 숭
배의 대상이라 하였다. 거북을 숭배의 대상으로 하면서 겁을 주고 협
박을 할 수 있을까 하는 점이다. 이는 다름 아닌 제의의 한 과정으로
본다는 것이 신화학의 입장임을 떠올리면 별로 이상할 것이 없다고
본다.

문화는 단층으로 이루어지기보다는 서로 다른 문화들이 뒤섞여 있으면서 자연스럽게 변모하여 간다. 그러니까 곰을 조상신으로 하던 곰신앙에서 땅과 물을 상징하는 거북 곧 지모신(地母神)으로 섬기는 신앙의 대상이 바뀐 것이다. 구지가에서 거북이ー검이 황금의 알을 하늘에서 내려오게 하여 김수로왕을 태어나게 함은 앞에서 이른 바대로 남자의 성(性)인 거북의 머리와 여성의 상징인 땅에 구멍을 파므로 하여 생산과 번영을 비는 일종의 제의 형태로 풀이할 수 있다. 형태의 대응성을 동아리 짓자면 감(검龜)ー금ー거북의 모양이 이루어진다고 할 수 있다. 거북과 함(咸)계 지명의 대응에 대하여는 앞의 김해부분을 참조하기로 한다(가락과 거북신앙 부분 참조).

이제 이러한 거북신앙이 감(甘)-과 관련하여 김천의 지명에는 어떻게 투영되어 있는가를 알아보도록 한다.

2. 감(甘)-의 마을 이름 방사

감문국의 감문(甘文)은 감천(甘川)과 깊은 상관성을 보이고 있다. 감천의 뿌리샘은 대체로 우두령재에서 흘러내리는 샘줄기와 가목재에서 발원하는 샘줄기가 부황과 지례의 어름, 도곡 마을에서 만나 제법 물줄기다운 면모를 갖추게 된다. 외감 내감에서 발원하는 물줄기를 어우름은 물론이다. 물은 흘러 다시 구성과 김천 시내를 통과하면서 황악산 쪽에서 발원하는 직지천과 만나게 되고 내는 다시 어모에 이르러 어모천 곧 아천(牙川)과 만나면서 이제 감천의 본류를 형성하기에 이른다. 한자만 달랐지 어모는 곧 아천이 된다. 어금니 아(牙)는 ≪훈민정음≫

에 따르면 엄소리(牙音)의 '엄'으로 대응이 됨은 아주 시사하는 바가 크
다고 하겠다. 그러니까 어모—엄이란 등식이 성립된다는 이야기다.[4]

기원적으로 우리말 '감'이란 무슨 뜻인가. 이는 다름 아닌 귀신(神)
을 이른다. 최남선의 ≪신자전≫의 자료를 따르자면 모든 만물을 있
게 한 조물주로서 이를 '검'이라 하였는바, '검'에서 모음이 바뀌면 감
이 되기에 이른다. 하긴 농경사회에서 물과 땅이란 매우 결정적인 역
할을 갖고 있기 때문에 물과 땅에 신격을 부여하였으니 이르러 신본
위의 신중심 사회에서 인간중심의 사회로 발달한다.

이르자면 같은 말인데 수렵문화에서 농경문화로 이행되는 문화의
변이가 일어나서 그 뜻이 바뀌었다고 봄이 옳을 것이다. 단적으로 '감'
이라는 말은 신이란 뜻은 없어져 버리고 '중심'이라는 뜻으로만 쓰이
게 된다는 것이다.

가장 결정적인 것은 김천이란 고장의 이름이다. 김천의 옛 고을 이
름이 감물인데 이는 달리 금물 혹은 음달이라고도 적었다. 글자만 달
랐지 감—금이 같은 의미를 드러내는 고장의 지명 형태라고 할 수 있
기 때문이다. 결국 김천이 감천이요, 감천이 낳은 삶의 터전이라고 할
수 있다는 줄거리가 된다[5]

적는 한자나 그 소리는 다르지만 잘 살펴서 그 대응성을 알아보면
난함산(卵含山)의 함(含)또한 감천의 '감(甘)'과 같음을 알 수 있다.

---

4) 牙앙는 어미라如여는 ㄱ톨씨라 〈훈민정음언해본〉
5) 甘과 가장 유사한 형태를 보이고 있는 글자는 卅이다. 이들 음 모두가 생명
   을 뜻하는 글자로서 씨알의 형상을 기본으로 하고 있다. 동시에 甘은 물신과
   땅신을 상징하는 지모신으로 드러난다. 생명의 근원이 물과 불이니까 그렇게
   상정하였을 가능성이 높다.

'함'의 고대 한자음이 감(甘)이니 난함산을 우리말식으로 읽으면 알감산이란 풀이가 가능하다. 소리가 약해지면서 난함산-나남산-내남산으로 그 소리가 여러 가지로 바뀌어 일반화되어 쓰인다. 알감산에서 상금천 곧 감천의 큰 지류인 상금천이 흘러 직지천을 이루고 다시 감천으로 합류하는 것과 감천의 중요한 지류인 어모천 상류의 한 갈래가 알감산에서 흘러 모두가 감천으로 합하는 것임을 고려할 때, 감천과 걸림을 보이는 방사형태라고 할 수 있다.[6]

어모면과 어모천, 그리고 아포(牙捕)의 경우도 그 예외가 아니다. ≪대동지지≫를 따르자면 금산의 옛 이름이 어모였음을 알 수가 있다. 어모는 한자로 적혀 있으나 기실은 어머니에 대한 김천의 방언으로 적었을 것으로 상정된다. 그러니까 감천에 어머니 신격을 부여하던 그 시기에 거북신앙과 물 신앙이 한 데 어울어진 것으로 보인다.[7]

거북을 밑뜻으로 하는 감(甘)-은 적기에 따라서 한자의 소리를 빌려 올 수도 있고 뜻을 빌려올 수도 있다. 이러한 한자차용의 갈래를 따라서 음독과 훈독 계열의 지명으로 나누어 검토하도록 한다.

(3) 한자의 음을 빌린 지명)

ㄱ. (감-)甘川(감천면) 甘州(ㅋ외감/내감; 본디 깊은 골짜기라 하여 ○○라 하다가 甘州로 바꾸었다고 한다. 外甘·內甘·中甘(대덕면) ※加禮전설;

---

6) 卵舍山의 舍은 토함산이나 舍月山 혹은 月舍山의 舍과 같은 계열의 지명에 쓰인 글자인데 모두가 神과 무관하지 아니하다. 뒤로 오면서 제정일치에서 인간중심의 사회로 바뀌면서 중심 곧 가운데라는 의미만 남고 신의 뜻은 가리워져 버렸다.

7) 禦母를 우리말로 보고 이 지역의 방언과 괴를 지으면 어무이·오매와 같이 어머니를 뜻하는 말로서 땅이나 물을 중시하는 地母神 신앙을 형상화 할 수도 있다.

큰 가래골에서 비롯한 것으로 바위의 모양이 가마처럼 생겼다고 하여
가마바위가 되었다. 甘泉(김천시) 駕(駕가마)>加禮 甘文國(甘勿-今勿-)

ㄴ. (가물-)佳勿里(부항면유촌리/-夢龜洞; 옛날에 어떤 사람이 꿈에 거북을
보고 이 자리에 와 보니 실제로 거북이 있었다고 하여 붙여진 이름이다.
(부항면 월곡리) (가무-거북龜)(거불-) 巨勿里(증산면; 마을 앞 못에 거
무리가 많아 못을 메웠다고 하여 검리라고 하여 한자로 적은 것이다. -
가마바위) 巨勿里(거무실-지례면: 거미가 줄을 친 모양과 같다고 하여
붙여진 이름이다. 너무 높은 지대여서 거물거물하게 보인다고 하여 검
울로 불렀다가 말이 변하여 거물 혹은 金谷이라고 불렀다.)〈금릉군자〉
(거무(검)-금

ㄷ. (가목/가마-) 架目(부항면 어전리: 1963년에 釜項里의 일부를 고쳐서
어전이라 하였다. 마을이 가마솥과 같다고 하여 붙여진 이름이다. 가마
목>가목)가매실(감문면금곡리: 지형이 가마솥처럼 생겼다고 하여 붙인
이름)가목재(지례면여배리/부항면어전리) 가마고개(부항면희곡리)

ㄹ. (금-)今勿(=甘勿=甘文=陰達)〈대동지지〉甘谷(감문면금곡리: 조선왕
조 때 금산군 位良面 釜谷洞이었는데 1914년 적하와 합하여 금곡동이라
고 하였다.〈금릉군지〉)금-감(가마(감)-금龜)

위의 보기를 통하여 감문국-감로국이 같은 표기이고 마침내 거북-
거미(龜)의 표상임을 알 수가 있다고 본다. 감문 혹은 감물(감문)에서
문(물)(文(勿))은 감(甘)을 뜻으로 읽지 말고 소리로 읽으라는 말음
첨기의 경우라고 보면 서로 다를 것이 없다고 본다. 적기에 따라서 금-
감-검 혹은 가미(감)-거미(검)이 모두가 물신과 땅신을 상징하는
거북신을 드러내는 기원형에서 비롯한 지명의 동아리들이라고 볼 수
있다.

여기서 유의할 것은 감로-감(甘)+로(露)로 나누어 풀이해야 될
것으로 본다.

다음으로 한자의 훈(訓)으로 읽는 경우를 들어 보면 감을 거북이로 볼 개연성은 더욱 커질 것이다. 함(咸)-계 지명에서 확인한 바이지만 함안 - 현무 - 감물(龜)의 대응됨을 확인할 수가 있었다.

아울러 풀이해 두어야 할 것은 무(武)-계와 아(牙)-계의 경우이다. 앞의 무(武)는 거북을 드러내는 현무(玄武)에서 무(武)만을 따다가 쓴 것이고 아(兒)는 한자의 뜻인 엄(엄소리 牙音〈훈민정음〉)이니 어모 - 엄 - 음달 - 금물 - 감물로 이어지는 고리를 상정할 수가 있다.

적는 한자의 모양으로 보아 형태상의 유연성으로 보면 그 상관성의 일단을 엿볼 수 있다. 아(牙)와 여(余), 금(金)이나 금(今) 또는 부(釜)는 비슷한 공통점을 찾을 수 있다. 여(余)에서는 머릿글자인 인(人)을 무시하고 어(禦)에서 아래 글자(示)만을 떼어서 살펴보면 너무나 유사한 모양이 된다. 그러니까 같은 의미지만 비슷하면서도 다른 글자를 써서 시대와 사람들의 정서에 맞게 고쳐 썼다고 봄이 좋을 것이다.

금(金)류의 지명들도 마찬가지이다. 같은 쇠금 부수에 금과 부, 그리고 아래 획만 다소 변형하면 금(金)과 금(今)이 다를 게 없다고 본다. 이러한 표기에 대표적인 경우가 바로 구결과 같이 극도로 줄여서 적는 표기의 방편이라고 본다.

4. 맺음말

삼한시대의 감문국의 감문(甘文)이 문화기호론적으로 어떠한 문화적인 정보를 갖고 있으며 오늘날 김천으로 이어지는 지역의 땅 이름에 어떻게 퍼져 있는가를 탐색하고자 함이 이 글의 과녁이었다. 지금까지 논의된 것을 간추려 매듭을 지으면 아래와 같다.

가) 감문국은 감(甘)을 표기한 이두식 적기이며 거북의 옛말이라고 할 수 있다. 감은 거북 제의를 드러내고 폭 넓게 이어져 오던 옛적의 신앙 형태였다.

나) 감-거북의 대응성은 구지가를 비롯한 지명자료에서 엿볼 수 있고 왕거미 노래 같은 가요에서도 그 가능성을 찾아 볼 수 있다. 갑(감)-거북의 대응에서 ㅁ-ㅂ의 상호교체는 지명이나 일부 방언 자료와 비교언어학적인 자료에서도 확인된다.

다) 감-거북과의 대응 가능성은 함(咸)- 계열의 지명에서 더욱 확연하게 드러난다. 구지가에서 구하구하수기현야(龜首現)-김수로-감로(甘露)에서 보는 바와 같이 감로란 감 곧 거북이 드러남을 뜻하는데 이는 신의 강림으로 종족의 번영과 안녕을 비는 기원행위라고 할 수 있다.

라) 감(甘)을 중심으로 하는 한자의 소리를 빌린 음차 계열이 있고, 구(龜)의 의미나 기능의 유연성을 따라서 적는 음차와 훈차의 변이형이 분포한다.

마) 감문국은 거북신 곧 감신을 숭앙하는 나라로서 김수로의 금관가야와 같은 맥을 함께 하는 거북 제의문화의 기초를 두고 있다.

◾ 참고문헌

강길운(1990) ≪고대사의 비교언어학적 연구≫, 새문사.
강헌규(1988) ≪한국어 어원연구사≫, 집문당.

김공칠(1980) ≪원시 한일어 연구≫, 한글 168, 한글학회.

김형규(1974) ≪한국어방언연구≫, 서울대출판부.

김동소(1981) ≪한국어와 퉁그스어의 음운비교 연구≫, 효성여대출판부.

도수희(1977) ≪백제어 연구≫, 아세아문화사.

서재극(1980) ≪중세국어단어족연구≫, 계명대출판부.

유창균(1991) ≪삼국시대의 한자음≫, 민음사.

유창돈(1979) ≪이조어사전≫, 연세대출판부.

이기문(1982) ≪국어사개설≫, 탑출판사.

이병선(1988) ≪한국고대국명지명 연구≫, 아세아문화사.

정호완(1980) 〈불완전명사 'ᄃᆞ'와 'ᄉ'의 고찰〉, 새국어교육 31, 한국국어교육학회.

_____(1987) ≪후기중세어의존명사연구≫, 학문사.

_____(1988) ≪낱말의 형태와 의미≫, 대구대출판부.

_____(1989) 〈의존명사 'ᄃᆞ'의 형태분화〉, 한글 205, 한글학회

_____(1991) 〈'님'의 형태와 의미〉, 대구어문논총 8, 대구어문학회.

_____(1991) 〈매인이름씨 'ᄉ'의 형태론적 구성〉, 한글 211, 한글학회.

_____(1994) 〈단군왕검의 형태론적 풀이〉, 한글 238, 한글학회.

최범훈(1981) ≪중세한국어문법론≫, 이우출판사.

최학근(1982) ≪한국방언사전≫, 명문당.

칼그렌(1966) ≪한자고음사전≫, 아세아문화사.

함안군(1991) ≪함안의 지명유래≫, 함안군.

허 웅(1975) ≪우리말옛본≫, 샘문화사.

금호(琴湖)와 지모신

1. 머리말

이 글은 강 이름 '금호'에 대하여 그 형태와 의미를 알아보고 이와 관련한 땅이름의 방사분포를 알아보고자 한다.

말의 변천으로 보아 가장 잘 바뀌지 않는 것이 땅이름이요, 그 가운데에서도 강 이름이 더욱 그러하다. 설령 한 때 땅이름이 바뀐다 해도 다시 제 자리로 돌아와 쓰인다.

서울의 경우 한산주·한주·한성·경성과 같은 이름들이 쓰였지만 오늘날 다시 서울로 불리어지지 않는가. 땅이름이 보수적일수록 그 이름은 특정한 공간에 삶을 누린 사람들의 사회와 역사 곧 문화를 상징적으로 드러내는 일이 있다하면 '금호(琴湖)'의 경우는 어떠한가.

≪경북지명유래총람≫을 따르면 금호는 영천시 서쪽 6킬로 지점에 있는데 금호읍의 남과 북이 구릉지로서 호수와 비슷하다. 바람이 불면 갈대밭에서 비파(琴) 소리가 나기 때문에 금호라고 하였다고 한다. 그럴싸한 풀이다. 얼마나 낭만적인가. 그 영향 때문인지 금호 옆 하양읍에는 금락동 금호동이 있다.

물이 흐르다가 늪이 되는 곳이면 갈대들은 자연스럽게 떼지어 살아

간다. 하필이면 금호강 주위에만 갈대가 아름다울 수는 없는 일이다. 댐 주위의 모습을 보자면 소양강이나 남지 못이나 을숙도 둘레에 갈대는, 아니 화왕산의 늪가에 갈대는 축제까지 벌이지를 않는가. 낙동강 굽이마다 갈대는 흔히 볼 수 있다.

그 뿐이 아니다. 똑 같은 금산면에도, 창원의 동면에도 있다. 그럼 그 곳에도 비슷한 땅이름의 유래가 있을까. 꼭 그렇지는 아니하다.

금호강은 영일군 죽장면 가사령에서 흐르는 물과, 영천군 소재 보현산 일명 모자산(母子山)에서 흐르는 물이 영천에서 합하여 낙동강으로 흘러 든다. 길이는 116킬로이며 영일·영천·경산·달성을 지나면서 대구의 북서쪽을 감아 돌아 대구분지를 이룬다. 이르러 대구평야 또는 금호평야가 되어 경북 제일의 큰 농업생산의 본거지 구실을 해낸다.

농업생산은 땅과 물에서 말미암는다. 먹거리는 종족의 번영과 자기보존을 가능하게 하는 것이니 옛 적 샤머니즘 시대에는 물과 땅에 신격을 부여하여, 온 나라가 이를 받들어 봄가을로 제사하였다. 고구려의 동맹, 예의 무천, 부여의 영고 등은 이러한 의미를 보여주는 주요한 지모신(地母神) 숭배의 보기라 할 것이다. '금호'의 금(琴)은 농업생산을 좌우하는 물과 땅—지모신을 드러내는 음성표상이 아닌가 한다.

이를 따져 보기 위하여 땅이름에 관련한 중근세어 자료는 물론이요, 무형문화재인 방언을 이끌어 쓴다. 아울러 '금'의 언어적 상징이 어떻게 땅이름에 드러나 있는가를 알아봄으로써 언어적인 실증을 모색해 본다. 이러한 작업은 언어와 문화의 상관성을 떠 올려 봄으로써 국어사는 물론이요, 언어의 문화투영이란 가설을 역사적으로 되짚어 보는 보람을 갖는다.

2. '금(琴)'과 지모신(地母神)

금호강의 '금(琴)'이 갖는 뜻 보람을 살펴보기 위하여 여러 가지 땅이름 관련의 자료를 떠올릴 필요가 있다.

(1) 금호강에 관한 자료

ㄱ. (세종실록지리지) 금호강의 근원은 영천의 모자산(母子山)에서 시작, 서쪽으로 흘러들어 대구군의 북서쪽을 지나 낙동강으로 흘러든다.

ㄴ. (신증동국여지승람) 금호(琴湖)-대구도호부의 서북 11리에 있다. 근원은 둘이 있는데 하나는 영천의 보현산이요, 다른 하나는 모자산(母子山)에서 나와 서북쪽으로 흘러 사문진으로 든다. (驛院) 琴川(古蹟)公山

ㄷ. (연려실기술) 영천·신령·하양·자인·경산의 여러 물은 대구의 금호·달천진이 되어 낙동강으로 흐른다.

ㄹ. (대동지지·대구도호부) 금호평(琴湖坪)~금화강의 왼쪽 바른쪽에 넓은 평야/ 금호강~근원은 청송의 보현(일명 모자산(母子山)) 남쪽에서 시작 빙천을 지나 다시 자을아천이 된다. 병풍암과 신녕의 서편을 지나 여천을 돌아 흐른다. 죽방산의 남쪽에 이르러 남천, 범어천, 시천, 영지산천을 지난다. 하양의 남서를 거쳐 관란천, 황율천, 반계, 남천과 합하여 대구의 사수·진탄내가 된다. 다시 신천을 좌로 해안천을 우로 하면 여천의 서편을 들어 금호진(琴湖津)을 이루고 하빈을 지나 낙동강으로 든다. (나루)사문진·금호진(역참)·금천(琴川)역

ㅁ. (花城誌)琴湖江在縣南一里源一出於慶州母子山一出於新寧普賢合流永川雙溪到本縣歷慶山大邱入洛東江(화성-하양)

금호강에서 비롯한 금호평야는 말 그대로 경북에서 으뜸 가는 농업생산의 터전이요, 삶의 보금자리였다. 금호강을 둘러 싼 자연부락을 크게 1직할시 5군 1시 25개 읍면이나 된다. 물이 있는 곳에 취락이 이루어짐을

아주 자연스러운 현상으로 금호강을 끼고 생겨난 마을은 다음과 같다.

(2) 금호강 유역의 마을
　　영일군(죽장)·영천군(신녕·청통·화남·화북·화산·자양·임고·
고경·대창·금호·북안), 경산군(남천·남산·용성·자인·압량·경
산·진량·하양·와촌), 달성군(가장·다사), 칠곡군(지천·동명)

보기 (1)로 보아 금호강은 영천의 모자산에서 비롯된다. 보현산이 곧
모자산으로 기록된 것을 보면 근원을 하나로 본 것이다(普賢山-云
母子山〈대동지지〉). 최근에 밝혀진 바로는 영일군 죽장면 가사령에서
한 줄기가 나오고, 한편 모자산에서 나오는 화북천이 어우러져 금호강
의 본류를 이룬다(이형석 1990, 한국의 산하, 450면). 금호강의 금호란
음성표상은 모자산(母子山)에서 발원하였음을 전제로 해서 불리어졌
던 것으로 보인다.

　금호강과 모자산에서 '금호-모자(母子)'의 맞걸림은 없는 것일까.
가람은 농업생산의 어머니이자 삶의 뿌리이다. 본디 우리말로는 강을
가람이라 하거니와 가람의 본질은 갈라짐에 있다. 가람이 있어 이 마
을과 저 마을이 생겨나며 끝없는 삶의 무늬로 짜여진 목숨들이 번식
한다. 하나의 열매가 더 많은 열매를 빚어내듯이 가람은 생명현상의
분수령이요, 모태라 하여 지나침이 없다.

　가람은 땅과 함께 지모신(神)이 다스리는 공간이요, 아니 그 자체
로서 믿음을 산다. 하면 금호강의 금(琴)과 모자산의 모(母)의 걸림을
어떻게 언어적 질서에 따라서 고리 지을 수 있는가. 같은 글자는 아니
더라도 땅이름이 고쳐지는 과정에서 서로 맞걸림의 가능성이 있을 것
으로 판단된다.

(3) 금(金)-모(母)의 맞걸림

ㄱ. 金城本也次忽一云母城母山城(金-母)(대동지지)

ㄴ. 金山本新羅桐岑景德王十六年改金山(고읍)禦侮三十五里新羅阿達羅王四
年置甘勿縣一云今勿一云陰達縣景德王十六年改禦侮(甘-今-金-陰-禦侮)
(대동지지)

ㄷ. 熊川本新羅熊只縣景德王十六年熊神爲義安郡領縣高麗顯宗九年屬金州/卽
熊津고ᄌᄂ르也(용가3-15)/kuma(일본)(웅-금-고마-구마)(대동지지)

ㄹ. 錦江本熊川河東北五里源出長水/(신증동국여지승람)公州本百濟熊川(금-
웅-공)

ㅁ. 時有一熊一虎同穴而居常祈于神熊(중략)生子號曰壇君王儉(중략)又名弓
忽山又今彌達(삼국유사)

ㅂ. (중국고음)甘kam錦kAm 今kAm 琴kAm 金kAm 儉kiem(A-아래아)

표기문자의 제약으로 한자 기록이 바탕을 이룬다. 보기(1~3)을 보
면 '금(金·甘·琴·今)-어머니(母·禦侮)'가 서로 맞걸릴 가능성
을 보이고 있다. 보기(3ㅂ)은 칼그렌(karlgren)이 재구성한 고대 중국
한자음인데 거의 같은 음상을 드러낸다. 보기(3ㄷ~ㄹ)로 보아 '금-
곰(굼)-고마(구마)-공(궁)'의 맞걸림은 ≪삼국유사≫(3ㅁ)의 단군
신화와 맥이 통함을 알아차릴 수 있다. 여기 고마(곰)는 ≪신증유합≫
의 자료로 보아 경건하게 예배하고 흠모해야 할 믿음의 대상이었음은
재미있다(고마敬 고마虔 고마欽).

자료를 통한 서로의 맞걸림을 볼 때, 금호강의 금(琴)은 고마(곰)·
구마(굼)·감·검·금(錦·金·今)과 함께 어머니 곧 지모신을 드
러내는 표기상의 변이형태들이 된다. 여기서 '금-엄(어머니)'의 언어
적인 질서는 어떤 것일까 하는 게 문제다.

알타이어 계통에서 특히 한국어에서 말머리의 기역이 약해져서, 혹

은 말끝(음절말 받침)에서 히읗으로 되었다가 다시 소리 값이 아예 없어지는 극단적인 약화에 대하여 이미 상정한 논의가 있어 왔다(람스테트 1939). 즉 ㄱ→ㅎ→ㅇ이 된다는 것이다. 이러한 기역의 약화 탈락현상이 '금'에서도 일어난 것으로 보인다.

(4) 기역(ㄱ)의 약화 탈락

ㄱ. 곰(굼·검·금)-홈(훔·험·홈)-옴(움·엄·음)[구멍(=모태)·굴살이 穴]

ㄴ. 골(谷)-홀(忽)·견(見)-현(見)·검(儉)·개-해(解)/학교-가꼬(일본어). 해결-가이게쓰(일본어)·화학-가가꾸(일본어)

ㄷ. (한국어-만주어)가시개-hasaha·가루-haru·가지-haji·구유-huju/(순단위)온(안)-gon>hon(몽고어)

ㄹ. (어머니의 방언형) 어머니(전지역) 엄니(안성·아산·연기·부산·전남 대부분), 어무이(예천·의성·영일·선산·김천·칠곡·고령), 엄마(강원·전남북·예천·포항), 어머이(횡성·원주·평창), 어매(군위·김천), 옴마(칠곡·대구·달성·경산·함안·진주·마산·충무), 옴매(통영·충무), 오매(진안·무안·정읍·김천), 오메(군위·김천·고령)

보기 (4)는 내적 또는 외적 재구성을 통하여 ㄱ→ㅎ→ㅇ의 변화과정이 있음을 뒷받침하고 있다. 한마디로 곰(굼)-계는 구멍 곧 굴신(神)을 드러낸다. 보기 (4ㄱ)의 곰(굼)—홈(홈)—옴(움) 계열에 드는 형태 즉 단어족을 찾아보면 다음과 같다.

(5) 곰(굼)-계의 낱말겨레

ㄱ. (곰(굼)-)곰팡이·고막(조개류)·고물·곰기다·곰방대·곰보·곰봇대(구멍을 뚫는 나무 꼬챙이)·곰 파다·공그르다/굶다·굼 뜨다·구

멍·굼벵이·굼실거리다·굼틀대다(꿈틀대다)궁글다/(감-)감감하다
(깜깜하다·캄캄하다)·깜둥이·감실거리다·감정아이/(검-) 검다·검
정·검버섯·검실거리다/(금-)금·금가다·금나다·끔적거리다·금
파오다(부자집의 흙을 파오다) 그믐날

ㄴ. (홈(훔)-)홈·훔치다·홈큼·홈켜쥐다.·홈파다·호미(홈＋이→홈을
파는 농기구)/훔쿰·훔치다·후무리다·후미지다/(험-)허물·험·허물
없다·허물다/(흠-)흠·흠 내다·흐무러지다.

ㄷ. (옴(움)-) 옴·옴게(암초에 사는 게) 옴딱지·옴쏙(쏙 들어간 모양)·
옴씰하다·움츠러 들다·옴켜쥐다·옴큼·옴팡눈·옴팍·오막하다·오
무래미·오므리다.

ㄹ. (삼국유사) 一熊一虎同穴而居常祈于神熊願化爲人

소리의 모습 곧 음성이 비슷하다 하여 모두가 같은 낱말겨레에 들
어가도 되는 걸까. 뜻으로 본 서로의 맞걸림─유연성은 어떻게 풀이
할 수 있을지.

곰(고마)을 단순히 그저 짐승으로만 보면 그뿐이다. 하지만 곰을 사
람의 조상신으로 믿는 수조신앙 즉 토템의 관점에서는 곰은 신 상징
의 징표가 되며 두려운 마음으로 예배해야 할 종교적인 대상이 된다.
에벤키말에서는 지금도 곰에 조상신(homokkoro) 혹은 영혼(homogen)
의 뜻을 부여함은 바로 곰을 토템으로 숭배하였던 것으로 짐작된다.
아직도 아무르강 유역에는 곰 토템을 믿는 고아시아족이 2～3만 가량
살고 있다는 것이다.

(6) 고마(곰)의 분포
ㄱ. 고마敬 고마虔 고마欽(신증유합)熊津고마ᄂᆞᄅ也(용비어천가 3·15)/高
麗(koma)〈Jap〉

ㄴ. 熊神-龜山-漆原(세종실록) 玄武(검＋ㅁ＞검)(사기) 人君以玄獸爲神(한
서)前朱鳥後玄武(예기)喉居後而牙次之北東之位也(중략)潤水也(중략)
於音位于(훈민정음)

짐승으로는 곰 상징이요, 이는 검은 짐승(玄武(한서))이기 때문에
거북이와도 맞걸리는 것으로 보인다. 기실 한반도에서는 곰보다는 거
북이 많이 살고 있으며 신령스러워 신과 통하는 상징동물로 여겨왔던
것이다(金海~龜城·連龜~琴湖~公山 등). 별의 경우 북두칠성이 현
무(玄武)로 적힌 것으로 보아 큰 곰, 작은 곰 자리별의 이름과 무관하
지가 않다. 흔히 거북이라 하지만 방언이나 문헌자료로 볼 때 '거미
(玄武)'로 불렀을 가능성이 높다(왕거미 노래 (양산민요) 玄武(검＋
ㅁ＞검＋이＞거미(한서)). 박지홍(1952, 구지가의 신연구)에서도 밝힌
바 있거니와 '검＋음＞거믐＞거뭄＞거붐＞거북(龜)'과 같이 발달하
여 오늘날의 '거북'이 된 것으로 보인다. 방위로 보면 북방이요, 신상
징이니까 북방신이 된다.

'금(곰－검－감－굼)'의 북방상징은 보기(1)에서 보인 것과 같이
금호강 또한 그러하다. 대구의 북 서쪽으로 흐르며 현재의 금호읍도
금호강의 북쪽이며 경산과 달성의 북쪽을 지난다.

≪삼국유사≫의 단군신화에서 웅녀－곰(고마)은 단군을 낳은 어머
니요, 조상신이 된다. 곰은 처음에 호랑이와 함께 같은 굴에서 살았는데
여기서 굴과 구멍(굼~곰)은 전혀 다르지 않은 공간이다. 이 구멍 속에
서 통과제의를 거쳐 짐승에서 사람으로 탈바꿈하여 여자가 되었다.

현실적으로 단군이 어머니 고마(곰)의 자궁(굴~구멍)에서 태어났
음을 생각하면 곰(고마)이 '구멍(굴)'의 상징이면서 어머니요, 조상신
의 상징임을 알게 된다. 하면 수조신앙으로서 곰 토템이 단군신화에

투영되었음은 아주 자연스러운 일이다. 짐승으로서 곰은 겨울이 되면 굴속에서 굴살이를 하며 거기서 종족과 자기보존을 하였을 것이다. 마치 석기시대에 공주 석장리나 암사동(서울)에서 드러난 옛 조상들의 혈거생활과 아주 비슷하다. 이를테면 곰의 굴살이과 그 속성면에서 거의 같은데 이는 속성의 전이형이라고 할까.

분명 고조선 시절 단군의 어머니는 '고마(곰)신~조상신~어머니'의 맞걸림이 가능하다. 어머니는 '나를 낳아 길러 준 생산이 되며 공간적으로는 땅이 바로 삶의 어머니'가 된다. 고대국어에서 땅을 '나(那奴 惱/na(地)(만주어))'라고 한다. 형태적인 특징은 조사와 결합할 때 [ㅎ]이 덧붙는데 뒤로 오면서 아예 윗말의 받침이 되고 다 동사화 접사가 붙으면 「낳다(월석 10. 24)」가 된다.

나무의 뿌리에서 움이 돋고 그 움에서 꽃이 피고 열매가 달린다. 우린 어머니의 움속에서 자라나 다시 뒤에 올 사람들로 이어 간다. 말하자면 배달겨레는 어머니요, 조상신인 고마(곰)의 품에서 태어나 배달이란 크고 그윽한 숲을 이룬 것이다. 감사하다는 말과 함께 '고맙다'는 인사말이 쓰인다. 이 말도 역시 고마(곰) 토템의 조상신(어머니신) 숭배, 곧 지모신 숭배를 명시적으로 보여주는 언어적 실증의 하나다.

(7) '고맙다'의 형태와 의미

ㄱ. (형태분석) 고마(熊)＋~ㅂ다(如)＞고맙다(如熊＝如母)

ㄴ. 熊津고마ᄂᆞ론也(용비어천가 3·15)고마敬 고마虔 고마欽(신증유합)

ㄷ. ('고맙다'의 풀이) 당신의 은혜가 거룩한 조상신이자 어머니의 은혜와 같다 → 당신은 어머니와 같은 사람이다 → 당신은 어머니이다 → 어머니 같다.

곰(고마)- 계열의 낱말 중에서 '감(검)-'은 검정색을 드러낸다. 검은 짐승으로 신을 삼는다(人君以玄獸爲神〈한서〉)고 하였거니와 감(검)-은 '곰'이 모음교체된 형태로 곰신(神)의 색을 표상하고 있다.(kami(神)〈일본어〉). 현무(玄武)가 곧 거북이요, 곰과 같이 검은 속성으로 신 상징의 빛깔을 드러낸다. 땅이름으로 보면 '거북-곰'이 모두 신(神)으로 서로 갈려 있다.(玄武~熊神~龜).

일본의 고마(구마 熊Kuma) 신앙도 예외가 아니며 폭넓은 분포를 보인다. 김달수(1986, 일본속의 한국)에 따르면 일본에는 8만에 가까운 신사가 있다고 한다. 가장 오래고 존경을 받는 게 고마계의 신사라는 거다. 일본의 역사에서 가장 확실한 문화의 요람지였던 나라현지방의 아스카(飛鳥) 문화를 상징하는 것이 '고마'계 신사이다. 고마(곰) 신앙은 한민족의 겨레신앙인데, 일본의 국왕들이 대대로 고마(곰)을 모셨다 함은 무엇을 뜻하는가. 한데 단군신화는 가짜이고 자기네는 진짜라는 논리는 전혀 앞과 뒤가 맞질 않는다.

이제까지의 줄거리를 간추리면 다음과 같다.

(8) 금호강과 지모신(地母神)

금호강은 모자산(母子山)에서 시작하여 대구의 북서로 흘러 낙동강으로 든다.

땅이름 바뀜의 걸림으로 보아 금(琴·수·金·錦)은 고마(곰熊)의 변이표기이며 소리를 빈 음독형이다. 단군신화에서 고마(곰)은 단군의 어머니신이자 조상신이었으며 굴신으로 지모신에 값한다. 소리마디의 머리에서 [ㄱ→ㅎ→ㅇ]의 변천을 거쳐 곰(굼·검·금)→홈(홈·험·흠)→옴(움·엄·음)과 같이 형태가 바뀌었다. 하여 오늘날의 어머니(오마니·옴마·엄마·어무이)가 되었다. 기원적으로 고마(곰)신앙은 제의문화로서 곰 토템을 반영할 것이고 공간으로는 구멍(땅)을 드러낸다. 이는 고조선 때의 굴살이를 뜻하며 검정색·북쪽 상징이며 동물로는 곰(熊)이며 뒤에 거북이로 바뀌었다. 이는 수렵생활에서 차츰 남하하여 농경생활에 정착하는 사회변동을 가리키는 것으로 판단된다.

3. '금호'와 물신(水神)

물이 있는 곳에 삶이 있다. 인류의 역사를 물과의 걸림에 따른 이야기라고 하여도 지나침이 없다. 넘치는 홍수로 말미암는 범람, 끝없이 가물어 논밭이 타고 풀과 나무가 타서 죽는다면 사람인들 어디에 발을 붙일 수 있었을까. 아시리아나 이집트에 전해 오는 천지창조의 신화는 모든 것이 물과 흙으로 이루어진 공간에서 비롯된다. 중국의 신화에서도 바다의 파랑 곧 물에서 생명이 태동한다고 풀이한다. 그리스의 신화에서는 어떤가. 물이 여자의 영혼이며 생명체의 어머니이다. 물을 영혼과 물질의 매개체로 규정하질 않는가. 물은 생명의 근원이 된다.

단순한 단세포 생물일지라도 세포들은 물로 충만해 있으며 고등생물일수록 그 물과 조직의 배합과정은 복잡해진다. 인류는 신석기 시대에 이르러 마침내 물을 이용, 농작물을 재배하기 시작한다. 이르러 농경문화의 여명이 비친 것이다. 나일강, 티그리스강, 인더스강, 간지스강, 중국의 황하강의 문명이 4대강 유역의 문명을 빚어냈다.

태양숭배의 고인돌 문화시대, 그러니까 제정일치 적에 태양신과 함께 물신이요, 땅신이라 할 태음신을 제의의 대상으로 하였음은 너무도 당연하다. 피가 물보다 진하다고 하거니와 따지고 보면 피도 영양이

들어 있는 물의 변이형태밖에 아무 것도 아니다.

앞(제2장)에서 금호강의 '금(琴)'이 지모신임을 밝힌 바가 있다. 금호강으로 말미암아 금호평야(대구평야)가 이루어졌고 이를 바탕으로 해서 경북에서 제일 가는 농업 생산의 틀을 마련하게 되었다. 금호평야에서 금호강의 구실이란 생산의 열쇠 바로 그 자체였던 것이다.

물에 대한 믿음은 동물상징으로 보아 곰(고마)·거북이(거미)·용(미르진辰〈훈몽자회〉 상1)으로 확신되고 전이한다. 물신앙은, 곰(고마)과 걸림이 있는 민요나 시가, 배경설화에서도 두드러짐을 보인다.

(9) 물신앙과 고마(곰)의 걸림

ㄱ. (민요)거미야거미야왕거미야진산덕산왕거미야네천룡용산에청바우미리국두덩실두덩실두덩실왕거미야(양산·왕거미 노래)(*거미-거북)

ㄴ. (삼국유사)龜何龜何首其現也(구지가)/龜乎龜乎出水路(해가사)

ㄷ. 錦江本熊川河東北五里源出長水/(신증동국여지승람)公州本百濟熊川(금-웅-공)/熊神-熊只-金州/玄武(검+ㅁ>검)

ㄹ. 彌勒-金馬-龍華(밀,-용-말)

보기 (9)ㄱ에서 '거미-거북'의 대응됨을 알겠고 '거미'는 해가사나 영신가에서 북방신이자 물신으로 상정된다. 표기에 따라서 「곰(굼)」은 곰(굼)-금-공(궁)으로도 적힌다. 특히 (9)ㄷ의 현무(玄武)가 '검'으로 풀이할 가능성을 보여줌은 '거미-거북'의 가능성을 더욱 미덥게 한다. (9)ㄹ에서 [밀-용-말]은 물의 신앙적인 승화와 왕을 상징하는 짐승으로서 용이 쓰였음을 물신 제사 또는 그로 말미암는 권위를 떠올릴 것이라 하겠다.

바슐라르는 물을 재생과 사랑, 죽음과 영혼의 상징으로 풀이한다.

문학공간으로 바다(물) 혹은 강은 더욱 그러하다. 〈공후인〉이나 〈청산별곡〉이 그 예외일 수가 없다. 이제 곰(고마·금·굼·감·검)과 걸림을 보이는 설화의 분포를 찾아보도록 한다.

(10) 곰(고마)의 설화 분포

ㄱ. (공주의 곰나루) 암콤과 어부~열린 바위문으로 도망간 어부를 암콤이 뒤쫓는다~새끼와 암콤이 물에 빠져 죽다~까닭 없이 풍랑으로 배가 뒤집혀 사람들이 죽는다~사당을 세워 봄가을로 곰에게 제사를 하다.

ㄴ. (구례의 곰소) 섬진강 동방천의 곰소에 징검다리가 있어 곰의 다리라고 부른다.

ㄷ. (수로부인) 거북아 수로를 내 놓아라(중략) 너 만일 내 놓지 않으면 그물로 널 잡아다가 구워 먹겠다.

ㄹ. (중국 후민 마을의 곰사당 설화) 왕펑이 바다에서 풍랑을 만나다. 산으로 피한 왕펑은 암콤에게 잡혀 굴속에 갇힌다. 도망 간 왕펑은 겨우 곰을 피해 무사하게 집으로 돌아왔으며 물신의 사당을 지어 경배하였다. / 고마敬 고마虔 고마欽(신증유합)

보기 (10)에서는 곰의 설화와 걸림을 두어 지어진 땅이름을 보이고 있다. (고마(곰) 나루)→금강→공주/곰소/후민(humin). 여기 후민(humin)은 '곰(고마)'이 음절 머리에서 약화하여 이루어진 형태로 보인다.

금호강의 '금(琴)'과 관련하여 발원지로부터 낙동강에 이르는 주위에 땅이름을 들어보면 다음과 같다.

(11) 금호강 둘레의 땅이름

ㄱ. (용-계) 사룡산·구룡산·용각산·청룡산·와룡산·용산

ㄴ. (금-계) 모자산·공산(公山)·궁산(弓山)·곰내재·검단산(儉丹山)·

연구산(連龜山)·금호(琴湖)·금천역·감물천·구계(龜溪)

ㄷ. (연구산 설화) 대구의 남쪽 3리에 있는 진산이다. 세상에 전해 오는바,
  처음 읍을 만들 때 돌거북을 산기슭에 묻었는데 머리를 남쪽으로, 꼬리
  를 북쪽으로 하였다. 거북의 기운이 땅속에 통하였으므로 거북산(곰
  산~검산)이라 하였다(신증동국여지승람).

모자산(검산~엄산)에서 비롯하는 금호강이 젖어들어 엄청난 들판
을 적신다. 금호강은 금호평야의 우물이요, 젖줄이다. 보기(11)에서와
같이 '금(검·감·곰·궁)—용'이 대응되고 있음은 물신이 용과 거
북(검)의 상징으로 함유되고 있다. 용은 물과 불을 다스리는 위대한
신이요, 경외의 대상이 거북(거미)으로 상징이 바뀐다. 마침내 대구에
서는 연구산(連龜山)의 설화가 생겨 난 것이다.

거북은 물에서도 뭍에서도 사는 파충류이다. 배고픔에 오래 견디며
물가의 모래땅에 구멍을 파서 알을 낳고 굴안에서 새끼를 기른다. 마
치 곰이 굴속에 살며 겨울 동안 바위굴에서 잠을 자는 것과 비슷하다.
동음이의어이긴 하지만 용(밀)—곰—거북이가 신통력을 갖춘 짐승이
기는 한 가지이다.

거북이 등에 불을 놓아 금을 보고 길흉을 판단하는 일이 거북점이
라 함도 거북이가 신령스러운 짐승임을 드러낸다. 몸이 불편하거나 입
장이 난처할 때 '거북하다'고 하는데 이 또한 거북으로 말미암는 결과
에 따른 것이 아닌가 한다.

민간신앙에서 보이는 물에 대한 신앙은 그 분포가 아주 다양하다.
그 보기를 들어보자.

(12) 물신앙의 분포

ㄱ. 용당별신굿(문경호계부곡리), 동해안 별신굿(울진남면진북리), 무지개
   샘 제사(경산용정곡 신동), 칠성바우제(영산용산고죽동), 용담제(경주현
   곡 가정리), 청송약수제(청송진보신촌동), 조왕신 굿(영일 죽장가사리).

ㄴ. 알영정 설화·나정설화〈삼국유사〉

물신에 대한 기원과 믿음은 농업생산과 바로 이어지는 생산지향이
다. 개인은 물론이요, 온 부락이 한 마음이 되어 물신 제사를 모심은
마을의 번영과 안녕에 절대적인 것이라고 믿었기 때문이다.

물이 있는 곳에 온갖 삶이 보금자리를 튼다. 금호강의 '금'은 언어상
징으로 보아 물이요, 구멍이요, 만물의 목숨을 거느리는 자애로운 어
머니에 값한다. 이는 기원적으로 배달겨레의 토템신앙이요, 이 신앙이
단군신화에 드러났다고 본다. 물은 구덩이에서 나와 밤낮으로 그치지
않고 흐른다. 이제까지 금호강의 '금'이 물신(水神)을 드러낸다고 하
였는바, 이를 간추리면 다음과 같다.

(13) '금(琴)'과 물신

분포로 보아 물에 대한 신앙은 상당히 보편적이다. 음성상징으로 볼
때, 물신은 '금'이며 동물상징으로는 '곰(고마熊)-용(미르辰·龍)-말'로 확
대 변이하여 땅이름에 투영되었다. 이들 짐승들은 영혼이요, 조상신으로
숭앙되는 토템의 대상이었다. 생명의 우물이며 보금자리가 '곰'인데, 금호
강의 '금'은 곰의 변이형태이다. '금'이 물신으로 상징됨은 구멍(굴)과 깊
은 걸림이 있는 것으로 보기 때문이다. 금호강이 모자산(母子山) 혹은
검단산(儉丹山)에서 발원함과 결코 무관하지 아니하다.

4. '금-'의 변이와 땅이름

　문화적으로 영향력이 있는 표준어는 다른 지역 말에 큰 파장으로
옮기어간다. 이를 물결에 비유하여 흔히 개신파라고 한다.

　농업생산의 어머니라 할 강물과 땅은 가장 큰 믿음의 표적이 되며
마침내 제의문화의 중요한 몫을 차지한다. 이르러 지모(地母)신앙은
어떤 모양으로든지 같은 계열의 이름들로 퍼져 나아간다. 금호강의
'금'은 음절의 틀로 보아 '고마(곰)'와 같이 ㄱ-모음－ ㅁ(-모음)의 짜
임에서 비롯되었다. 표기되는 글자나 소리가 다르더라도 같은 음절의
틀에서 갈라져 나아간 것으로 본다. 여기서는 '금'의 방사작용이라 해
둔다. 표기상의 제약으로 한자의 뜻과 소리를 빌어서 쓰는 훈독(訓讀)
과 음독(音讀)으로 나누어 살펴보도록 한다.

1) 훈독 계열의 방사

　훈독표기에서 유념해 두어야 할 것은 웅(熊)－구(龜)의 걸림이다.
언제부터 이 두 표기가 넘나들어 쓰였던가는 꼬집어 말하기란 어렵다
하더라도 최소한 〈구지가〉가 불리어지던 그 이전으로 거슬러 올라야
하리라고 본다. 먼저 곰과 거북의 상징을 떠올려 보자.

　(14) ㄱ. (玄武) 북쪽 방위의 물 기운을 맡고 물을 다스리는 태음신·무덤
　　　　　속의 뒷벽과 관의 뒤쪽에 그린다. (玄(검)＋武(ㅁ～玄의 훈독표
　　　　　지)→검).
　　　ㄴ. (별) 북쪽의 일곱별-두·우·여·허·위·실·벽(斗牛女虛危室壁)

ㄷ. (현무기) 대오방기(大五方旗)의 하나. 진영의 후문에 세워 후군
(後軍)을 지휘한다. 기면을 다섯자 평방인데 검은 바탕에 거북·
구름을 그리고 가장 자리는 흰빛, 깃대의 길이는 열다섯자이며 영
두주락의 장목이 있다.

ㄹ (왕거미노래)거미야거미야왕거미야진산독산왕거미야(양산지방)(거
미~거북(검+이→거미))/가메(Kame)〈일본〉 구마(熊 Kuma)〈일본〉

ㅁ. 고마(熊)(용가 3·15) 고마敬 고마虔 고마欽(신증유합)/호모뜨리
(곰)~호모꼴(조상신)호모겐(영혼)〈Tung〉熊神~熊只~熊新~
熊川~龜城~龜山(세종실록)

곰과 거북은 분명 다르다. 보기 (14)로 보아 거북의 상징성은 (14
ㅁ)의 곰과 같은 점이 많다. 우선 신령스러워 신 상징을 드러낸다는
점이 눈에 뜨인다. 토템신의 상징동물이 되기에 충분하다. 마치 인도
에서 소가 지니는 상징성과도 같다고나 할까. 그 무엇보다도 결정적인
것은 음절의 틀이다. 현무(玄武)의 경우, 무(武)는 현(玄)을 뜻-'검'
으로 읽으라는 음절말의 독음표지로 보면 좋을 것이다. 그러니까 현무
는 '검(검+이>거미)'인 것이다. 아울러 양산 지방의 민요는 물론이
요 일본말에서도 '가메(kame)'로 거북을 부름은 음성에 있어 거북이
나 곰이 크게 다르지 않음을 알 수 있다. 다른 퉁구스계의 말에서도
음절의 틀은 마찬가지로 보인다.

'곰-검(거미→거북)'은 같은 북방신·물신·어머니신으로 상징되
었음을 상정할 수 있다. 북방의 곰(熊)이 남방으로 오면 검(거북 龜)
이 된다. 하면 곳에 따라서 토템의 변이가 일어난 것이 아닌가 한다.
음절의 틀로 보아 금호강의 '금'은 폐음절이요, 뜻으로 보아 곰-검
(거북)의 변이표지가 될 개연성이 높다. 훈독 계열에 드는 땅이름으로

는 웅·구·현·흑·음·칠(熊龜玄黑陰漆)이 있고 이 밖에 물신 계열의 '용(龍－미르辰〈훈몽자회〉)'을 들 수 있다.

(15) 훈독 계열의 땅이름

ㄱ. (웅-)웅봉(정선), 웅천(비인), 웅연(고부), 웅진(공주), 웅암(熊岩-陰城-黑壤)(음성), 웅한이(장연), 웅포(보령), 웅천성(창원), 웅도(서산)

ㄴ. (구-), 구령(평산), 구담(단양), 구성(영주·지례·단성·정주), 구지봉(김해~龜→金), 구산포(칠원), 구산(홍산), 구산령(안동), 구봉산(부산), 구포(동래), 구미(선산), 구호(하양)

ㄷ. (부-) 가마釜(훈몽자회 중 10)/부곡(영천·창녕 등), 부산(山形如釜〈대동지지〉), 부동(횡성), 부곡포(웅천)

ㄹ. (현-흑-음-칠-) 음죽(飮竹-黑石里), 음성(→甘味), 칠곡(→龜川·龜岩·巨式), 현풍(→釜洞·陰洞·琴洞·烏山)/현성왕(玄聖王)(신라)

ㅁ. (용-), 용성(→용천·용전·구룡(경산)), 용평(→용계·화룡·용호·용화·용신·회룡·용전·오룡·용소·용계(영천)), 신룡(→용수·용계(달성))

곰(검·금)의 의미특징이 곰·거북·검다·북방·중앙·여성·구멍·뒤·겨울임을 떠올리면 '곰'을 훈으로 하는 현－부－음－칠－음 계열의 방사형 분포가 있음은 상당한 걸림을 보여준다.

특히 구·웅(龍·熊)의 훈이 '검(금·곰·감)'임을 생각하면 오늘날의 금호와 구호(龜湖=湖岩＋龜溪)의 맞걸림은 전혀 이상할 것이 없다. 결국 오늘날의 금호(琴湖)는 호암과 구계의 머리 글자를 딴 구호(龜湖)에서 다시 금호(琴湖)로 된 것이다. 한자의 훈독 구(龜)가 그대로 소리 금(琴)으로 읽힌 셈이다(구한국지방행정구역명칭일람 1985 참조). 물신은 곰과 거북(거미)의 상징으로 비유되었다는 흐름으로 간추려진다.

2) 음독 계열의 방사

곰 계열의 땅이름은 훈독 계열의 표기와 함께 한자의 소리를 빌려 쓰는 음독 계열의 분포가 큰 흐름을 이룬다. 음절의 틀은 마찬가지가 된다. 개음절과 폐음절의 유형이 함께 쓰이고 있다. 음절의 발달이 개음절에서 폐음절로 됨을 참고하면 '곰(검·금·감·굼)'이 늦은 시기에 쓰였을 가능성이 높다.

(16) 음독 계열의 땅이름
ㄱ. (금-) 금마(金馬), 금미·금호(琴湖)·금물(今勿-金泉)·금강(錦江)· 금성(金城)·금동·금락(琴樂)
ㄴ. (감(검)-) 감천(甘川)→외감·중감·내감·가물·거물 甘源有三-出釜項內甘川-出大德山外甘川-出牛馬峴合而北流經龜山之下[감-부-구(감)] 〈대동지지〉, 감남굴(태안), 가마바우(옥천)/검단(달성→검사·감삼·감문)
ㄷ. (공(굼)-) 공산(公山) (달성), 공주(公州→공암·감천·금주막·금동·궁동 公-熊-錦)/곰섬(안곰섬·밧곰섬)(태안)
ㄹ. (갑-) 갑천(횡성·대전·진양), 갑산(甲山), 가오리(대전), 갑동(공주·유성), 가배〈동동〉, 갑제(경산), 갑사(공주)

음독 계열의 소리상징은 주로 '가운데·곰·구멍·물·북방·곰'의 분포로 파악된다. 이 중에 '가운데'의 경우를 생각해 보면 농업생산을 좌우하는 지모신 중심의 믿음을 본으로 하는 집단의식에서 비롯한 것으로 보인다. 차츰 뒤로 오면서 사람 본위의 사회로 되긴 했지만, '갑(甲)'은 신(神)을 뜻하는 '감'에서 온 것으로 상정할 수 있다. 받침에서 '감→갑'과 같이 양순 유성에서 양순 무성파열로 바뀌면서 형태의 분화가 일어난 것으로 볼 수 있기 때문이다.

공(궁)의 경우에는 왜 '곰(검·금·굼·감)'과 걸림이 있을까. 형태론적으로는 '곰(굼)'이 기역곡용을 하는 낱말이다. 때문에 미음(ㅁ)이 기역 앞에서 자음역행동화가 일어나 굳어진 것으로 판단된다(공그르다·궁게(구멍)·둥글다 등).

덧붙여 둘 것은 토템신앙의 바뀜이라고 하겠다. 북방의 곰(熊)이 남방으로 오면서 검(거북龜)으로 옮겨 간 것이다. 더 나아가서 물신앙에서 다시 용(미르~믈~물)으로 대체된다(龍-彌勒(미르)-금마(金)〈신증동국여지승람〉). 토템의 성격이 차츰 약화되면서 음상이 거의 같은 가마솥의 '가마(釜)'로도 그 기능을 드러내기도 한다. 같은 뜻으로 쓰이지만 적는 소리는 달라서 땅이름을 변별적으로 표기할 수 있다. 실상 지모 신앙을 밑으로 하기는 음독·훈독이 같다고 할 것이다. 이를테면 토템신앙의 확대전이가 일어난 셈으로 북방의 곰은 수렵생활을, 남방의 검(거북)은 농경생활의 삶을 반영한 것으로 보인다.

5. 맺음말

금호강의 '금(琴)'에 대하여 국어학적으로 그 뜻과 형태의 변이를 알아보고 이들 상징소가 땅이름에 어떻게 걸려 방사되었는가를 따져보고자 하였다.

'금'의 상징은 주로 물과 땅으로 규정되는 지모신을 드러난다. 땅과 물은 농업생산의 기초이며 어머니이다.

금호강의 발원과 관련하여 금(琴·儉)-모(母子山)의 맞걸림을 엿볼 수 있다. 금(琴·수·錦·儉·金)- 계열의 땅이름은 대응관계로 보아 고마(곰 熊)의 표기적인 변이형이다. 고마(곰)는 토템신앙의 대상으로 단군의 어머니신-조상신이다. 하면 금호강은 농업생산의 터전이요, 어머니라 하겠다. 이는 말소리의 머리에서 ㄱ→ㅎ→ㅇ와 같이 소리가 약해져서 '곰(굼·금)-홈(홈·흠)-옴(움·음)'이 되는 소리의 바뀜으로 뒷받침된다. 요컨대 구멍(굴)을 드러내기도 하는데 조상들의 혈거생활과 어머니의 태반을 상징하기도 한다.

설화나 땅이름의 대응에 힘입어 '금'은 물 신앙을 상징한다고 하겠다. 동물상징으로는 '곰·검(거북)·용·자라'를 가리키는 바, 이는 토템의 동물상징이 확대 전이된 것으로 보인다. 특히 곰(고마)이 거북(玄武-玄(검)+武(ㅁ)>검)이와 같은 소리와 음절의 틀로 적힘은 암시하는 바가 크다. 곰이나 거북은 모두 물에서도 뭍에서도 살며 굴 속에서 새끼를 낳고 기름은, 검은 색의 빛깔을 드러냄은, 신령스러운 대상이 되는 속성의 같음에서 말미암는다.

땅이름의 표기는 훈독과 음독으로 갈라진다. 훈독 계열에는 '웅·구·부·현·음·칠(熊·龜·釜·玄·陰·漆)'의 방사형이 있다. 한편 음독 계열에는 '금(琴·수·錦·金), 감(甘), 검(儉), 공(孔·公/弓), 갑(甲)'의 방사형 분포가 드러난다. 이들은 모두 지모신에 대한 믿음이 음성에 되 비친 상징이라고 하겠다.

금호강의 '금'은 땅과 물을 다스리는 지모신 믿음을 드러낸 곰 토템의 언어적인 투영이다.

영양의 옛 이름 고은(古隱)

Ⅰ. 머리말

무릇 땅이름이란 가장 보수적인 언어 자료로 보아 틀림이 없다. 옛적으로 거슬러 오를수록 미분화 상태의 문화를 공유하는데 이른바 언어란 문화를 반영한다는 관점에서 보면 고유한 우리말의 땅이름 속에는 이러한 문화적인 속내가 갈무리될 수 있다고 본다.

오늘날의 영양의 옛 이름인 고은(古隱)에는 그러한 무엇이 없을까. 현지의 사람들은 흔히 한자의 풀이대로 옛 고(古)자, 숨을 은(隱)이란 한자의 뜻을 중시하여 예부터 숨은 선비들이 많이 살던 고장이라고 한다. 그럴싸한 풀이기도 하다.

말 그대로 영양은 많은 애국혼에 불타는 선열과 문인과 정치인을 낳은 곳이었으니까. 하긴 영양에는 한국의 근현대사로 들어오면서 숨어살던 선비들의 후예답지 않게 개화를 앞당기는데 상당한 구실을 하고 한편으로 당시에는 이렇다고 할 주목도 받지 못하였던 김도현(金道鉉) 의병대장과 남자현(南慈賢) 의사며 엄순봉(嚴舜奉) 의사와 같은 기라성 같은 이들이 분연히 일어나 조선왕조 말엽 시기에 나라와 겨레가 위기에 직면하였음을 보고 목숨을, 한줌 티끌과 같이 나라와 겨레를 위하여 바쳤던 의사와 열사들이 나옴도 예사로운 일은 아니다.

어디 그뿐인가. 민족 시인이라고 불리는 조지훈 선생은 물론이요, 현대소설의 한 획을 그은 이문열 선생 또한 이 고장이 낳은 선비임에 틀림이 없다.

고은의 문화는 반변천을 중심으로 한 문화라고 일컫는다. 일월산에서 발원하는 장군천(將軍川) 혹은 장천이 흘러 들어 반변천을 이루고, 다시 반변천은 굽은갱이에서 굽돌아 큰 내─대천(大川)을 이룬다. 달리 한내라 이르는 대천은 영양의 중심부라고 할 감천으로 이어져서 이른바 반변천의 면모를 갖추고 영양 먹거리의 들판을 마련하게 해준다. 반변천은 마침내 오늘의 영양문화를 일구어 왔다고 할 수 있다.

반변천을 달리 감천(甘川)이라고도 이르는바 감천─감내(가무내)가 영양의 옛 이름인 고은과 무슨 걸림이 있으며 '고은'의 의미는 물신앙(水神/龜神─지모신)과 어떤 상관이 없을까를 그 방증으로 알아본다.

2. 고은의 표기와 형태의 변이

(1) 新羅古隱景德王十六年爲有隣郡領縣高麗太祖二十三年改英陽(一作迎陽)顯宗九年屬禮州(대동지지)加西晉山加乙面山(영해)(동국여지승람)螢志/요은(要隱─楊口)(고은)有隣(英陽(迎陽))

(2) 日月山─ 北三十里安東界有窟井洞洞十里蔚珍界(굴─구무바회 津(용가3-13)

(3) 將軍川─源出日月山南流至縣南過小笠嶺川及靑杞川至眞寶界爲大川曰神漢川

(대동지지)神-天神引出萬物者검(신자전)/將軍川-曲江(굽은갱이)-감
내(甘川)-대천(大川)/神漢川-半邊川반벼로:반-갑//甲川(횡성 유성)-감
내-감천-감물/甘文(김천)　감(甘)-정(井)-우물제사(瀆祭　井祭 해제)/井所
部曲)

(4)　神漢川-在縣北一里　其源出寧海府日月山經安東府爲瓦釜灘合于大項津南
　　　岸石壁四百餘尺因以爲城基而未之築(동국여지승람 진보현)(神-釜-甘(儉)/
　　　가마)-곰-굼(水神/地母神/稬穴神)

　오늘날의 영양이 예전에는 고은이었다. 어느 마을이나 그러하지만
마을이 이루어지면 무엇보다도 우리 삶에 필수불가결한 물이 있어야
한다. 영양의 산수로 보아 중요한 반변천의 물 자원은 일월산의 기슭
으로부터 비롯한다. (2)의 보기가 그러한 경우인데 샘골 바위에서 시
작한 물이 강을 이루나니 이 강을 흔히 반변천(半邊川) 혹은 감내라
이른다. 굴의 옛말이 '굼'인 점을 고려하면 감내－구무(굼 穴)의 맞대
응이 찾아진다. 기원적으로 굴 혹은 구무는 모태 상징이며 땅과 물에
어머니 격을 부여하는 이른바 지모신의 표상이라 하여 지나침이 없다.
　(3)의 보기에서도 보이는 바와 같이 신(神)이란 우리말로 '검'이었
으니 이에서 모음이 바뀌면 '감'이 된다. 일종의 모음교체라고나 할까.
지금은 죽은 말이 되어 쓰이지는 않으나 문헌에나 보이는 정도가 되
고 말았다. 그럼 어떻게 해서 감－어머니란 대응성을 고리 지을 수
있을까.
　특히 감(甘)을 우물 정(丼/井)에 기댄 것은 그 글자의 연원에서다.
우물 정(井)에서 글자를 정형하면 감(甘)과 비슷한 글자가 됨을 알
수 있다. 물이란 삶의 가장 기본이 되는 물질이니 옛날 그 시절에 신

격을 부여할 만하다고 본다.

보기 (4)의 경우도 '감'을 한자로 적은 보기로 판단된다. 귀신신(神)을 검(감)이라고 하였거니와 한(漢)과 이으면 '감한내―검은내―거무내―감내'로 그 소리의 바뀜이 예견되기 때문이다. 신한천을 달리 대천이라 함은 너무도 자연스러운 표상이라고 할 것이다. 그 어름에 값하는 냇물 이름이 와부탄(瓦釜灘)인데 여기 가마부(釜)의 '가마'가 가장 알맹이에 걸맞는 표기로 보아 무리가 없을 것이다.

땅이름의 분포로 보아 김이 금산(金山)이었는데 그 옛 고을이 어모(禦侮)였음을 고려하니 그럴 가능성이 더욱 커진다고 하겠다. 이제 김천의 옛 이름 자료를 간추려 들어 보기로 한다.

(5) 어모(禦侮)

    금산군의 북 삼십리 어름에 잘하고 있다. 신라 아달라왕 4년에 가물현(甘勿縣) 혹은 금물(今勿) 호은 음달(陰達)이었다. 경덕왕 16년에 어모현으로 하여 개령군에 들게 된다. 고려 현종 9년에 상주에 들게 하였다가 조선왕조 태조 무렵 다시 금산군에 들게 한다(甘勿-今勿-陰達-禦侮-金山)(대동지지)

위 ≪대동지지≫의 자료 (5)에서 금산의 옛 고을인 어모가 본디 감물이었는데 뒤에 어모현으로 바뀌었음을 보여 주고 있다. 그럼 여기서 두 가지의 의문이 제기될 수 있다. 하나는 감(금)- 어모의 관련이고 어떻게 하여 지모신이 어머니와 걸림을 보이는가에 대한 물음이다.

흔히 파열음 소리 ㄱ이 약하여지면 ㅎ이 되거나 아예 떨어져 버려서 소리값을 잃고 마는 수가 있다. 이를 고리 지으면 ㄱ―ㅎ―ㅇ으로 간추릴 수가 있는데 이를 뒷받침할 만한 보기들은 어떤 것이 있을까.

(6) /ㄱ-ㅎ-ㅇ/의 대응 예

ㄱ. 곰추골-홈추골-옴추골/구물구물-후물후물-우물우물/곰 패다-홈 패다-
   옴 패다/굼-훔-움

ㄴ. 곤(gon)-혼(hon)-온(on)(만주어의 수사 접미사)

ㄷ. 학교-가꼬/학문-가꾸몬/형아-엉아/적(笛)-저. 욕(褥)-요

같은 보기에서 음달(陰達)은 또 어떤 걸림이 있는가. 앞의 ㄱ-ㅎ-
ㅇ의 대응으로 보아 금-흠의 가능성을 보이고 있으며 음달의 음(陰)
을 뜻으로 새기어 보더라도 그러하다. 지금이니까 음을 '그늘'로만 보
지만 옛 적의 뜻으로는 '가만하다'였으니 이를 기원형으로 거슬러 오
르면 '가만하다-감+하다'이니 여기서 '감-금-엄-금'의 대응성을
찾아 볼 수 있다. 보기 (3-4)에서 보듯이 우리말로 귀신을 '감(검)'이
라 하고 거북신화에 '곰(能고마.훈몽자회/용가>)'이 단군의 어머니임
을 떠올리면 땅과 물을 어머니신으로 섬기는 지모신 상징이 거북으로,
수립문화 시기의 '곰'이 우리 겨레의 조상이요, 어머님을 생각하여 지
모신 상징의 문화적인 투영이라고 상정할 수 있다.
   이제 오늘날의 방언형으로 보아 '어모'라는 지명이 우리말 소리를
한자로 표기할 가능성이 많은데 방언 분포를 알아보도록 한다.

(7) '어머니'의 방언 분포
   어마(봉화. 영주) 어마니(순천. 강진. 화순. 보성. 해남) 어매(영주. 안
동. 봉화. 영양. 포항. 김천. 상주. 문경. 예천. 경주. 영천) 엄마(전지역)
오마(합천) 오마니(김천. 평안도 전지역) 오매(청도. 군위. 김천. 밀양.
부산. 김해. 마산) 옴마(경산. 상주. 문경. 김천) 움마(남해) 우매(충무)
우메(남해) 니미(창원. 진양)[최학근(1997) 한국방언사전 참조].

시간의 흐름과 형태변이의 흐름을 고려하면 '곰(고마) - 홈(호마) - 옴(오마)'의 변화를 상정할 수 있음은 이미 상식에 속하는 일이다. 이로 보아 김천의 '어모'는 지모신을 뜻하는 어머니 신앙에서 비롯되었음을 알 수 있다.

같은 말이라도 지역이나 시대에 따라서 변하듯이 하나의 말에 다른 형태가 붙어 파생어나 복합어를 이루게 되는 일은 흔히 볼 수 있는 현상이다. 흔히 듣는 인사말 가운데 감사하다는 뜻을 '고맙다'라고 이른다. 여기서 '고마'는 다름 아닌 단군 신화의 고마이며 이어서 물과 땅을 숭배하는 지모신 신앙으로 이어져서 마침내 검(거미) 곧 거북의 동물 상징으로 변이하기에 이른다.

아울러 방위로는 '곰'이 북방이며 공간으로는 굴 - 구멍의 상징을 갖는다. 굴의 모양이 둥글 듯이 굽으러진 모양을 가르치는 말의 기본으로 쓰였느니, 영양의 옛 이름 '고은'의 기본형 '곱다'가 고마(곰)에서 비롯했다는 미루어 봄이 가능하다.

이제 '고은'의 기본형이 어떻게 분포하였으며, 그 문화투영의 맥락을 어떻게 풀이할 수 있을까를 알아보도록 한다.

(8) 고은: 곱-+은>고븐//고은(양형공유: 등어선 지역)(日月曲江)/임하-曲城//곱다(고운/고은) 아름다울英(美也)(대한한사전)고흘麗(美也;被文纖麗而不奇)〈초사〉고울려(대한한사전)

(9) 美-羊(신에게 바치는 희생물(犧/義/儀-義: 신에게 양을 바치는 의식>바르다.의롭다.)+大(훌륭한 사람)(제사장/무당)

(10) (kVmv)(감-갑/곰-곱/굼-굽)(ㅂ∝ㅁ)거벅개-거먹개(대천신흑)거멍터-

거북터(원주소초)비듬-비듭(파주)매듭-매즘(울진. 안동) 무릎-무름팍(부여. 완주. 김해)엄서서(마산. 합천)다리미-다리비(고흥.여수. 순천)말밤-말밥(구례. 순천) 곱다-굽다/곰살갑다-굼살갑다 굼-갑(穴口-甲北古次)

보기 (8)에서와 같이 곱다의 활용형을 '고은－고븐'으로 볼 수 있으니 서로 다른 방언권이 함께 공유되는 등어선 현상으로 보이는바, 이곳 영양에서는 '고은'이 우세하던 사람들의 언어가 땅이름을 적는 데 작용하였을 것으로 본다.

우리 나라의 자료는 아니지만 한자에도 '곱다'는 뜻의 말—미(美)와 여(麗)에 제의문화적인 정보가 드러나 보인다. 글자 풀이로 보면 양(羊)은 신에게 동물 이바지로 바치던 의식에서 나온 말인데 여기 큰 대(大)는 제사를 모시는 사람 곧 제사장을 뜻한다. 제의를 모시자니 정성껏 해야 함은 물론이요, 올바르게 의식을 행함에 있어 종교 직능과 정치 직능이 한 사람의 지도자에 의하여 행하여졌음을 알 수 있다.

한편 보기(10)에서와 같이 소리의 바뀜을 따라서 오늘날의 거북이가 거무 혹은 거미에서 비롯되었고, 다시 거무 혹은 거미는 '검(감神)'에서 말미암았음을 보인 것이다. 기원적으로 양순(兩脣)무성 파열음은 미음(ㅁ)에서 왔을 가능성이 있다고 본다. ≪훈민정음≫에서도 순음의 기본형을 미음(ㅁ)으로 본 것은 결코 공연한 직관에 의한 것이 아님을 알 수 있다고 하겠다.

간추리건대, 혈거문화(穴居文化) 곧 굴살이－굼멍＞구멍에서 시작되는 신화시대를 거치면서 수렵문화기의 곰숭배(熊神) 신앙과 정착생활을 시작하면서 거북 토템 즉 물과 땅에서 농사를 짓는 지모신 바탕

의 농경문화까지를 엿보게 하는 땅이름의 정보로 보아 큰 무리가 없
을 것으로 본다.

　지금도 보존되고 있는 경남 양산지방의 왕거미 노래로 불리는 모심
기 민요를 들어 보면 여전히 거북이를 '거미'라고 부른다. 조순규 채록
의 왕거미 노래를 들어 보자면 다음과 같다.

　(11)　ㄱ. 거미야거미야왕거미야진주덕산왕거미야네천룡내활량청용산에청바
　　　　 우미리국미리국두덩실두덩실왕거미야(왕거미노래)
　　　ㄴ. 龜何龜何首其現也若不現也燔灼而喫也〈삼국유사〉
　　　ㄷ. 龜乎龜乎出水路掠人婦女罪何極汝若悖逆不出獻入網捕掠燔之喫(삼
　　　　 국유사 해가사)

　위의 노래로 보면 거북이를 '거미'라고 불렀을 가능성이 아주 높다
고 하겠다. 그러한 가능성을 더 하여 주는 것은 《삼국유사》에 실려
오는 구지가(龜旨歌)와 해가사(海歌詞)를 보면 더욱 심증이 굳어진다
고 하겠다. 존칭호격 접미사 -하(何) 혹은 -호(乎)를 보면 거미가 곧
거북이가 숭배할 대상임을 엿보게 해주는 대목이라고 할 수 있다. 신
화학에서는 동물의 몸 자체를 신격으로 보려는 시각이 기본을 이루니
까 거북이 곧 검을 신으로 보고 숭배한다고 하여 하나도 이상할 것이
없게 되는 셈이다.

　거북 상징은 농경문화이며 농경문화의 터전은 물과 땅이니 물과 땅
에 신격을 부여하는 지모신(地母神) 신앙임에 틀림없다. 이러한 지모
신 신앙의 문화적인 정보를 심층으로 하는 곰 — 감(검)에서 고은 곧
영양의 문화가 움터 왔다. 여기서 갈래 지을 수 있는 영양의 땅이름과
강 이름에는 어떤 것이 있는가를 알아보도록 한다.

3. 지모신 '감(검)'의 방사와 고은의 땅이름

옛적에 우리말은 있었으나 그 말을 적을 글자가 마땅하지가 않았음은 재론의 여지가 없다. 우리말을 적음에 있어 우선 상정할 수 있는 단계는 소리 빌림의 음독 단계라고 할 수 있다. 먼저 소리를 빌어 적은 것으로 보이는 땅이름을 들어 보기로 한다.

> (12) 감내(가무내)·감들내·감천(甘川. 甘泉)(영양 감천) 큰 개가 동네 앞을 감돌아 흐르므로 감들내·감내(가무내)·감천이라 하였다. 전해 오기로는 처음에 지곡이라 불렀는데 400년전 통정대부 오시준(吳時俊) 선생이 이 마을에 정착하면서 동곡이라 하였다. 마을 뒤 산기슭에 맛있고 좋은 물이 솟았다고 하여 감천(甘泉)이 되었다가 감천(甘川)으로 변했다고 하는 사람도 있다[오상대(45) 제보].

감내를 한자로 적으면 감천(甘川. 甘泉)이 되는데 이는 다름 아닌 가무내 혹은 감내가 가장 기본이 된다. 신 본위 중심의 제의 문화 사회에서라면 신 곧 감(검)이 고대 사회의 구심점이 될 것은 다시 풀이할 필요가 없다. 감에서 받침이 바뀌면 '감>갑'이 된다. 이르자면 고려 가요에 〈동동(動動)〉을 보면 가배(嘉俳)가 나오는데 이 말이 곧 '갑+-애>가배'가 되어 보름날을 이룬다. 보름을 한 달로 보면 한 가운데가 되니 '중앙'이란 말이 된다. 차츰 문화가 발달하면서 신이란 뜻은 사라지고 중앙(中央)이란 뜻만 남아 쓰이게 된 것으로 보아 좋을 것이다.

갑-이나 갑-계의 땅이름은 우리 한반도에 널리 분포되어 쓰이는 이름으로 그 가운데 가장 눈에 뜨이는 보기로는 김천의 '감문(甘文)'과

대전의 '갑천(甲川)'이라고 하겠다. 갑천은 강원도 횡성에도 있는데 여기서는 갑천-감내로 걸림을 두는 말로서 이르니 과연 물을 중시하고 땅을 섬기던 우리 조상들의 농경문화를 지탱하여 온 정신적인 지주가 곧 지모신 신앙이었음을 알 수가 있다.

경남 김해에서도 감로(甘露)면이 있음은 좋은 보기라고 할 것이다. 감(甘)이 '거북신'이요, 물신이라면 로(露)는 거북신의 드러남을 이르는 뜻으로도 풀이할 수가 있다. 하면 김수로(金首露)도 글자대로 풀이를 하면 '거북이의 머리를 드러내었다'는 말이 된다. 여기 김(金)은 본디 소리가 '금(金)'이니 금-검(거미)-거북이란 뜻 걸림이 있으니 감로=금수로의 등식을 상정할 수 있게 된다.

검(감)은 다시 거슬러 오르면 곰(고마)으로 이어지니 수렵문화(狩獵文化)(곰/고마)-농경문화(農耕文化)(검/거미/거북)의 문화 변이가 가져온 형태변이와 의미전성의 한 보기라고 할 것이다.

소리의 비슷함이나 거북의 모양과 비슷함으로 이루어진 영양의 다른 마을 땅이름들을 살펴보기로 한다.

(13) 가마실(釜谷)(일월 가곡)

ㄱ. 가곡과 주곡, 부곡을 통틀어 삼부곡이라고 한다. 이르자면 마을의 형국이 가마솥처럼 생겼다고 하여 붙여진 이름이다. 가곡의 가(佳)는 가마실의 '가'에서 따왔으며 '실'을 곡(谷)으로 뒤쳐 이름하게 되었다(정동춘(66) 제보).

ㄴ. 상부곡 웃가마실(일월도곡)가곡동의 가마실에 이어지는 마을로서 도곡동의 양지마와 음지마를 합하여 그리 부른다.

ㄷ. 감북골(甘北谷)홍림산 북쪽에 있는 마을로 감이 많이 나는 마을이라 하여 붙여진 이름이다(조진영(71) 제보).

ㄹ. 검소바위(玄岩)(석보지경)마을에는 검소라는 큰 소가 있는데 이 옆에 검소 바위가 있다. 마을 사람들은 이 바위를 아주 신령스럽게 여긴다(김병의(62) 제보).

ㅁ. 금대(琴臺)(입암 교리)-금대(琴臺:검두(횡성갑천, 감내))이 마을에서 제일 큰 마을이며 금(琴)씨 성을 가진 사람이 들어 와서 마을을 개척하였다고 하여 붙여진 이름이다(우수암(63) 제보).

ㅂ. 굽은갱이·곡강(曲江)(일월 곡강)/곱은갱이 강물이 구불구불 굽이쳐 흐르는 모양을 따서 굽은갱이·곡강이라고 부르고 있으며, 또 지형이 행주형(行舟形)같이 생겨 지금도 우물을 잘 파지 않는다. 이유는 배의 밑바닥을 파면 배가 파선되기 때문이라고 한다(윤봉일(83) 제보)./곱은성(曲城)/곱괭이-곡괭이.

곡강(曲江)이라 함은 굽은 갱이를 한자의 뜻을 빌어 뒤쳐서 적은 것이다. 여기 굽은갱이의 '갱이'는 강 마을의 뜻으로 새기면 된다. 이렇게 물의 특이한 흐름을 마을의 이름으로 삼은 경우의 본이 바로 안동의 물돌굽이 곧 하회(河回), 홍해의 곡강 마을이라고 하겠다.

곡강의 곡(曲) 또한 굽다와 대응되는 이름 글자이다. 쓰기에 따라서 굽다-곱다는 같으면서 소리의 느낌이 다른 말로도 보인다. 곱다라고 함은 아름다움을 드러내기도 한다. 그럼 곱다의 본질은 무엇인가. 이는 다름 아닌 둥근 모양을 하고 굽으려져 있음에 그 터를 댄다고 하겠다. 곧은 것보다는 구부러져 있는 모양을 아름다운 것으로 친다. 굽음은 일종의 변화이며 한 쪽이 밖으로 나오면 그 다른 한 쪽은 휘어져 들어가게 마련이다.

곡강의 '강(江)'을 내(川)의 개념으로 바꾸어서 굽다(곱다)의 어간 '굽-(곱-)'과 함께 읽으면 굼내 혹은 곰내가 된다. 자음접변의 ㅂ⇒ㅁ으로 소리나는 것도 본디 ㅂ의 밑소리가 ㅁ임을 드러내는 것으로 볼 수가 있기 때문이다. 이는 앞에서 든 보기 (2ㄱ)에서도 그럴 가능성을 찾아볼 수 있기 때문이다.

곱다의 곱-은 곰에서 비롯한 것으로 볼 수 있으며 곰-감-검으로 이어지는 단어족의 고리로 풀이할 수 있다. 하면 일월산의 굴우물(窟 井)에서 발원, 장군천으로 흐르는 물가에 있는 마을로서 가마(감)실-곱강-곰강-감내는 같은 흐름의 이름으로 보아 무리가 없을 것이다. 실은 반변천의 경우도 예서 멀리 있지 아니하다. 갑절이라고 하거니와 이 '갑'도 감에서 비롯하니 결국 물신과 땅신을 중심으로 하는 신 본위 중심의 사회에서 갈라져 나온 개념이라고 하겠다. 이를 뒷받침해 주는 것은 속지명으로 감천리를 가무내 혹은 감내의 경우라고 할 수 있다.

기원적으로 영양의 이름을 고은이라 하는데 이 이름을 이두식으로 읽으면 '곱은-고븐-고은'과 깊은 관계가 있는 것으로 보인다. 그러니까 영양은 곰강-반변천-감천으로 이어지는 반변천(半邊川) 때문에 생겨 난 삶의 터전에서 비롯한 것으로 볼 수 있다. 검-곰-감을 물신, 땅신이라 하고, 곡강 마을의 본디 이름이 굽갱이에서 비롯되었다. 아울러 당진(唐津)은 당신을 모시는 나루라는 말이 된다. 결국 영양의 북쪽에서 흐르기 시작하여 마을의 가장 생명적인 물을 해결해 주는 젖줄이었으니 어찌 주요한 섬김의 대상이라 아니 할 수 있겠는가. 지금도 당진(唐津)마을에는 도신목과 당집이 있으니 그럴 개연성은 얼마든지 있다고 할 것이다.

(14) '감'의 상징성

ㄱ. 신:天神引出萬物者 검(신자전)

ㄴ. (安城 고읍) 현무현(玄武縣) : 함안 서쪽 삼 십리 쯤에 자리한 마을이

다.(중략) 멀지 않은 곳에 감물(甘勿)부곡이 있으며 금라(金鑼-kien〈m〉ham〈c〉ram〈a〉(Karlgren)감-금-함(구)(현-gien)-거북/함열-감물아

ㄷ. (금산 고읍) 禦侮현-甘勿縣/今勿縣-陰達/甘川-釜項-龜山(대동지지)金鰲山(금오산)거무산/현무산(천원병천)금주(金州)-구산(龜山)(칠원)(禦侮-金/甘-陰-釜-龜)

ㄹ. 龜旨歌/海歌詞/뉴멕시코 족의 거북토템/指路鬼 굿의 거북이 역할/사신도의 玄武圖

ㅁ. 감(검); 물신(땅신)/거북신-地母神(龜神)

같은 이름이기는 하지만 적히는 글자가 무엇이냐에 따라 표기의 갈래가 달라지는 것이니 이제까지 들어 본 영양의 땅이름 가운데에서 한자의 뜻으로 중심을 한 땅이름을 들어보기로 한다. 이름하여 훈독의 사례를 살펴보자는 것이다.

(15) 한자의 뜻을 빌린 훈독의 보기
    부곡(釜谷)(일월면)-상부곡.하부곡/현암(玄岩)-검소바우/반변천(半邊川)-반벼로.가무내.감내(영양읍)/곡강(曲江)(일월/영일/하회)-물돌굽이.굽은갱이. 굽갱이

문화의 모습이란 가변적인 것이어서 고안에 따라서 시대에 따라서 변화하여 가기 마련이다. 한자가 들어와서 우리말을 표기함에 있어 한자의 표기 음운을 중심으로 하여 적히게 되었다. 그러니까 우리말 중심에서 한자 중심을 바뀌어 간 셈이다. 이른바 훈독이란 한자를 중심으로 한 표기체제를 이름이요, 그러다 보니 완전히 우리말은 뒷전이 되고 한자가 판을 치는 세상이 된 것이다. 그렇다고 아무런 한자나 빌려 쓴 것은 아니다.

4. 마무리

신라시대에 한자를 빌어다가 우리말을 적었던 이두식 표기의 관점에서 영양의 옛 이름인 고은의 문화기호론적인 정보와 표기의 변이와 땅이름의 방사형 가운데 드러난 지명족들을 검증하여 보았다. 이제 그 줄거리를 동아리 지어 보면 아래와 같다.

땅이름 '고은'은 한자로 적혀 있기는 하지만 그 속내는 우리말 '곱다 (曲)'의 기본형에서 활용형 어미가 붙어 굳어진 표기로 보인다. 영양 지역의 방언 분포로 보더라도 관형형 어미 '-ㄴ'이 '곱-은'이 '고은'으로 쓰인 것이다. '굽은 갱이'라는 오늘날의 이름과 한자로 뒤쳐서 곡강 (曲江)이란 이름이 이를 뒷받침하여 준다고 하겠다.

언어는 문화라는 시각에서 풀이하면 곱다 혹은 굽다라는 땅이름에 담긴 문화적인 시각에서 풀이하면 곱다 혹은 굽다라는 땅이름에 담긴 문화적인 정보는 물과 땅에 어머니의 신격을 부여하는 지모신 신앙에서 말미암는다. 곡강-굽은갱이에서 굽다의 '굽'은 기원적으로 '굽'에서 비롯하였으며 모음이 바뀌면 '굼-곱'이 되고 다시 '굼-굽/곰-곱'의 표기적인 변이형으로 실현되는 수가 많이 있다. 굼-감-곰-굼-금으로 이어지는 계열성을 갖는다.

수렵생활을 중심으로 하던 시기의 곰(熊) 토템의 제의문화에서 농경문화로 정착을 하게 되면서 검(거북이)토템으로 바뀌어 간다. 특히 물이나 땅에 어머니 신격을 부여하는 과정에서 많은 땅이름에 그러한 제의문화가 투영되었다고 본다. 고대사회에서 부족 이름이 나라 이름으로 되는 일이 종종 있음은 널리 아는 사실이다. 마찬가지로 지모신의 검(감)이 표기적인 변형과정을 거치면서 곰-곱/감-갑/굼-굽/

으로 바뀌고 이와 상응하는 한자로 적히어 드러난다.

신중심의 사회에서 인간 중심의 사회로 바뀌면서 신이란 의미는 사라지고 중심 곧 한가운데란 의미만 살아 쓰이게 되었으니, 감ー갑은 '가운데'란 뜻으로 쓰이게 되었다. 영양에는 가장 중심이 되는 냇물의 이름이 '감내'임을 보고 달리 감천을, 중앙이란 의미의 반(半)을 써서 반변천으로 이르는 것을 보면 그런 방증을 찾을 수 있다고 본다.

'고은'이 갖고 있는 신중심의 가운데라는 의미의 분포는 한자의 소리 빌림과 뜻 빌림의 두 가지 표현의 계열로 방사되어 많은 보기는 아니지만 하나의 땅이름 무리를 이룬다.

간추리건대, '고은'은 '곱다'에서, '곱다'의 '곱-'은 곰에서 비롯하였으며 곰ー검ー감ー굼의 계열을 따라서 확인되는바 지모신 '검(감)'에 그 문화기호론적인 풀이의 뿌리샘을 둔다고 상정할 수 있다. 영양의 옛 이름인 '고은'은 굽은갱이 곧 곡강에서 발원한 것으로 볼 수 있고, 이는 감천ー감내로 이어지는 큰 맥을 들 수 있을 것이다.

▣ 참고문헌

경상북도교육위원회(1984) 경상북도 지명유래.

권상로(1989) 한국지명연혁고.

김부식, 삼국사기(三國史記).

김정호, 대동지지(大東地志), 아세아문화사.

도수희(1997), 백제어 연구, 아세아문화사.

삼국유사(三國遺事).

신증동국여지승람(新增東國輿地勝覽).

영양군(1970) 영양군지.

이영택(1986) 한국의 지명, 태평양.

이형석(1990) 한국의 산하, 홍익재.

정호완(1994) 우리말로 본 단군신화. 명문당.

_____(1991/1996) 우리말의 상상력 1·2, 정신세계사.

_____(1997) 내 고향의 옛 이름, 영양문화원.

증보문헌비고(增補文獻備考).

한글학회(1984) 한국지명총람.

향토사연구회(1992) 경북마을지, 경상북도.

문경 가은(加恩)과 견훤

1. 들머리

견훤 산성을 바라보며 농암을 떠났다. 골짜기에는 가을의 빛과 소리가 역력하건만 매캐한 냄새가 코를 찌른다. 쓰레기를 태우는 연기 구름을 싸안으면서 우리 일행은 가은(加恩)으로 가는 고개를 넘었다. 사람이라곤 별로 많이 살지 않는 곳에 이런 연기가 멈출 줄을 모른다니.

의병대장 이강년(李康秊) 선생이 친일을 한 안동의 김부사 등을 붙들어다가 소나무 숲에 목을 매달았다는 솔숲 공원을 지난다. 얼른 보아도 솔숲의 청청한 기상이 마치 이 선생의 기개를 엿보는 듯하다.

다음 굽이가 보이지 않는 산모롱이를 돌아서니 반가운 듯 맞아 주는 감나무의 홍시들이 주렁주렁 얼굴을 내민다. 더러는 나뭇잎에 가리어 수줍은 듯 안 보이지만 더러는 햇빛에 되 비치어 대머리 진 산 할아버지 같아 보인다. 불현듯 노계 선생의 글 한 수가 떠오른다.

"반중(盤中) 조홍감이 고와도 보이나다

유자 아니라도 품엄즉 하다마는

품어 가 반길 이 없을새 글로 설워 하나이다."

노계 박인로 선생이 한음 이덕형 대감을 만나 홍시 대접을 받았을 적에 지은 노래로 흔히 조홍시가(早紅柿歌)라고 부른다. 언제나 그리운 건 어버이의 모습이지만 한 점 조각구름이듯이 우리들 삶이란 쉬이 흘러가고 마는 게 아니던가.

나무가 있는 곳에 뿌리가 있듯 가은의 땅이름은 어떻게 생겨났으며 여기서 찾아 볼 수 있는 사회문화적인 의미는 무엇일까. 또 이와 관련하여 '가은'에서 갈라져 나온 형태로는 무엇이 있는 것일까. 가은은 후백제를 세웠던 견훤의 태생지이기도 하다. 견훤의 출생을 둘러싼 신이한 이야기로는 어떤 것이 있는지를 먼저 알아보도록 한다.

2. 금하굴(金霞窟)과 견훤

초행길이라 가은읍에서 읍사무소에 들러 견훤이 태어났다는 아차산이며 금하굴에 대하여 물어 보았다. 여러 가지 일로 바쁜 탓인지 관심도 없다는 듯 그냥 지나친다. 그래도 이 고장에 유서 깊은 견훤에 대하여 알아보러 왔는데 이렇게 불친절할 수가 있을까 하는 생각이 들었다.

먹고살기도 바쁜데 들어도 그만 안 들어도 그만인 걸 갖고 대수롭게 여길 것인가. 손이 모자란 탓인지 아직도 논에 누런 벼들이 그냥나 동그라져 있다. 뽀얀 먼지를 뒤로하고는 이내 아차 마을의 마을 길 안내판을 보고 찾아 들어갔다. 마을 어귀에는 너그러운 갓을 쓴 느티나무 두 그루가 조는 듯 조용하게 마을의 전설을 알고 있다는 듯이 의젓하다. 풍성한 잎새들이 가벼운 바람에 흔들거리고 있어 그런가 한층 마음이 살갑다.

두 그루의 느티나무가 있는데 나무 앞으로 돌 두 개가 보인다. 동쪽의 돌은 불쑥 솟아 있고 다른 하나는 그 옆에 나란히 서 있다. 동편의 것은 남자의 물건인 것 같고 그 옆에 놓인 것은 움푹 들어 간 게 여자의 물건 같아 보였다. 다소 익살스레 서 있다고나 할까. 처용 선생이 찍어 주는 사진 두어장.

"여기 견훤이 태어났다는 굴이 어디 있습니까"

도리깨질로 한참 이마에 땀이 흐르는 젊은 아주머니한테 물었다. 미안하다. 얼핏 보매 젊은 부인의 모습을 보니까 젊은 시절 생각이 난다. 군에 가 있을 때다. 어쩌다 추수철에 휴가로 집에 올라치면 머리에 수건을 쓰고 도리깨로 콩팥을 털던 갓 스물을 넘긴 아내의 얼굴이 겹쳐 떠오른다.

"많이 힘드시죠. 제가 좀 거들어 드리면 어떨까요."

그만 두라고 하면서 어째 왔느냐고 친절하게 묻는다. 견훤이 태어난 굴을 보러 왔노라 하니까 여서 얼마 안 된다고 하며 이 그랑(개울)을 지나 조금만 거슬러 오르라는 것이다. 큰 은행나무 집을 찾으라는 도움말. 그 집에는 할머니 혼자서 사신다는 게 아닌가.

정말 은행나무가 커 보인다. 아마도 한두 아름은 족히 되겠다. 바람에 스산히 지는 은행잎과 새 소리뿐 모든 게 고즈넉하다. 사람을 불렀지만 대답하는 이 없고 닭들의 알 젓는 소리며 강아지가 쫓아 나와 캥캥거리는 소리뿐이다. 한 동안 서성이고 있노라니 시나브로 할머니 한 분이 문을 열고는 마루로 나오신다.

"할머니, 여기가 옛날 견훤이 태어났다는 금하굴인가요."

전혀 관심이 없다는 듯이 작은 목소리로 그렇다고 했다. 가 보려면 가보라고. 정말 다행이다. 행여 남의 집 뒤 안을 무엇 때문에 보려고 한다면 딱히 이렇다 할 만한 말을 할 수가 없지 않은가. 꽤나 망설였던 게 솔직한 심정이었다. 집의 서편으로 돌아들어 가니 대숲 속에 컴컴한 굴이 하나 보이는 게 아닌가. 바람에 흔들리는 대숲에 잎새 떠는 소리가 마치 사람을 대하는 굴 주인의 인상인 양 들린다. 옛 어른들 말씀에 말소리를 본다 했거니와 정말로 그리 보였다.

탐구심이 많은 처용 선생은 날보고 한 번 들어 가보지 않겠느냐고 한다. 들어가자고 했다. 여기까지 와서 견훤의 뿌리를 안 보고 어찌 그냥 갈 수가 있겠느냐고 하면서 함께 들어갔다. 자칫 잘못하면 굴속에 빠질 것만 같다. 이끼 냄새인지 아니면 바위굴의 내음인지 가늠하기가 어려웠다. 이렇게 어둡고 넉넉하지 않은 굴속에서 견훤 같은 뛰어난 인물이 태어났을까.

굴 앞에서 사진을 찍고 나서 다시 할머니가 앉아 계신 마루에 가 앉았다. 부스럭대더니만 처용 선생은 담배 두어 갑을 내 놓는다. 뭐 대접할 게 전혀 없다고 하면서 삶은 밤과 날로 먹는 땅콩이 든 대바구니를 우리 쪽으로 밀어 놓는다. 마시는 물을 부탁하니 우물에서 방금 길어 온 물이라면서 조롱박을 준다. 실로 얼마 만인가. 내 일찍이 시골에서 살 때에 국이나 물을 퍼먹고 마시던 바로 그 바가지가 아닌가 말이다.

"할매, 저 굴속에 들어 가보셨습니까요."

"육니요 때에 채소와 먹을 것을 두느라고 사다리 두 개를 놓고 들어 가 본 일이 안 있능교(있는가). 그 안에 가모(가면) 큰 방만한 기 널꾸만. 전해 오기로 마을 쪽으로 통하는 굴문이 있었다 해요. 나조(나중) 다리(다른 사람)들이 와서 다 마쿠(막아) 놓았다는 깁니다."

그것이 사실이라면 이 굴이 꽤나 크다는 이야기다. 굴에서 살 적에는 분명 이러한 굴과 같은 공간에서 마을이나 나라의 일도 보고 거기서 나서 자라고 한 지도자가 죽으면 다시 그리로 돌아 가 묻히게 된다. 해서 사람이 죽으면 다시 돌아간다고 하였음인가. 금하굴이라 해서 굴 앞의 정자를 금하정이라고 하였을까. 금굴 혹은 금하굴이라 하는 여기가 바로 견훤의 모태 상징이요, 실제 그의 어머니가 그를 낳았을 지도 모르는 일이다.

금하굴의 '금(金)'은 무엇인가. 문화적인 기호로서의 구실이 있는 것으로 보인다. 〈삼국유사〉의 단군조선의 신화에 단군의 어머니는 곰부인이었으며 곰은 사람의 몸을 입기 이전에 호랑이와 함께 굴속에서 쑥과 마늘을 먹고 마침내 여인의 몸으로 변화를 입는다. 중세의 우리말로 구멍 혹은 굴은 '구무' 혹은 '굼'이었다. 곰(고마) − 굼(구무)에서 적히는 모음이 다를 뿐 근원상징은 같은 것으로 볼 수 있다. 곰의 첫소리가 약하여져서 떨어지면 결국 오늘날의 어머니가 된다(지은이(1996) 우리말의 상상력 2 참조) 그러니까 금하굴의 '금'은 곰과의 걸림을 보인다고 하겠다. 어머니의 모태상징이 굴로 형상화된 것으로 본다면 큰 무리는 없을 것이다.

3. 호랑이와 지렁이, 그리고 견훤의 생장

견훤의 출생에 대한 이야긴 크게 두 갈래로 손꼽힌다. 하나는 호랑이와 걸림이다. 〈신증동국여지승람〉이란 글에 보면 신라 말기에 가은의 인물로서 아자개(阿慈介)가 나온다. 남 다른 부지런함으로 농사를 지어 마침내 가난한 집안을 일으키고 끝내 신라의 장군이 되기에 이른다. 일종의 향반(鄕班)이 된 셈이다. 그건 바로 신라의 국경을 지키는 구실을 잘 하여 냈기 때문이다.

　　(신증동국여지승람) 아자개(阿慈介) : 가은현 사람이라. 농사를 지어 집안을 일으켰으며 뒤에 장군이 된다. 그에게는 네 아들이 있었는데 모두가 그 이름이 세상에 알려져 있다. 그 가운데 한 사람이 견훤이라. 견훤이 처음 태어났을 때 아버지는 밭을 갈고 아이를 숲 속에 놓아두고 어머니가 젖을 먹이곤 하였다. 때로 호랑이가 내려와서 젖을 먹이니 마을 사람들이 이를 기이하게 여겼더라.
　　(加恩縣人以農自活後起家爲將軍有四子皆知名於世甄萱卽其一也初萱生父耕野母餉之置于林下虎來乳之鄕黨聞者異之)

　　옛 기록에 하였으되 한 부자가 무진주에 살고 있었다. 북촌에 용모 단정한 딸이 있었는데 하루는 그의 아비에게 말하였다. 매일 저녁에 붉은 옷을 입은 사람이 잠을 함께 자곤 한다는 것이다. 그의 아비가 놀라 그럼 네가 바늘에 실을 꿰어 옷에 매달아 놓아라. 날이 밝자 이를 좇아 가본즉 담장 아래 허리에 침을 맞은 큰 지렁이 한 마리가 있었다. 아이를 배어 낳으니 족히 믿을 만하지 않더라.
　　(古記昔一富人武珍北村有一女姿容端正謂父曰每有一子衣男到寢交婚父謂曰汝以絲貫針刺其衣從之明尋絲於北墻下針刺大坵蚓之腰因以有娠生萱此與本傳異恐不足信)

　　그가 아직 농사를 지을 때의 일이다. 훤의 아버지는 밭에서 일을 하고 함께 일을 하던 어머니는 나무 숲 속에 눕혀 둔 아이에게 젖을 먹이기 위하여 가보니 호랑이가 내려 와서 훤에게 젖을 먹이고 있는 게 아닌가. 이웃 사람들 모두가 참으로 이상한 일이며 보통 어린애가 아니라는 생각을 하게 되었다.

이는 다분히 뭔가 덧붙여진 얘기로 보인다. 견훤에게 신성성을 부여함으로써 남 다른 요소를 덧붙인 것은 아닐까. 다스리던 기간이 짧기는 하지만 후백제의 임금으로 등극을 하였으니 이러한 전설이 생겼음직도 하다. 훤은 그의 아들 신검에게 전주 금산사에 유배당하여 어려움을 겪었으며 풀려나 도망치듯 하여 왕건에게 항복함으로써 35년간의 후백제를 마감하기에 이른다.

견훤이 태어나는 과정에 대하여 달리 전하는 게 있다. 무진이란 고장에 나오는 것으로 보아 광주에서 후백제를 칭하고 왕위에 올랐을 전후하여 생겨 난 설화가 아닐까 한다. 견훤은 지렁이의 자식이라는 거다. 옛 적에 가은 땅에 큰 부자가 살고 있었다. 그는 무진(武珍) 북쪽 마을에 살고 있었으며 아주 정숙한 딸을 두었다. 한번은 부자의 딸이 아버지에게 고민이 있음을 털어놓았다.

얘기인즉 매일 밤 붉은 옷을 입은 젊은 사내가 남 모르게 들어와서는 함께 자고 간다는 것이 아닌가. 궁리 끝에 아버지는 그 사내의 옷에다가 색실로 바늘에 꿰어 달아매어 놓았다가 날이 밝거든 따라 가 보면 알 게 아니냐는 것이었다. 말 그대로였다. 날이 밝자 실을 따라서 가보니 북쪽 담장 아래 지렁이 한 마리가 옆구리에 바늘이 꽂힌 채 있더라는 것이다. 그 때부터 부자의 딸에게 태기가 있어 마침내 아이를 낳으니 이 아이가 바로 견훤이라는 사연이다.

참말로 믿기 어려운 이야기들이다. 어떻게 호랑이가 사람에게 젖을 먹이며 사람이 지렁이와 정을 통하여 견훤을 낳았다는 것인가.

앞서 금하굴에 대하여 알아 보았는데 여기 무진(武珍)과도 무관하지 않은 것으로 보인다. 땅이름에 호반 무(武)가 들어가는 경구가 왕왕 있다. '무'는 거북이를 뜻하는 현무(玄武)에서 비롯한 것이다. 현무

의 '현'을 떼어 내고 나머지를 갖고 다른 말과 함께 쓴 경우라고 할
것이다. 현무를 이두식으로 읽으면 현무(玄武)-검(곰/거무)의 맞걸
림이 있음을 알 수 있으니 결국 금하굴-검무(거북)와의 걸림을 알
겠다. 하면 여기 거북이는 무엇을 이름인가. 이는 다름 아닌 물과 뭍
을 다스리는 지모신 상징으로 드러나며 그것도 북방의 신을 드러냄이
다. 최남선의 ≪신자전(新字典)≫을 보면, 귀신 신(神)을 '검'으로 풀
이하였으니 이와 대응될 가능성을 다분하게 보여 주는 경우라고 할
것이다.

이를 잠시 좀더 상론하여 보기로 한다.

4. 금하굴과 지렁이

정치에는 정치 논리가 있듯이 신화에는 신화의 논리가 있게 마련이
다. 신화 속에서는 현상계에서 일어날 수 없는 일들이 왕왕 벌어진다.
오늘날의 볼모에서 보니까 신화이지 당시에는 신화가 아닌 현실에 가
까운 동기가 있을 것으로 미루어 볼 수가 있다. 그러니까 전깃불이 없
는 시대라 하여 그 시대에 알맞은 논리나 철학이 없다면 이 또한 말
이 안 된다. 일단은 신화라 하여 모두가 실없는 얘기라 한다면 이는
온당치 못한 것이다.

지렁이는 땅 속에서 살며 굴의 모양을 한 삶터에서 일생을 보낸다.
이야기에 나오는 지렁이가 살던 곳은 어디인가. 이두식으로 읽어 지금
의 광주땅이라 할 무달-무진이다. 무(武)는 방위로 보아 북쪽이요,
달은 군현읍에 걸맞은 말이 된다. 그럼 무(武)의 알맹이는 무엇인가.

이르러 북방신이며 생산과 물을 다스리는 거북이가 된다. 거북이는 양
산 민요 왕거미 노래에서도 드러나듯이 거미ㅡ검이 되며 기원적으로
는 곰 토템에서 말미암는다.

곰은 ≪용비어천가≫ 등의 자료에서 '고마'로 적히기도 한다. 또한
경건하게 흠모해야할 대상이 되기도 한다. 단군 조선 시기에 사람으로
바뀐 곰 부인은 단군의 어머니이자 겨레의 조상신으로 받들게 된 것
이니 어찌 소홀하게 다룰 수가 있겠는가. 어머니의 방언형이나 땅이름
으로 보아 어머니 또한 곰에서 비롯하였음을 상정할 수 있다. 곰이 수
렵문화의 토템 상징이라면 거북 곧 검 또는 거미는 농경문화의 상징
이다.

미루어 보건대 수렵문화의 사회에서 농경문화의 사회로 문화의 전
이가 일어난 것으로 볼 수 있다. 땅이름 자료를 중심으로 볼 적에 곰
이란 말은 있지만 이를 적을 한자가 없어서 결국 이에 가까우면서도
뜻을 가늠할 수 있는 한자로 적자니 검ㅡ금ㅡ감ㅡ계열의 한자로 쓰이
었다. 해서 왕검의 검이나 금강의 금이나 공주(公州)의 공이나 모두가
곰 토템, 조상신 더 나아가서 땅과 물에 신격을 부여하여 제사하는 지
모신 숭배가 이루어지게 되었으니, 삼국유사의 산 제사나 내, 강, 바다
심지어는 우물에까지 제사를 지냈던 것으로 미루어 볼 수 있지 아니
한가.

가령 거북이를 현무라고도 하는데 함안의 옛 이름이 현무였다. 현
무의 현은 검(감)이며 감과 현이 대응됨은 거북이를 거미 또는 가미
또는 검으로 읽을 수 있는 가능성을 한층 더 미덥게 한다. 하면 금하
굴 또는 금굴의 금이 바로 곰 토템이며 지모신 상징으로 볼 가능성은
없는 것인가를 논의해 볼 만하다.

따지고 보면 지렁이도 땅속에서 사는 동물이니 지모신 신앙과 걸림이 있는 듯이 보인다. 하긴 지렁이란 말도 땅속의 용(地龍)에서 비롯하였으니 용 신앙의 바탕은 다름 아닌 물이요, 땅이 아닌가 말이다. 땅속의 용이니까 굴속에서 살 수 밖에 없으면서 따라서 금하굴로 이름할 때에도 이러한 땅과 물 신앙이 땅이름 속에 비쳐 있는 걸로 보인다.

하면 견훤은 지신(地神)의 아들이요, 더 나아가 용의 아들이란 말이 된다. 훤의 아버지 아자개가 살았다 하여 산 이름이 아차산이요, 아차 마을이 되기에 이른다. 아차 마을은 말할 것도 없고 이웃한 마을에도 견훤과 걸림을 보이는 설화들이 많이 있다. 아차산에 관련하여 말 바위 전설이 전해 온다.

견훤이 말을 타고 아차산에서 활을 쏴 놓고 활의 방향으로 말을 달려 어느 쪽이 더 빠른가를 시험하려고 했다. 막상 바위에 이르러 본즉 활이 보이지 않는다. 아차 이건 틀림없이 활보다 말이 늦은 게 확실하구나 하면서 이런 말은 필요가 없다 싶어 그 자리에서 말의 목을 치니 피가 바위에 튀어 지금도 붉게 보이며 그로부터 말 바위라 하였으며 아차하고 후회하였다 하여 아차산으로 부르게 되었다는 재미스러운 전설이 전해온다.

5. 가은은 고깔

가은의 땅이름은 세월의 바뀜을 따라서 몇 차례 달라짐을 겪게 된다. 가장 이른 시기의 첫 번 이름은 가갈(加害)이었다. 여기서 해(害)

는 '갈'이라고도 읽힘을 주의할 일이다. 같은 때에 곳갈 관자 관문(冠文)이라고도 불렀다. 관문이나 가갈로 소리나는 것으로 보아 큰 차이가 없다. 이르러 고깔을 표기한 이름들의 예라고 할 것이다. 이렇게 볼 수 있는 실마리는 또 달리 고사갈이(高思葛伊)란 이름을 보면 알 수 있다. 즉 고사갈이를 이두식으로 읽으면 곳갈이가 되지 않는가. 글자 그대로를 풀이하면 높은 고개가 어찌 이만하리 하는 정도의 뜻 새김으로 보면 된다.

그런데 우리나라의 많은 곳에는 고깔의 뜻을 담은 이름들이 있다. 높은 물건이나 고장에는 이런 이름들이 있으니 이는 필시 솟대와 같이 해를 숭배하는 태양신 숭배의 믿음에서 그 뿌리를 찾을 수 있지 않을까. 동침제, 고인돌, 그밖에도 벽화와 같은 데서도 이러한 징후를 읽기는 그리 어렵지 않다. 높이로 생각하면 제일 먼저 떠오르는 건 아무래도 해가 으뜸일 것이기 때문이다.

다시 신라 35대 임금인 경덕왕 때에 와서 가선(嘉善)으로, 다시 고려조에 들어 와서 가은(加恩)으로 바뀌어 부르게 된다. 땅이름을 고칠 때에는 나쁜 글자나 거북한 글자가 있을 적에는 이를 그렇지 않은 글자로 바꾼다. 고려 태조 때에 이르러 호계와 함께 합하여 문희(聞喜)로, 다시 문경으로 바꾸어 부르게 됨은 널리 아는 사실이다. 가은이나 가선의 뜻과 문희 또는 문경의 뜻과는 아주 딴판이다. 어떻게 이리도 달리 땅이름을 지을 수 있을 것인가.

(신증동국여지승람) 본디 신라의 관문현이었다. 혹은 고사갈이성이라고도 하였으며 관현이라고도 하였다. 경덕왕 때 관산현이라고 하였으며 고령군에 속하게 하였다. 고려에 들어와서 문희군으로, 현종 때 이르러서 상주에 속하게 한 뒤에 지금의 이름으로 부르게 된다. 공양왕에 와서 감

무를 두게 된다. 속현으로 가은현이 있었다. 현의 남쪽 41리쯤에 있으며 가갈현이라고 하였다. 경덕왕 때 가선현으로 하여 고령군에 속하게 하였으며 고려조에 들어와서 지금의 이름으로 부르게 된다. 현종 때 상주에 속하게 하였으며 공양왕 때에 와서 문경에 속하게 된다.

(本新羅冠文縣一云高思曷伊城又冠縣景德王改冠山屬古寧郡高麗太祖改聞喜郡顯宗屬尙州後改今名恭讓王監務(속현)加恩縣在縣南西四十一里本新羅加害縣景德王改今名嘉善爲古寧郡領縣高麗改今名顯宗屬尙州恭讓王時來屬)

고려 태조 임금 때에 들어 와 땅이름을 바꾸는데 태조 18년에 견훤의 항복을 받고 그 5년 뒤인 왕 23년에 상당수의 땅이름을 바꿀 때 문경이라 한 것이다. 가장 강력한 경쟁자인 견훤이 항복해 온 일 이외에 더 큰 경사로움이 있을까.

왕건이 뒤에 오는 임금들에게 가르친 훈요십조를 보면 금강 이남의 사람을 등용하지 말라 함은 견훤의 세력을 두고 이름이 아닌가. 이제 가은과 함께 문경의 뿌리로 손꼽히는 호계에 대하여 알아보기로 한다.

6. 호계(虎溪)는 쌍갈래 샘

"이승에서 호계의 쌍샘을 마셔 보았나."

사람이 죽어 저승으로 가면 염라대왕이 이렇게 물어 본다는 거다. 안 마셨으면 다시 이승으로 돌아가 마시고 오라며 되돌려 보낸다고 홍 노인은 숨이 찬 모양으로 말을 잇는다. 마침 경로당 뒤로 해는 뉘엿뉘엿 지고 있었다. 좀 있다가 다시 경로당을 찾아뵈면 되겠느냐고 했더니 그러라고 하였다. 텔레비전에서 본 것만큼 그리 신비스러워 보이진 않는다. 그 땐 새벽이라 그랬던지 조금은 어두워 보이며 뭔가 있을 법한 모양으로 기억이 난다.

한 우물에서 두 갈래의 샘 줄기가 흐른다 해서 쌍샘이라 하였거늘. 과연 그렇구나. 샘물로 기르는 양어장에는 송어 떼가 무리 지어 논다. 농사도 짓고 양어도 하고 그것 참 일석이조가 아닌가. 그럴싸하다.

얼른 보기에도 아주 깨끗한 물고기들로 보인다. 샘을 돌아 경로당으로 가니 노친들께서 아직도 집에 가지 않고 계셨다. 가도 그만일걸 아직도 안 가다니 참으로 말씀에 믿음을 두는 분들이란 생각이 든다.

"저 쌍샘에서 제사를 모신 적이 있습니까."

"하모(아무렴). 지냈지를. 정월 열사흘만 되면 마을 사람 중에서 그해 생기복덕이 있는 사람을 골라서 쑥샘에 몸을 닦고 암샘에서 제사를 모시는 깁니다."

쑥샘이 어디냐고 물으니 동편에 있는 샘이라 하며 서편에 있는 게 암샘이라 한다. 묻지도 않은 이야기를 들려준다. 혹시 이 주위에 산신을 제사하는 신당도 있느냐고 물으니 그렇다고 했다.

"하모. 여가 오정산(烏井山) 기슭인데 산쪽으로 얼마 안 가모(가면)이씸다. 예부터 검은 우물이 있다 해서 오정이라캤다는 기죠. 아마 석유 지름이 났다캐요."

석유라. 그 참말로 듣던 중 시원한 말이다. 석유가 나면 얼마나 좋겠는가. 생각해 보면 이 지역은 석탄이 많이 묻혀 있었으니 아마도 우물 바닥이 검으니까 오정일 수도 있지만, 검우물 곧 검내가 그 뿌리일 수도 있다. 우리의 땅이름을 볼라치면 검- 감- 금- 곰- 김- 계열의 보기들이 상당수 있다.

근원적으로 곰신앙에서 비롯한 것이지만 농경사회로 접어들면서 땅과 물에 신격을 부여하면서 생긴 땅신 물신 숭배의 믿음을 드러내는 말들이라 할 수 있다. 그럼 여기서 뚱단지 같은 호계의 호랑이란 무슨 의미로 읽을 수 있단 말인가. 고조선의 단군신화로 거슬러 오르면 곰과 호랑이가 나오며, 견훤에게 젖을 먹인 호랑이, 고려 왕건 태조의 조상이 호경대왕임을 떠올리면 정녕 호랑이는 곰과 더불어 겨레 토템의 큰 뿌리가 된다. 우리가 살아가는 산과 들에 호랑이와 곰의 신격을 불어넣은 걸로 보아 좋을 것이다. 곰산 기슭에 호랑이 내가 흘러 마을을 이룬 셈이라고나 할까.

호계의 본디 이름은 호측이다. 호랑이 옆구리란 말이 된다. 어째서 그런 것일까. 산의 모양을 본떠 그리 지은 것일까. 아니면 내의 어떤 특성을 따서 그리한 것일까 궁금하였다.

"마을 어귀에 덤산이란 조그만 산이 있심다. 어떤 지명 박사가 와서 덤산의 모습이 호랑이 같이 생겼다 하여 호측(虎側)이라 하였으며 거기서 다시 호계로 불린 걸로 보입니다. 가면서 보이소. 아참 밤이라 어두워서 잘 안 보이겠구만서도."

방위로 봐 호랑이는 서쪽이요, 곰은 북방이 된다. 서쪽으로 흘러 드는 냇물에 마을이 이루어지고 넓은 들이 생겨 삶의 터전을 형성하였으니 호계라 할 것이요, 덤산이 호랑이 머리라면 마을을 싸안은 산과 샘줄기는 분명 호랑이의 옆구리에 걸맞는다. 한라산을 둠산 곧 원산(圓山)으로 풀이한 걸로 미루어 둠- 담- 덤- 돔- 계열의 땅이름들은 모두가 둥그런 모습을 드러낸 것이 아닌가 한다.

둥근 모습은 만물의 바탕 모습이다. 우리의 삶터가 둥그니까 모든 게 둥그런 지향을 지닐 수밖에 없다고 생각한다. 물이 흐르는 곳이면 스스럽게 둥그런 모양의 들판이 생기게 마련. 여기서 자리 잡고 사는 이들이 자신들의 인생관과 세계관을 드러내 이름을 지어 부른 게 아니었을까 한다.

어찌 보면 호랑이나 곰은 모두가 강력한 공격과 방어를 잘 하는 짐승들이다. 하면 신라와 고구려가 진한과 변한의 국경을 이룬 이 지역에서 공격과 방어란 참으로 살아남는 최소한의 철학이며 반드시 있어야 할 그 무엇이다. 사람은 죽어 이름을 남기고 호랑이는 죽어 가죽을 남긴다는 익은말까지 생겨났을까.

문경의 두 뿌리 마을이라 할 가은과 호계는 문무를 겸해야 겨레의 번영과 생존이 가능함을 잘 드러내 주는 가르침으로 받아 들여도 좋을 것이다. 가은의 본디 이름이 가갈 곧 고깔이요 관문(冠文) 또는 관산(冠山)이니 갓은 선비의 상징이며 호랑이의 무늬와 띠는 무관의 상징이라 할 징표가 되기 때문이라고 할 것이다.

충청도와 경상도, 신라와 고구려, 진한과 변한의 국경을 이루던 문경 새재야말로 항상 싸움이 그칠 줄 모르는 주요한 요새였으니 말이다. 임진왜란 때만 해도 그렇다. 신립장군이 여기다 배수진을 치고 결사 항전을 했던들 그리 쉽사리 먹히지는 않았을텐데. 말로 보아도 북부와 남부의 말이 함께 공존한다는 등어선 지역임은 우리가 잘 아는 사실이다.

문경 새재를 공간으로 하는 민요는 물론이요, 새재의 본 이름인 이화령(伊火嶺)이란 이름만 하더라도 그렇다. 여기 이화의 이(伊)란 크다는 뜻이니 이화령은 큰 고개란 뜻매김을 할 수 있다. 신라의 가장 높은 벼슬이 이벌찬—이찬(伊飡)으로 쓰였음을 보면 그렇게 미루어 볼 가능성이 있기 때문이다. 새재의 새 또한 옛말로 사이였음을 떠올리면 새재야말로 국경을 이루던 천연의 요새임을 알 수 있다. 이화령이 큰 고개라 함도 문경의 또 따른 이름인 고사갈이(高思葛伊) 곧 높은 고개와 맥을 함께 하는 것으로 보아 좋을 것이다.

호계는 가는 길목 강나루의 쉼터에서 주은 돌 생각이 났다. 어찌 보면 금두꺼비 같기도, 아니면 못 생긴 곰 같다는 느낌이 든다. 경노당 방안이 너무도 허허해 보여 돌을 놓으시겠느냐고 물었더니 주면 좋을 양으로 여겼다. 신토불이라니 이 고장에서 난 돌이 이 고장의 어디엔가 있는 게 스러운 일이라. 홍씨 할아버지의 손위에 놓인 금두꺼비 돌이 지는 노을에 뒤돌아 나를 본다.

벼 거두미로 성을 쌓는 쌍갈래 들판은 어둠의 휘장이 드리워 지고 있다. 우리 모두에게 문경의 이름처럼 좋은 일이 많기를 빌면서 영강의 별빛을 바라본다. 멀리 곰같이 쭈그린 소백산이 마을을 지켜보고 있었다.

7. 마무리

후백제를 일으켜 세워 35년간의 통치를 하였던 견훤의 고향이 가은이었다. 땅이름 가은(加恩)에 대한 사회문화적인 풀이를 하고자 함이 이 글의 과녁이었다. 이제 앞에서 살펴 본 이야기들은 동아리 지어 보도록 한다.

가은은 본디 고사갈이(高思葛伊) 혹은 가갈(加害) 또는 관문(冠文)이었는데 뒤에 땅이름을 고치는 과정에서 가선으로 다시 가은으로 바꾸어 부르게 된다. 고려 태조 때에 이르러 문경(聞慶)으로 하여 오늘에 이르게 되었다. 다른 이를 해한다는 글자가 있어 이를 고친 것이라면 문경은 신라를 해치는 견훤을 완전하게 정복하였으므로 하여 기쁜 경사로움을 축하하기 위하여 지어 붙인 이름이다.

고사갈이(高思葛伊) 혹은 가갈(加害) 혹은 관문(冠文)이라 함은 모두가 문경 새재가 높고 험하여 신라와 백제의 경계가 됨을 이른 것으로 보인다. 고깔 모자를 떠올리면 마치 고개의 모양이 고깔 같다고 하여 붙여진 이름일 시 분명하다. 좀 더 시대를 거슬러 오르면 마한과 진한의 국경쯤으로 상정할 수 있을 것이다. 기원적인 말의 형태는 '고깔—갓'으로 고개의 사이 됨을 바탕으로 한 뜻을 드러낸 것으로 볼 수 있다.

견훤은 본디 지렁이의 자식이요, 호랑이의 젖을 먹고 자라난 신이한 아이였으니 출생부터가 다른 아이와는 사뭇 달랐다. 지렁이는 굴속에서 사는 동물이요, 견훤의 태어난 금굴 혹은 금하굴 또한 굴이다. 여기서 굴은 중세말로 '구무' 혹은 '굼기' 또는 '굼'이라고 하거니와 이 모두가 땅과 물을 다스리는 지모신 상징을 드러낸 것으로 볼 수 있다.

역사적으로 보면 곰신앙에서 거북신앙(검신앙)으로 이어지며 이는 끝내 문화변이를 입으면서 땅신이요, 물신으로 그 중심 의미가 바뀌어 간다. 아울러 혈거생활(穴居生活)의 문화적 의미로 보면 굴 혹은 굼(구무)은 모두가 고대의 굴 살이 문화에서 비롯한 것으로 보인다.

이와 같은 땅이름이나 말이란 근본적으로 문화기호로서 쓰인다. 이를 언어의 문화투영이라고 할 수 있는데 여기 금하굴이나 가은도 다름이 아니다. 문경 마찬가지다. 고려를 세움에 가장 걸림돌이었던 견훤이 항복하여 옴을 기하여 가은을 문경이라 함이 조금도 이상할 것이 없지 않은가 말이다. 국경을 지키는 가은의 고장에서 공을 세운 아자개가 장군이 되고 그 자식인 견훤이 지모신의 가호를 입어 나라를 세웠으니 이 또한 은혜로운 일이 아닐 수 없으니 가은이라고 할 만도 하다.

▣ 참고문헌

강길운(1988) 한국어계통론, 형설출판사.
_____(1991) 고대사의 비교언어학적 연구, 새문사.
강헌규(1992) "공주지명어에 나타난 고마·웅·회·공·금의 어원", 웅진어문 5집, 웅진어문학회.
김진규(1993) 훈몽자회 연구, 형설출판사.
김차균(1983) 음운론의 원리, 창학사.
김화경(1989) "웅인 교구담의 연구, 성기열 교수 화갑기념논총.
도수희(1982) 백제어 연구, 아세아문화사.
박지홍(1957) "구지가 연구", 국어국문학 16, 국어국문학회.
서재극(1980) 중세국어의 단어족 연구, 계명출판부.
양주동(1980) 고가연구, 일조각.
이기갑(1986) 전라남도의 언어지리, 탑출판사.
정호완(1989) 낱말의 형태와 의미, 대구대학교출판부.
_____(1991) 우리말의 상상력 1, 정신세계사.
_____(1994) 우리말로 본 단군신화, 명문당.
_____(1996) 우리말의 상상력 2, 정신세계사.
최길성 옮김(1987) 시베리아의 샤머니즘, 민음사.
허 웅(1975) 우리옛말본, 샘문화사.

제 2 부

태양숭배와 우리말 상징

예맥(濊貊)과 태양숭배

1. 들머리

　말이란 그 말을 쓰고 사는 이들의 문화를 반영한다. 이를 일러 언어의 문화투영이라고 한다. 이르자면 사막지대에 사는 이들에게는 낙타와 관련한 형용사나 동사, 명사가 발달하고, 바닷가에 사는 이들이 쓰는 말에는 고기잡이와 관련한 말이 발달하는 것과 같은 보기를 들 수 있을 것이다.

　사회제도이자 삶의 양식을 담는 말은 철저하게 사회성과 역사성을 기초로 하는 문화적인 특징을 특정사회가 설정한 음성상징의 기호체계로서 틀 세워진 것이다.

　움베르토 에코(Echo)의 생각과 같이 언어는 문화기호라는 적극적인 가설과 논리의 백을 공유하는 게 언어의 문화투영설이라고 할 수 있다. 필자(1991, 우리말의 상상력)에서 밝혔듯이 언어는 곧 문화라는 함수관계를 떠나서는 그 어떤 경우에라도 언어의 정당한 위상은 찾을 수가 없다고 본다.

　더욱이 미분화 형태의 종합문화적인 성격을 띠는 고대로 거슬러 오를수록 언어의 문화투영은 두드러진다 하겠다(정호완, 1994, 우리말로

본 단군신화). 가령 '고맙다'에서 드러난 곰 숭배 신앙[1]이 곰 토템이
나 '스승'에서 보이는 바, 청동기 시대의 태양숭배를 하던 제의문화의
흔적들이 좋은 보기라고 할 것이다. 오늘날의 '어머니'가 단군의 어머
니신이었던 곰(고마)에서 비롯되었다면 이를 부인할 것인가. 옛적의
어머니가 고마(곰)였다면 오늘날의 어머니는 그 뿌리에서 소리가 바
뀌고 형태가 달라지면서, 어머니가 된 것이다. 물론 방언자료나 비교
언어학적인 자료로 뒷받침되는 논증이 가능함으로써 그리 상정하였던
것이다.[2]

이 글에서는 위에서 풀이한 바, 언어의 문화투영이란 관점에서 우
리 고조선 겨레의 큰 갈래인 예(濊)족의 '예'에 대한 문화기호론적 풀
이를 하고자 한다.[3]

---

1) 정호완(1994), ≪우리말로 본 단군신화≫, pp.113-122 참조. '고맙다'의 형태
   분석을 하면, 「고마(熊) + -ㅂ다(如)」와 같이 되는데 여기서 '고마'는 곰 숭배
   신앙에서 경건하게 존숭해야 할 대상으로 곰이 된다. ≪삼국유사≫에는 건국
   시조 신화에서 단군의 어머니로서 곰부인(熊女)이 나옴은 바로 이런 곰숭배
   신앙에서 그 비롯됨을 미루어 짐작할 수 있다. 뒤에 접미사 '-ㅂ다(如)'는 '같
   다'는 의미이니 합하면 "당신의 은혜가 나의 어머니신 아니 하느님의 은혜와
   같다"는 말이 된다. 곰숭배신앙은 고대 제정일치 시기의 한 문화 형태인데,
   지구의 북위 40℃ 북반구에 널리 분포되었던 신앙의 형태이다. 처음으로 곰
   숭배 신앙의 유적을 발견한 곳은 스위스의 드라헨록(drahenlock) 동굴 안이
   다. 우리 민족의 이동으로 볼 때, 고아시아족으로서 바이칼 호수 쪽에서 차츰
   동북쪽으로 이동, 알타이 산맥을 넘어 요동과 길림과 흑룡강성을 중심으로 하
   는 지역에 웅거하였으니 고대 인류 문화의 보편소로서 곰숭배신앙으로 보아
   야 정당할 것으로 본다.
2) 정호완(1996), 〈'곰'의 사회언어학적 고찰〉, 한글 231, 한글학회. pp.169-172 참
   조. 「곰-흠-옴마(오마/엄마/움마/옴마)」로 되는 과정을, 방언자료와 비교언
   어학적인 논거 및 한자음의 자료를 들어 풀이하였다.
3) 언어의 문화투영과 에코(Ecoh)의 문화기호론적인 설명은 논리의 궤를 함께
   하는 것이다. 다만 언어의 문화 투영이란 소리상징을 중심으로 한 상징체로서

보는 관점에 따라서 단군의 옛 조선의 실체에 대하여 정확한 자료 고증이 어렵다고 하여 이를 전면 부정하는 안정복과 같은 우리 나라 학자는 물론 니시이(今西) 같은 일본의 여러 학자들이 있다. 김부식 같은 이들은 아예 망령된 설이라 하여 다루지조차 아니 하였다.

가장 보수적인 언어자료라 할 수 있는 나라이름 혹은 사람이름 자료에서 고조선의 문화적인 실체를 밝힘에 있어 상당한 가능성을 짚어 볼 수 있다고 본다. 그럼 예맥의 '맥(貊)'과는 어떤 관련이 있는가. 단적으로 '맥'은 곰신앙을 바탕으로 하는 것이고 '예'는 청동기 문화를 기저로 하는 태양 숭배 호랑이토템을 숭앙하는 겨레로서 고조선시기에 예맥이 되어 공동체를 이룬 것이다.[4]

먼저 '예'에 대한 몇 자료를 찾아보고, 예의 비교언어학적인 고찰과 ≪동국여지승람≫ 같은 우리자료를 통해서 '예'가 문화기호로서 상징하는 속내를 들여다보기로 한다. 곧 '예'는 청동기문화 '쇠(세, 셰)'에서 소리가 바뀌어 적힌 것이며 이는 고조선 시대의 특징이라고 할 스승문화와 무관하지 않다. 이어 쇠(세, 새, 시)의 방언형을 참고로 하고 형태소 '예'의 단어족을 확인, 그 연합관계를 드러내 보임으로써 의미집단의 근거를 찾아보게 될 것이다.

언어를 보려는 미시적인 관점의 차이가 있다.

4) '예맥(濊貊)'의 맥(貊)을 곰토템의 겨레로 보는 근거는 무엇인가. ≪후한서동이열전≫의 "又有小水貊, 句麗作國句麗一名貊(耳)"에서와 같이 고구려와 맥은 같은 뜻으로 불리워진 것으로 보인다.

≪源氏物語≫에서도 밝힌 바와 같이 고구려 계열의 모든 이름은 한결같이 '고마'로 읽음은 시사하는 바가 크다.

2. 예(濊)와 청동기문화

먼저 몇 가지 참고자료를 들어 '예(濊)'에 대한 기록을 검토하여 보기로 한다.

(1) 인장글에 하였으되 예왕(濊王)의 인장(印章)이라고 했다. 나라에는 옛 성이 있었는데 예성(濊城)이라 이름하였다. 본디 예맥(濊貊)의 땅이며 부여왕이 성을 다스렸고 망명한 사람들을 이곳에 억류하였다고 이른다 (三國志 권30 동이전 부여).

(2) 예의 남쪽으로는 진한(辰韓), 북으로는 고구려, 옥저와 더불어 접하였다. 동쪽으로는 큰 바다를 끝으로 조선의 동쪽인데 다 그 땅이라(三國志 동이전)/원삭원년(元朔元年 기원전 128년)에 동이의 예군(濊君)과 남려 (南閭) 등의 무리 28만 인이 항복하여 왔으므로 창해군(蒼海郡)을 삼았다(漢書武帝紀).

(3) 전국시대에서 한대에 이르는 길장지구의 단결문화(團結文化)로서 서단산문화(西團山文化), 연변지구의 서단산문화, 휘발하(輝發河) 유역과 혼강(渾江) 압록강 유역을 포함하는 통화지구의 단결문화/ 한반도 북부지구의 무문토기(無文土器) 문화(장지립(張志立)·손진기(孫進己), "예맥문화의 탐색"(1992)).

(4) 본디 예국(濊國)으로 더러는 철국(鐵國) 혹은 예국(薉國)이라 하였다. 한무제 원봉(元封) 2년에 장수를 보내어 우거(右渠)를 토벌하여 사군(四郡)을 정할 때에 임둔(臨屯)이라 하였다. 고구려에서는 하서량(河西良) 또는 하슬라(何瑟羅) 주(州)라고 불렀다. 신라 선덕왕 때 소경(小京)을 삼았으며 사신(仕臣)을 두었다(新增東國輿地勝覽江陵大都護府)./(군명 : 濊國. 鐵國. 臨屯. 河西良. 東溫)

　이상 나라 안팎의 자료로 미루어 보면 예에 대한 또 다른 표기는 아주 다양하다. 간추리건대 '예'는 예(穢/濊) — 철(鐵) — 동온(東溫) — 하서량(河西良) — 하슬라(河瑟羅)로 동아리지을 수 있다. 여기서 우리의 눈길을 끄는 것은 예(濊穢) — 쇠(鐵) — 새(東溫)의 대응관계라고 하겠다. 쇠붙이를 뜻하는 '쇠'는 방언형으로 보아 '새. 세. 새. 시. 셰. 사이. 소이'로도 실현되는데 이는 동온(東溫)의 동(東)이 우리말 '새'와 같은 범주의 형태이기에 그러하다. 그럼 이제 '예'의 보기만 남는다. 다음 장에서 보다 상세하게 다루겠지만 '예(濊)'의 옛 한자음이 세(歲)에서 비롯하였고, 이는 다시 후두부 마찰음이 되어 [수에이〉후에이]로 바뀌었음을 고려하면 예 — 셰 — 세(새)의 대응됨이 가능함이 확인된다. 오늘날 예는 '회' 혹은 '활'이라 읽음은 시사하는 바가 크다.5)

　나머지 군명으로 임둔(臨屯), 하서량(河西良), 하슬라(河瑟羅)는 어떻게 고리 지을 수 있을까. 앞의 임둔은 한자의 뜻을 중심으로 한 적기이고, 뒤의 하서량 또는 하슬라는 한자의 소리를 빌어 적은 것으로 보인다. 임둔이라 함은 글자의 뜻으로 보아 바다에 임한 요새 혹은 땅이란 말의 뜻으로 보인다. 하서량이나 하슬라의 '하(河)'는 옛 한자음이 가(Ka)이니 결국 '가서량/가슬라'라는 형태로 볼 수 있다. 여기 '하서/하슬'의 '서/슬'은 윗말 '가'의 말음 첨기로 보면 '량(량)/라(라)'를 신라, 탐라의 '라(라)'와 같이 '땅, 성, 읍, 나라'의 뜻으로 보아 이를 합하면 하서량(하서라) — 갓나라(갓성)의 뜻이 되어 임둔과 다르지 않다고 본다.

---

5) 澤王濊 輯萬國(회ゝhuei)(한서) / 濕餘萬濊(예)(한서) / 施罛濊濊(활ゝhuo)(시경)

이제 '예(濊)'가 어떻게 청동기 문화를 되 비치고 있는가에 대하여 그 언어적인 질서와 상징성을 좀더 논의하도록 한다. '예(濊)'의 상징성에 대해서는 여러 가지 풀이 글이 있어 왔다. 정약용은 땅이름(地稱), 《조선문화사》에서는 동일한 예맥에서 나온 겨레의 이름(族名), 이게 아니고 맥인(貊人)을 이름이다. 《예맥족소고》에서는 동북의 맥족, 《동북통사》에서는 겨레의 이름이라는 보기가 그 갈래들이다.[6]

언어의 문화투영이라는 관점에서 이를 되짚어 보면 다음과 같다.

《신증동국여지승람》의 기록자료를 통한 '예'의 대응관계에서 '예(濊·穢) - 쇠(鐵)'의 대응성과 '예'의 옛 한자음이 셰(세, 새)임을 눈여겨보아 문헌자료를 참고로 하면 다음과 같다.

(5) ㄱ. 鐵曰歲 銀曰漢歲 (계림유사)
    ㄴ. 東俗金謂之蘇伊 (해동역사)

자료 (5)에서 철, 은을 모두 '세(歲)'라고 일렀음은 《해동역사》의 소이(soi)에서도 확인된다. 결국 '세(歲) - 금(金) - 철 - 은'의 대응성이 찾아진다. 그것이 금이든 은이든 동이든 모두가 세(쇠)로 통틀어 쓰였음을 알게 된다. 청동기는 중국의 고대 문화를 바꾸어 놓은 혁명적인 신소재였다. 청동기 - 철기로 이어지는 생산력의 증가와 방위력의 확충은 더 이상의 빈곤과 적의 침략과 위협에서 자유로울 수 있게 해 주었다.

이른바 저 유명한 부사년(傅斯年)의 이하동서설(夷夏東西說) 문화

---

6) 孫進己·張志立(1994), 〈穢貊문화의 탐색〉, 《고대동북아시아의 민족과 문화》, 여강출판사.

변이에 대한 주장이다. 청동기 문화의 발상지가 중국 요녕성, 그러니까 요동반도의 심양에 가까운 하구점(夏口店)에서 출토된 250여 점의 청동기 유물유적에 따라서 그러한 주장들이 설득력을 더하는 것이다. 중국의 넓은 영토에서 비파형 청동검과 무사들의 투구가 출토된 곳은 요녕성과 길림성 밖의 다른 곳에서는 찾을 수가 없다는 것이다.7)

그럼 요동반도를 중심으로 한 중국의 동북방 지역에서 청동기를 쓰고 산 이들이 누구였는가. 크게 동호족(東胡族)설이 있고 동이족(東夷族)설이 있는데 길림대학의 주홍(朱泓) 같은 이들의 주장에 따르자면 거의 동이족일 가능성이 높다. 이에 대한 반대 논의가 점차 수그러듦은 동이족이 청동기문화의 주인공이었다는 견해의 반증이 되고 있다.

동이족의 주요한 한 갈래를 예맥이라 불렀다. 여기 예맥의 예(濊)는 고대 중국한자음으로 보아 '셰(쉐) — 세 — 훼(회) — 활'이라고 이르는바, 청동기 사용의 장본인이었을 것으로 추정된다.

당시까지만 해도 남북으로 문화의 축이 형성되었던 중원의 문화가 청동기의 출현과 함께 동서의 축으로 이동하는 세력의 변화가 일어났다는 것이다. (5)에서 보여준 자료로서 [S—H— ∅]로 바뀌어 '셰(세) — 혜(회) — 예'로 그 소리가 바뀌어서 굳어진 걸로 보인다.8)

오늘날 표준말로는 쇠붙이의 '쇠'가 표준어이나 방언의 분포를 보면 '셰(새, 세, 시)'에 가까운 형태들로 보완의 여지가 많다.

---

7) 傅斯年(1994),〈夷夏東西說〉,《고대동북아시아의 민족과 문화》, 여강출판사.
8) 많은 보기는 없을지라도 '예(濊)' 자체가 '셰(쉐)-훼(회/활)-예'로 아직까지 통용되어 읽히고 있음은 가장 확실한 보기의 하나라고 하여 무리가 없을 것이다.

(6) ('쇠'의 방언형)
　　쇠(전역) 쐬(정천, 완주,순천) 쉐(함경도) 새(전라, 경상일부) 세(충남
　　일부) 쉬(칠곡, 포항, 청도) 씨, 쌔(사이,소이)

오늘날까지 쓰이고 있는 우리말의 지역언어 가운데에는 위와 같이
아주 다양한 쓰임새들이 있다. 이 가운데 충남 일부에서 쓰이고 있는
'세'는 '예'의 한자음과 다르지 않음을 알 수 가 있으니 연결고리로서
의 '예(濊)-세'임으로 상정할 수 있다고 본다. 여기서 주목에 값하는
것은 '새/세'를 복모음으로 읽을 때에 '사이(서이)'가 되는 점이다. 쇠
역시 소이(蘇伊)라 함은 위의 자료에서도 본 바이지만 모두가 '숯(間)'
에서 비롯된 형태들이다.[9]

쇠와 사이는 무슨 걸림이 있는 걸까. 미루어 보면 신소재로서 인류
문명을 뒤바꾸어 놓은 쇠야말로 나무도 돌도 흙도 아니면서 기존의
이러한 소재들이 갖고 있는 좋은 점을 모두 갖춘 것이니까, 그 사이쯤
으로 본 것이 아닌가 한다.

요동반도를 비롯한 지역에 살았던 동이족으로서 예맥의 '예족'이 지
니는 특성은 앞에서 풀이한 청동기문화 '셰(쉐)/세/새/쇠(鐵)'를 누린
겨레들이라고 할 것이다. 요동의 하구점 (夏口店) 상층부에서 출토된
사람의 뼈, 특히 머리 부분의 뼈를 보고, 아울러 비파형 동검과 머리
에 쓰는 투구를 보더라도 이는 동이족의 예맥족설이 우세할 것으로
보고 있다. 길림대학을 중심으로 하는 요덕방(翟德芳), 주홍(朱泓), 임
운(林沄)같은 이들이 동이족설의 강력한 근거를 고고인류학적으로 접

---

9) ≪海東繹史≫에서 쇠를 소이(蘇伊)라 읽음과 일부 방언가운데 '쇄/쉐'라 읽
　음은쇠를 이중모음으로 읽었을 가능성을 시사하는 대목이다.

근하고 있음은 널리 알려진 바와 같다.[10]

이들 청동기 문화는 바로 한국의 건국 신화인 단군신화에서도 드러
남은 흥미로운 일이다. 단군왕검의 단군(檀君)은 당골, 단골이라고도
이르는바 무당(巫)을 가리킨다. 함경도 지방에서는 아직도 당골을 '스
승. 스성이'라 부른다. 스승을 형태분석하면 바로 사이(間)를 뜻하는
의미소가 찾아진다.[11]

(7) '스승'의 형태분석

ㄱ. 스승(師)-슷(間(훈몽자회))+-웅>스승

ㄴ. 환웅-웅녀(단군)/인간-신(스승)/환인-단군(환웅)

ㄷ. 슷(間)~(샀)샀+이>사시>사이>사이(새/세)

ㄹ. (쇠의 방언형)세.새.시.소이.쌔.쎄

이로 보면 단군이라 함은 종교와 정치지도자를 어우른 제사장이자
행정의 머리였다고 보아야 할 것이다. 이에 못지 않게 중요한 시사점
으로서는 '슷-샀(間)-사이-새(세)'에서와 같이 '사이'를 밑뜻으로
하는 쇠-청동기 문화시기의 지도자가 단군이라는 점을 들 수 있을
것이다. 그러니까 단군조선시대가 요동반도와 이를 둘러싼 중국의 동
북부지역에서 청동기 문화로서 쇠의 문명시기를 열었던 이들이 단군
조선이요, 그 겨레의 이름이 예맥이며 예맥의 '예(濊)'는 다름 아닌 '쇠
(새, 세)'를 바탕으로 하는 문화의 특징으로 풀이할 수 있겠다.

초기 청동기인 고조선식 제1기의 것은 중국의 동북지방과 한국의

---

10) 김영수 편(1994), ≪고대동북아시아의 민족과 문화≫, 여강출판사, 참조.
11) 정호완(1994), ≪우리말로 본 단군신화≫, 명문당, 참조.

북부지방에서 출토되고 있음 또한 심봉근(1994, 한일 청동기 문화의 비교)에서도 밝힌 바 있다. 요녕성 신금현 쌍방(雙房) 유적에서 미송리형 토기, 동부용범(銅斧鎔范)과 함께 출토되었는데 도끼의 날 부분이 짧고 기층부와 폭이 넓은 고조선식 동검이 그 대표적인 보기라고 하겠다. 리순진(1965)의 〈신암리유적보고〉에 따르자면 평안북도 신암리 유적의 제3지점 제2 문화층에서 동포(銅泡)와 함께 청동도자(靑銅刀子)가 나온 것이 눈길을 모으고 있다. 청동기의 상한연대를 기원전 2천년까지로 잡고 있는 북한의 학자들도 있으나 대체로 기원전 1천년 전반대쯤으로 봄이 유력하다.[12]

그러니까 고조선식 제2-3기로 접어들면서 경북의 예전동, 충남의 송국리 석관묘, 전남의 적량동 남부지방에서도 고조선식 동검이 나온다. 이어 청천강 이남의 지역에서 칼의 몸집이 좁은 한국식 동검으로 발전해 나아간다.

신경철(1997, 가야와 청동기문화)에 따르면 오르도스(ordos)라 불리우는 청동솥(銅鍑)이 김해의 대성동 고분군과 양동리 고분군에서 출토되었다고 한다. 이는 북방유목민족의 징표로서 지배자가 소유하였으며, 무덤 속에 묻혀 있는 칼을 휘어서 묻은 무기의 훼손행위, 철제 갑주의 등장이 이를 뒷받침해 주고 있다는 것이다.

이제 이러한 청동기 문화와 고조선과의 걸림 고리들에 대하여 거칠

---

12) 신경철(1997. 11), 〈가야문화〉, 철고문화연구회(포항공대가속기연구소 발표). 이 논의에서는 문헌사학의 지평을 넘어서 고고학적인 실증사학의 관점에서 가야의 철기문화를 다루고 있다. 이를 위한 전제로서 도질토기, 순장, 오로도스형 동복(銅鍑), 무기의 훼손행위 출토, 갑주와 마구, 묘제 선행분묘의 파괴가 드러나며 이들은 모두 북방문화적인 요소로서 그 고리를 설명하기에는 좀 더 후일을 기약할 것으로 상정하였다.

게나마 알아보았는데 우리들의 고전인 ≪삼국유사≫와 ≪삼국사기≫
에 나타난 스승문화의 징표들에 대하여 좀더 논의하도록 한다.

3. 스승문화와 태양숭배

먼저 ≪삼국유사≫에 나오는 단군신화를 중심으로 하여 어떻게 스
승문화와 태양숭배의 신앙이 걸림을 보이는가에 대하여 살펴보도록
한다.

(8) 고조선의 건국
ㄱ. 환웅은 따르는 무리 3천 명을 거느리고 태백산 꼭대기에 내려 와서는
   신단수 나무 아래에다 신의 나라 신시(神市)를 세웠다. 이를 일러 환웅
   천왕(桓雄天王)이라 하였다. 바람스승, 구름스승, 비 스승을 거느리고
   농사와 목숨, 질병과 형벌, 그리고 선악을 주재하면서 세상의 360여 일
   을 주관하여 인간 세상에 살면서 정치와 교화를 베풀었다(삼국유사 권
   1)/桓雄-神雄(삼국유사) 평양에 도읍을 하였으니 처음으로 조선이라고
   하였다. 다시 백악산 아사달에 도읍을 옮겼으니 이곳을 궁홀산(弓忽
   山)이라 하는데 혹은 금미달(今彌達)이라고도 이른다. 이후 1500년 동
   안 나라를 다스렸다.
ㄴ. 단군왕검의 형태 : 단군(巫/제사장)×(왕검→왕(王, 니마)님(>임)/태
   양신)+검(儉)(고마(곰)/태음신, 웅신)
ㄷ. 환웅(桓雄)→한(大)+숫(슷師)=위대한 스승

위의 보기 (8)에서 앞부분(8ㄱ)은 단군의 아버지신인 환웅이 환인
천제의 아들로서 비, 구름, 바람 스승을 거느리고 세상에 내려와서 잠

시 남자의 몸으로 화하여 곰부인과 만나 단군을 낳았다는 이야기다. 여기서 주목할 부분은 비, 구름, 바람 스승이 나온다는 점이다. 보기 (7)에서도 '스승'의 형태 분석을 통하여 스승이 사이(間)를 밑뜻으로 하는 형태임을 확인한 바 있다. 기원적으로 하늘의 임금인 환웅-한숫(한슷)이니 환인천제와 단군의 사이에서 하늘의 뜻을 이 세상에 옮기는 매개체로서의 구실이 중요하다고 본다.13)

단군왕검도 마찬가지다. 최남선 이후 단군은 제사장으로, 왕검(王儉)은 행정의 수반으로 풀이하는 흐름이 주종을 이루어 왔다. 그러나 이를 잘 들여다보면 왕검의 왕(王)은 님금(王)인데 여기 '님'은 '나마'로도 적힌다. 어말모음이 떨어지면 님(>임)이 되는데 니마-(니(日, 天)+-마(경칭접미사))로 이루어지는 말임을 떠올리면 님금 왕의 '님'은 태양신 곧 하늘신을 뜻함을 알 수 있다.

왕검의 검(儉)은 곰웅(熊)의 곰신을 드러낸 것으로 본다.14) 하면 단군왕검이란 태양신 '니마(님>임)'과 태음신 '고마(곰)'신을 섬기는 스승이요, 제사장이란 뜻이 된다. 뒤로 오면서 하나의 고유명사처럼 화석화되어 쓰이게 되었으며 아예 왕검-임금으로 바뀌어 제정일치에서 정교분리로 가는 사회의 변천을 그대로 반영한 것으로 보아야 한다.

여기서 생각해 보아야 할 것은 오늘날 태양을 가리키는 '해(새)'와 '니(님)'의 관계이다. 앞서도 살펴보았거니와 새(세)는 청동기를 가리키는 '쇠'를 뜻하는 말로서 뒤에 소리가 바뀌어 새(세)>해(헤)가 된

---

13) '스승'을 형태분석하면, 앞의 예에서처럼 '숫(間〈훈몽자회〉)+-응>스승'이 된다. 여기 '숫'이 사이라 함은 많은 문화적인 정보를 던져 준다. '숫'에서 분화 발달한 낱말의 겨레로는 양성모음계의 '숫(솟)'계와 음성모음계의 '섯(숫/슷)'계가 있으며, 중성모음계에는 '싯'을 중심으로 하는 낱말겨레들이 있다.
14) 정호완(1994), 《우리말로 본 단군신화》, 명문당, 참조.

것으로 보인다. 그러면 니(님)는 어떠한가. 새로운 소재로서 쇠가 나타나기 이전에 태양을 이르는 형태가 아닌가 한다.

'새-해'의 대응성은 시옷과 히읗이 넘나드는 치조마찰과 후두마찰음의 교호작용이라고 보면 좋을 것이다. 오늘날에도 중국에서 쓰는 한자음과 한국에서 쓰는 한자음을 비교해 보면 ㅎ-ㅅ의 넘나듦은 쉽게 가늠이 가기도 한다.

(9) ㅎ-ㅅ의 넘나듦

ㄱ. 學敎[shieshao] 孝道[shiaotao] 下午[shiau] 夏天[shiatien] 兄(shing(형-성-엉(한국어)) 濊(T.iwad/K.-/C.jwar〈去3〉/K.xwat〉sjwad솨-쉐-세-회-예)

ㄴ. 닷쇄(박통사언해)七月ㅅ엿쇈날더운기운이(七月六日苦炎)(두시언해(초 10:28))/혀-새(경남북)새(청도, 고령, 영천, 김천, 대구, 밀양, 거창) 해(부산)/헤아리다-새린다(영덕,김천) 세다(진주, 하동, 옥천, 제천) 새아린다(경주, 성주, 대구)/형-성.성아.엉아 [ㅅ-ㅎ-ㅇ-]

보기 (9)의 가능성으로 미루어 보아 오늘날 '해'와 '새'는 같은 형태의 변이형으로 보이며 옛적으로 올라 갈수록 그럴 개연성은 더욱 커질 것으로 보인다.

이와 함께 '님금(임금)'의 님(니마)이 어떻게 태양을 뜻하는 형태일까. 이에 대하여는 몇 가지 지명자료와 비교언어학자료를 통하여 확인할 수 있을 것으로 본다.

(10) '니(님>임)'와 태양

ㄱ. 일계(日谿)-東四十里本新羅熱兮一云泥兮景德王十六年改日谿爲古昌郡領

縣(大東地志)/노성(魯城)-本百濟熱也山唐改魯山州新羅景德王十六年改
尼山爲爲熊州領縣(大東地志)

ㄴ. 일본(日本)-nippon/nihon//ningu(上蓋)(만주)

이상의 자료로 보아 '日-泥(尼)-熱'의 대응성은 찾을 수 있으며,
일본어나 만주어에서도 니-태양의 함수관계를 확인할 수가 있다. 여
기서 대응관계로 보아 '尼-熱-魯'에서 '尼=魯'는 서로 소리가 다르
므로 합당하지 않다는 견해도 있다(도수희 1977 : 70). 왜냐하면 노
(魯)의 소리가 루오(luo)이고 니(尼)의 소리 니(ni)이기 때문이라는
것이다(ni≠luo). 따라서 열야(熱也)는 뜻으로 읽어 '덥이'로 읽음이
옳다는 논리다.[15]

그렇지만 《삼국사기》의 지명을 당 나라식으로 바꿀 때 몇 가지
기준을 들 수 있다. 그 가운데 '니≠노'와 관계되는 것은 고치기 이전
의 한자가 쓰기 거북하거나 나쁜 뜻의 한자는 그렇지 않은 글자로 바
꾸어 쓰는 경우를 들 수 있을 것이다.[16]

니산(尼山)은 공자 고향의 동산 이름과 같으며 공자의 자(字)가 중
니(仲尼)이니 거룩하신 어른들의 휘나, 자호에 쓰이는 글자는 가급적
피하면서도 본래의 뜻과 상관이 있는 것으로 바꾸는 예를 들고 있다.
예를 보이면 대구의 경우다. 같은 언덕이라는 뜻은 같지만 공자의 이
름자와 같은 것을 피하여 썼다고 하여 좋을 것이다(大丘→大邱). 보
기에서 마니산-참성단의 상관성을 풀이의 보기로 삼은 근거는 무엇
인가. 참성단이 분화구로서 단군이 하늘의 다섯 방위의 별에 지내는

---

15) 도수희(1977), 《백제어연구》, 아세아문화사. p.80 참조.
16) 김형규(1975), 《국어사개요》, 일조각, p.44 참조.

제단을 가리킨다. 이르러 초례 혹은 초제(醮祭)라고 이른다. 자리로 보아 초례를 모시던 참성단 아래 산천에 제를 올리는 단이 있었으니 하늘의 그것과 좋은 대조를 이룬다.

마니산에서 '마(摩)'는 말 그대로 '거룩하다'는 말이니 결국 마니산은 '거룩한 태양신을 제사하는 곳'이란 뜻으로 풀이할 수 있다. 대조적으로 참성단 아래로는 산천에 제를 올리는 산천단이 있음을 보면 태양신과 태음신의 신섬김이 대위의 개념으로 설정되어 있음을 엿볼 수가 있다. 마니산의 '마(摩)'가 어떻게 해서 거룩하다는 뜻으로 풀이할 수 있을까. 참고자료로서 옥천의 땅이름에서 보이는 대응관계를 알아보도록 한다.

(11) ㄱ. 본디 신라의 고시산(古尸山)이었는데 경덕왕 16년에 관성군(管城郡)으로 고쳐 상주에 들게 한다.(중략) 본조 태종 13년에 들어와서 옥천군(沃川郡)으로 다시 고친다(本新羅古尸山景德王十六年改管城郡隷尙州(중략)本朝太宗十三年改沃川郡《대동지지》).[골뫼((古尸)-/고리산(環山)-관성(管城:골잣)-걸내(沃川)]

　　 ㄴ. 거러(馬西良)-걸내(沃溝)/가라(馬斯良)-거로(代勞)-걸(會寧)/가라(韓山)-가라(馬山)-거로(鵝)/걸내(沃川)-걸재(馬城)-걸뫼(大聖山)

　　 ㄷ. '마(摩)-' : 거룩하다(聖)/마니산(摩尼山) : 거룩한 태양신을 모시는 곳

그럼 같은 태양을 드러내어 쓰이는 '니'와 '새'의 관계는 어떻게 풀이할 수 있을까. 돌도 아니면서 나무도, 흙도 아니면서 이들 소재가 갖고 있는 장점을 모두 갖춘 소재가 바로 쇠임을 생각할 때, 청동기문화로 일컬어지는 쇠의 또 다른 표현이라고 할 '새'가 뒤에 쓰인 형태

가 아닌가 한다. 오늘날에 와서까지 태양을 뜻하는 우리말이 '해'이고 밤의 대립어로서 쓰이는 말이 '니'의 이형태인 '날. 낮'임을 떠올리면 두 말의 쓰임새가 분화되어 쓰인다고 할 것이다.[17]

보기 (9)에서도 보인 바와 같이 새-해의 표기적인 변이성은 조음 방법상의 같음으로 일어나는 소리의 전이 현상으로 설명해야 좋을 것이다. 기원적으로 목구멍 소리인 히읗(ㅎ)은 그 조음자리가 뒤고 시옷(ㅅ)은 앞이라는 차이가 있을 뿐이다.

이제 '새-해'를 중심으로 하는 낱말들의 겨레로는 어떤 무리들이 있을까를 알아보도록 한다.

4. '예(濊)'의 낱말겨레

낱말겨레란 하나의 의미소에서 가지를 쳐서 분화 발달한 의미집단을 이른다. 삼한시대 '예'라는 형태를 뿌리로 하여 분화 발달한 의미집단을 알아봄은 '예'의 의미소가 존재할 연합관계의 가치를 확인하는 일에 값한다.

앞글에서 밝힌 바와 같이 문화기호로서의 '예'가 드러내는 문화정보는 두 가지로 갈래 지울 수 있다. 하나는 새(세)-해(혜)로 이어지는 낱말겨레들이고, 다른 하나는 예-셰(세)-쇠(鐵)로 대표되는 징표들이라고 할 수 있다. 앞의 경우는 태양을 숭배하는 제의문화의 표상이

---

17) 태양을 뜻하는 '니'의 낱말겨레로는 양성모음계의 '(낮/날)', 음성모음계의 '녀(네)'와 중성모음계의 '니(닛 > 닞 > 잇)'의 의미집단을 들 수가 있다.(정호완(1990), 〈님'의 형태와 의미〉, 대구어문논총 8, 대구어문학회 참조).

며 뒤의 것은 석기시대에 새로운 문화의 지평을 열었던 청동기 곧 철기문화시대를 표상하는 것이라고 상정할 수 있다.

마침내 예맥의 '예'란 태양숭배와 청동기문화를 기반으로 하여 삶을 꾸려 나아갔던 겨레를 이른다. 새(세)－해(헤)－애(에)로 이어지는 '예'의 낱말겨레는 기원 추상명사로 불리는 'ᄉᆞ'에서 말미암는다. 그 형태분화의 과정을 펴 보이면 아래와 같다.

(12) 'ᄉᆞ'의 형태분화

ㄱ. (기본형 : ᄉᆞ(ㅎ))ᄉᆞᆺ(사이間)＋-이(접미사)＞ᄉᆞ시＞ᄉᆞᅀᅵ＞ᄉᆡ(새)-사이(새)

ㄴ. 분화의 유형

양성모음(V＋): 삿(ᄉᆞᆺ)-산-살/솟-손-솔

음성모음(V＋): 슷-슨-슬 /섯-선-설/숫-순-술

중성모음(V＋): 싯-신-실

ㄷ. 'ᄉᆡ(새)'의 소리바뀜

새(세/시)-해(헤/ᄒᆞ/희)-애(에)

형태소 'ᄉᆞ'의 의미에 대하여는 흔히 기원추상명사 혹은 원시추상명사로 추정한 바가 있다(양주동(1972:210)/최범훈(1981:87) 참조). 한편 이주행(1988:170)에서는 추정의 사실 혹은 추정의 사유로 상정하였으며 유창돈(1973:340-350)에서는 사실 일반 혹은 사실 일반이라고 하였다. 필자(1989-2)에서는 '사이'를 중심으로 하는 공간성과 존재성으로 추정한 바가 있다.

'ᄉᆞᆺ' 혹은 '새'의 기원형이 'ᄉᆞ'라고 추정하였는데 '새'를 포함하는 'ᄉᆞ'가 어떻게 태양과 쇠를 가리키는가에 대하여 살펴보도록 한다.

(13) 'ㅅ'의 기원적인 의미

ㄱ. ㅅ-斯.史.沙.泗.賽.徐.始.所/新.鳥.草.東.赤.日(대동지지 문목해 방언)徐羅伐
(徐伐)-斯盧-斯羅/所夫里-泗沘-史丁火-新寧/沙尸良-新良-黎陽(一名沙
羅)(삼국사기)//赤木鎭-沙非斤乙(삼국사기)東北謂之沙卽明庶風東北風
謂之高沙(성호사설)素那或云金川(삼국사기)蓋蘇文或云蓋金姓泉氏(삼
국사기)蘇州-金州(고구려지역)道西-道金(삼국사기)省良縣-金良部曲(삼
국사기)新良縣-沙尸良縣(삼국사기)赤木鎭-沙非斤乙(삼국사기)新平-沙
平(삼국사기)徐耶伐-鷄林-新羅-慶州-東京-金城(대동지지/二十年築京
城號曰金城(삼국사기신라본기혁거세))鐵曰歲,銀曰漢歲(계림유사)銅鼓-
遂卜爭(조선관역어)遂-銀鐵(조선관역어)【素蘇西徐東省鷄新沙歲遂∞鐵】

ㄴ. 鐵圓郡-鐵城郡-東州-鐵原府(세종실록)濊國-鐵國-河西郡-小京-河西州-溟
州->東原京-河西府-溟州牧-江陵府(세종실록)사술(鐵鎖)(사성통해)鐵
治-實於(삼국사기)쇠잣-金城(용가)【예(濊(=歲suei>hsuei〈karlgren〉))
∞시(東)-쇠(세/시金)】

ㄷ. 샛마(東南風),샛바람(東風)(성호사설)/닷쇄(五日)(박통(중) 53)엿쇄(내
훈(서) 5)엿새(두창경험방 21)닷세(진도)다쌔(경남)다세(밀양.부산)/히년
(年)(훈몽자회(상) 2)여스잣히(석상 6-1)siun-hiun(tungus)hi(日·火)
(japan)so(dahur)

ㄹ. ㅅ시그츰업는다(無間斷)(구감언해(상) 21)요ㅅ이예(近)(두해(중) 23-10)
새됴(鳥)(훈몽(하) 30)

ㅁ. 시-새(쌔)-세(셰)-쇄(쐐)-쇠-시(씨)∞히∞예(애)【東·日·鐵·間】

위의 자료(13)에서 본 바와 같이 기원추상명사 'ㅅ'는 본래적인 의
미소로서 해/쇠를 상정할 수 있다고 본다. 개념상으로는 모두가 '사이'
를 기본으로 하여 이루어지는 의미집단임을 유념해야 할 것이다. 앞서
도 풀이한 바와 같이 태양이나 쇠가 어떤 두 물체나 공간사이에서 인
식되는 가치이기에 그러하다.[18]

기원추상명사 '소'에서 분화되어 발달한 (12) ㄴ의 유형에 따른 낱말
겨레들은 필자가 밝힌 기왕의 논의(1991)로 가름하기로 하며, 여기서
는 예와 관련한 (13) ㅁ의 형태에서 비롯하는 낱말겨레들에 대해서만
알아보도록 한다.

1) '시-' 계열의 낱말겨레

먼저 '시'의 생성을 형태론적으로 갈라보면 사이(間)를 뜻하는 '숫'
에 접미사 '-이'가 달라붙어 이루어진 것으로 보인다. 이와 걸림을 보
이는 형태로는 아래와 같은 보기를 들 수 있다. 음절구조로 보아 우선
양성모음 계열의 '시-'계부터 살펴보기로 한다.

(14) 양성모음 계열 '시(새)'의 낱말겨레

ㄱ. (기본형)시(소이)새(사이.쌔)/쇠(소이)쐐/숫(間)＋-이＞소시＞소싀＞
　　소이＞시(새)

ㄴ. 소이간(間)(신증유합(하) 47)世尊나신소싀로(월인천강지곡 177)구브며
　　울월쏘싀예(俛仰之間)(법화 6-31)塞시논東녁北녁ᄀ싀라(금삼 2-6)시베
　　(여사서 2-13)닷쇄(석상 9-31)닷새(五日)(어제소학 6-64)닷쇄(두창
　　경험방(상) 9)엿새닐웬만이(두창경험방 61)엿쇄(내훈(서) 5)

ㄷ. 쇠의긔운이(金之氣)(금강경삼가해 2-29)쇠가래(鐵杴)(역어유해(하) 4)
　　쇠노출(所伊枯老)쇠닷(鐵錨)(한청문감 368c)쇠마치퇴(鎚)(훈몽자회(중)
　　15)쇠메(한청문감 311b)

ㄹ. 새(鐵)-영광.곡성.구례함평.광양.여수.여천/쇄-박천.영변.구성.자성.강계.
　　후창/소이(東俗金謂之蘇伊(해동역사))

---

18) 정호완(1991), 〈매인이름씨 '소'의 형태론적 구성〉, 한글 211, 한글학회,
　　pp.55-74. 참조.

위의 보기 (14)를 보면 기원적으로 시(새)는 사이(間)을 드러내는 형태소 '숫'에 접미사 '-이'가 붙어 그 소리가 약해지고 음절축약이 일어나면서 이루어진 낱말이다. 오늘날의 단모음 ㅐ·ㅚ가 중세어에 있어 복모음이었음을 떠올리면 '시(새)-스이／사이' 또는 '쇠-소이'로 그 소리가 났을 것인즉 오늘날의 방언형태의 사이-쇠라 함은 옛말의 모습이 지역에 따라서는 아직도 보존되어 있음을 드러낸 것이라고 할 것이다. 물론 그 뜻으로는 철(鐵)-쇠.새-사이의 대응과 태양-새.쇠의 걸림을 엿볼 수가 있다.

형태분화 과정에서 음절이 바뀌면서 낱말의 의미집단의 갈래가 이루어지는 일이 있을 수 있다. 시(새)에서 음절이 교체하면서 이루어지는 형태에 '세(셔.셰)/쉬'가 있으니 그 보기를 들면 아래와 같다.

(15) 음성모음 계열 '세(셰)'의 낱말겨레

ㄱ. 셀강(强)(신증유합(하) 2)쎼를박고(가례언해 7-20)셧가래(椽)(동문유해(상) 35)셴할미롤(皤皤老嫗)(용가 19)

ㄴ. 혀(舌)-(방언형)새.새바닥.서(전라)서깔(황해)세(경상.전라)섯바닥(충청.전라)쇠(지례.광주.개성)쉐(밀양)시(선산.상주.예천.함창.거창)해(영주.안동.봉화.의성.울진.청송.영양.영덕.경주.포항)히(문경.황간)(한국방언사전(1987:425))

ㄷ. 쉬(鐵)-포항.칠곡.청도/쉬구멍(물보 형체)

양성모음 계열에 비하면 적은 분포이기는 하나 사이를 바탕으로 하는 의미집단의 낱말임에는 틀림이 없다. 가령 혀(舌)의 경우를 들어보자. ㅎ-ㅅ이 넘나듦으로 인하여 많은 방언형이 쓰이는데 이는 모두가 윗턱과 아래턱 사이에 발달한 조직을 뜻하는 것으로 상당한 시사

를 던져준다고 하겠다. 세다(强)의 경우는 어떠한가. 여기 어간의 '세-'
는 중세어에서 '서이'로 읽었을 것으로 보이는데 태양의 에너지에서
강력한 힘의 속성을 드러낸 것이라고 할 수 있다. 셰다(晘)의 경우도
그러하다. 흰머리를 이르는데 셰다— 희다의 대응으로 오늘에 쓰임을
이해할 수 있는데 이는 모두가 태양의 밝은 속성을 나타낸 낱말이라
고 하겠다. 셧가래(椽)의 경우, 집의 지붕과 방을 만드는 나무사이에
서 그 역할을 하는 부분을 이름이니 이 또한 사이를 바탕으로 하는
형태라고 보아 좋을 것이다.

  음성모음의 낱말겨레인 세(셰)에서 음절핵이 전설모음으로 바뀌면
세(셰), 중성모음인 시(씨)의 형태가 되는데 이는 현대국어에서 강조
를 뜻하는 접두사로서의 분포가 지배적이다.

  물론 시(씨)의 기원적인 의미는 쇠 혹은 태양을 드러낸다. 이제 그
보기를 들어 보이면 다음과 같다.

(16) 중성모음 계열 '시(씨)'의 낱말 겨레
 ㄱ. 시림(始林)-계림(鷄林)-금성(金城)-김씨(金氏)/새(金)의 방언형-쉬.시
   (씨).세.새.쇄.쎄.쐬(한국방언사전(1986:235) 참조)/예(濊)-회(深廣汪濊)-
   쉐(歲羽切)
 ㄴ. '요즘'의 방언형-요새(강원.경기.전라)요세(양산.통영)요시(합천.예천)/
   닷새.엿새(五日.六日)/닐웨(七日)(석상 9:22)닐에(십구사략 1:33)여드
   래(八日)(월석 2:35)
 ㄷ. 시건방지다.시건드러지다.시누렇다.시뿌옇다.시새우다.시퍼렇다.시허옇다.

  위의 보기(16)에서 쇠의 방언형에서 쇠—새—세—시와 같은 대응
성을 찾을 수 있다. 여기서 '웨(위/에/애)'는 해를 가리키는 닷새, 엿새
의 '새(日)'와의 공통점을 알 수 있게 된다. 시(새)/세(셰)의 첫소리가

약해지면서 새(싀) - 해(혜) - 웨(애)의 형태로 이어지는데 이와 걸림을 보이는 낱말의 겨레를 알아보도록 한다.

2) '해(혜/희)' 계열의 낱말겨레

예(濊)의 고대한자음 쉐(suei)에서 훼((회)hoi/huei)를 거쳐서 오늘날의 예(ye)가 될 가능성에 대하여 (16)ㄱ에서 보기를 들어 보였다. 이제 이들 형태소를 중심으로 이루어지는 낱말의 겨레를 살펴봄으로써 예(濊)와 같은 뜻을 지니면서 다른 이형태로 분화해 나아간 형태들의 연합관계를 확인하게 될 것이다.

먼저 새-해의 대응에서 ㅎ∞ㅅ의 표기 관계를 좀더 미덥게 하기 위하여 한자음의 경우와 우리말 방언에서의 경우로 나누어 검색하도록 한다.

(17) ㅎ∞ㅅ의 분포

ㄱ. (한자음) 학교(shieshao〈ch〉) 효경(孝敬shiaoching〈ch〉) 행면(幸免shingmien〈ch〉) 흥취(興趣shingchŭ〈ch〉) 형용(形容shingŭng〈ch〉) 형(兄shing〈ch〉) 日立(hitac'i〈jap〉) 세(濊)-회(深廣汪濊)-예(濊) 【ㅅ-ㅎ-ㅇ】

ㄴ. (방언) 형(兄)-성.성아.셍.셍이.세이.새이.싱.히아.엉아(함안.사천.거제)(한국방언사전/혀(舌)-세(쎄)새(쌔)시(씨)혜.헤/혀(椽)(박통사(중) 하-12)>섯가래/허부수수하다(=에부수수하다) 【ㅅ-ㅎ-ㅇ】

ㄷ. 겨울-겨실(예천.경주.월성.포항.합천.양산.울산) 개실(동래) 저실(전라.경상) 저슮(정읍)/가을-가슬(칠대만법13) ᄀ술츄(秋)(훈몽자회(상) 1)/아우-아수.아시(경상.전라)/냉이(薺)-나시(경상.전라.제주) 나생이(제주.영천.영일.울진) 원주.횡성) 나새(진도)/무우(菁)-무수(충청.전라.강원) 무시(전라.경상)

ㄹ. 혜다(세다) 혜멀겋다(희멀겋다)해말쑥하다(희멀쑥하다)혜멀끔하다(희멀
　　끔하다)힘(심)효자(소자)

ㅁ. 노랗다-노란.파랗다-파란.멀겋다-멀건/히읗이-히으시

위의 보기를 볼 때 ㅎ-ㅅ의 넘나듦은 아주 자연스러운 일이다. 조
음방법으로 보면 마찰음이요, 조음의 자리로 보면 목구멍과 잇소리자
리에서 발음이 된다. ㅅ-ㅎ-ㅇ의 보기로는 그 보기가 넉넉지 않아
'세(세濊)-회-예'와 '싱-형(힝/성)-엉아'의 정도다. 여기서 결정
적인 것은 '세(세濊)-회(활)-예'로 읽어 지는 확실성이라고 할 것
이다.

　말은 우리말이지만 예가 겨레의 이름이자 나라의 이름이 된 자료가
중국자료에서 나오는 만큼 중국인들의 음운인식에 바탕을 두어 적었
던 것으로 추정된다. 현대중국어에서조차 아직 예⇒쉐(shuei)로 읽고
있으니 '예'의 고대한자음이 쉐(세.세)였음을 미루어 짐작하기란 어렵
지 않다. 그러니 오늘날의 '예'는 삼한시대 당시에는 적어도 '세(새.
세)'로 읽었을 가능성이 높다고 하겠다.[19]

　아울러 한자음의 경우 보기(17)처럼 중국음의 시옷(sh)이 우리말에
서는 히읗(h)으로 소리나는 경우가 상당한 분포를 보이고 있어 미더
운 경우라고 하겠다. 따라서 그 정확한 소리의 대응은 아니라 하더라
도 닷새 혹은 엿새에서 태양(日)을 뜻하는 '새(세.쌔.쩨.시.쇄.쒜)'에서
'해'가 비롯하였다고 상정할 수 있다.

　이제 '해(혜.하.허.희)'를 중심으로 하는 낱말의 겨레들을 검색하여
보도록 한다.

───────────────

19) 칼그렌(1966), 《한자고음사전》, 아세아문화사. 참조.

(18) '해(혜/희)' 계열의 낱말 겨레

ㄱ. 해.해거름.해거리.해굽성.해끄므레하다.해넘이.해돋이.해동갑.해뜩발긋.해
말쑥하다.해묵다.해바라기.해반닥거리다.해반드르르하다.해쓱하다.해읍스
름하다.햇것.햇빛.햇살.햇잎/하얗다

ㄴ. 허옇다.헤아려보다(算命)(역어유해(상) 64).헤여ᄒ다(동문유해(하) 25).
흐부연하다.희여(白 두창(상) 35)희번득이다(역어유해(보) 24)희읍스러ᄒ
고(淡白)(두창(상) 25)히어디어(두창(상) 35)횐ᄌ외(역어유해(보) 47)/허
여멀쑥하다.희다(시다).희맑다.희떱다.희멀겋다.희멀쑥하다.희번덕거리다.
희번지르르하다.희번하다.희부옇다.희불그레하다.희읍스름하다.흰둥이.흰
자질

ㄷ. 힘(심).힘줄(심줄).힘겨룸(심겨룸).힘차다(심차다)

5. 마무리

말이란 문화를 되 비친다는 언어의 문화투영의 관점에서 삼한시대
예(濊)의 문화기호론적인 풀이를 하고자 함이 이 글의 보람이었다. 중
국 자료에 드러난 예의 고대한자음이 셰(쉐)인데 현대 중국어에서도
그 소리는 쉐(shei)이다. 한데 오늘날 한국한자음의 소리로는 '예'이다.
'예'는 '회(深廣汪濊)/활'이라고도 읽는바, 우리말 쇠를 고대중국음으로
적었던 것으로 보인다.

우리말 방언자료나 중세국어의 자료를 통한 검색에서 '세(새)-쇠/
새(셰)-해(혜)-예'의 대응관계를 확인할 수 있었다. 오늘날의 쇠(鐵)
가 옛적 중국자료에는 세(歲)로 적힌 반면, 세(셰)-회(혜)-예로 그
소리가 바뀌어 태양(日)을 가리키는 '해'로 굳어졌었다고 할 수 있다.
물론 당시의 고대 한자음으로라면 예맥(濊貊)은 '셰맥'으로 읽었어

야 옳을 것이다. 토템신앙으로 이르자면 셰맥은 태양숭배와 곰(熊.貊)
숭배 신앙을 제의문화의 바탕으로 하였던 것으로 보인다. 세(세)는 결
국 쇠와 태양을 드러내는 동음이의어로 오늘날까지 쓰인다. 이들 동음
이의어의 기본적인 의미는 '사이(間)'이라고 하였다.

　두 형태의 의미와 '사이'는 어떤 유연성으로 풀이할 수 있을까. 먼저
쇠는 돌과 나무와 흙의 장점을 모두 갖춘 새로운 소재로서 중국 고대
농경문화 시기에 엄청난 변화를 가져 왔다. 생산은 말할 것 없고 국방
력에 있어 탁월한 쓰임새야말로 중국문화의 축을 바꾸어 놓았다는 이
하동서설(夷夏東西說)을 제기하여 설득력을 더하고 있는 실정이다. 그
러니까 돌과 나무와 흙의 '사이'쯤 되는 새로운 물질이라는 뜻바탕을
드러낸다고 할 수 있다.

　그럼 해(日)의 경우는 어떠한가. 어둠의 지평을 여는 새빛이었을 수
도 있고 이는 땅과 하늘 사이에서 가장 빛나고 에너지의 뿌리로서 숭배
받기에 마땅함으로써 쇠의 새로움이 전이되어 쓰인 것이 아닌가 한다.
앞글에서도 밝힌 바와 같이 해의 또 다른 형태는 '니(마)/날/낮─님
(＞임))'이다. 물론 우리말 방언 혹은 지명자료나 비교언어적인 관점
에서의 논증이 되는 부분이기에 그러하다.

　한 사람의 내력을 이해하기 위하여는 그들의 부모형제를 알아야 하
는 것과 같이 '예'에 대한 것도 그 형태의 분화에 따른 낱말의 겨레를
알아봄으로써 형태와 의미의 고리를 검증할 수 있다고 본다.

　크게 '세(쇠)─새─새─시' 계열의 낱말겨레와 '해(헤)─하(허/흐)─
희' 계열의 낱말겨레로 나누어 그 의미집단을 검색할 수 있음으로써
'예(濊)─회─세'의 상관성에 대한 형태간의 연합관계를 확인하는 셈
이 된다.

'예'는 청동기 문화와 태양숭배를 기초로 하는 문화기호이며 '세(세) — 회(훼) — 예'와 같은 음운의 과정을 거쳐 오늘날의 '예'가 되었다.

▣ 참고문헌

강길운(1988) ≪한국어계통론≫, 형설출판사.

강헌규(1988) ≪한국어 어원연구사≫, 집문당.

김공칠(1980) 〈원시한・일어 연구〉, 한글 168, 한글학회.

김형규(1974) ≪한국어방언연구≫, 서울대출판부.

김동소(1981) 한국어와 퉁그스어의 음운비교 연구, 효성여대출판부.

도수희(1977) ≪백제어지명 연구≫, 아세아문화사.

문세영(1988) ≪조선어사전≫, 대제각.

서재극(1980) ≪중세국어단어족연구≫, 계명대출판부.

유창균(1991) ≪삼국시대의 한자음≫, 민음사.

유창돈(1979) ≪이조어사전≫, 연세대출판부.

이기문(1982) ≪국어사개설≫, 탑출판사.

이병선(1988) ≪한국고대국명지명 연구≫, 아세아문화사.

정호완(1980) 〈불완전명사 'ᄃ'와 'ᄉ'의 고찰〉, 새국어교육 31, 한국국어교육학회.

_____(1987) ≪후기 중세어 의존명사 연구≫, 학문사.

_____(1988) ≪낱말의 형태와 의미≫, 대구대출판부.

_____(1989) 〈의존명사 'ᄃ'의 형태분화〉, 한글 205, 한글학회.

_____(1991) 〈'님'의 형태와 의미〉, 대구어문논총 8, 대구어문학회.

_____(1991) 〈매인이름씨 'ᄉ'의 형태론적 구성〉, 한글 211, 한글학회.

_____(1994) 〈단군왕검의 형태론적 풀이〉, 한글 238, 한글학회.

최범훈(1981) ≪중세한국어문법론≫, 이우출판사.

최학근(1982) ≪한국방언사전≫, 명문당.

칼그렌(1966) ≪한자고음사전≫, 아세아문화사.

함안군(1991) ≪함안의 지명유래≫, 함안군.

허 웅(1975) ≪우리옛말본≫, 샘문화사.

마니산인가 마리산인가

1. 머리말

요즘 마니산을 마리산으로 해야 옳다는 주장이 사학계 일부에서 일고 있다. 과연 그럴까. 우리말은 우리의 문화를 되 비친다는 관점 곧 언어의 문화투영이라는 가설의 바탕 위에서 마니산의 형태분석을 하고 그에 따른 낱말의 겨레를 살펴봄으로써 이를 따져보기로 한다. 아울러 언어지리학적인 분포를 중시하여 탐색하기로 한다.

마니산을 마리산으로 해야 한다는 주장의 경우, 논리상으로는 물론이요, 행정 구역으로 보더라도 그러하다는 이야기다. 이르자면 조선 왕조 이후에 마니산이 널리 통용되었지 그 이전에는 마리산이었다는 것이다. 행여 마니산으로 적었다고 하더라도 마리산으로 읽는 것이 옳다는 한국 땅이름학회를 둘러싼 사람들의 생각이다. 그러니까 마니-마리로 유성음화 되어 읽혔다는 것인데 그럴 뜻한 점도 있다.

같은 한자로 적힌 충청도의 영동이나 강원도 평강 지역의 경우도 마리였을까. 그렇지는 아니하다. 먼저 이에 대하 자료를 살펴보도록 한다.

말이란 사회와 역사를 반영하며 겨레 삶의 자취를 알게 해준다. 땅 이름 가운데 강 이름이나 산의 이름은 비교적 보수적이다. 문화의 형

성이 겹겹이 쌓여 이루어지는 나무의 테처럼 적층을 이루어 문화의
기층을 담고 있는 수가 왕왕 있다. 일종의 문화의 화석과도 같은 것이
땅의 이름이다.

옛적으로 거슬러 오를수록 문화의 형태는 종교와 정치를 함께 어우
르는 제정일치의 모습을 띠고 있다. 고조선의 경우, 이르자면 태양신
숭배와 곰신앙 숭배의 제의문화를 기층으로 하여 이루어진 상징성을
기반으로 한다. 상정컨대, 마니와 태양신 숭배와 어떤 걸림은 없을까
하는 가정에서 이 글은 비롯된다.

마니의 니(尼)는 단적으로 태양을 상징한다고 본다. 여기서 니는
거룩한 하늘의 신으로 표상되었으며 이러한 제의문화의 흔적은 신라
시기에 이르러서도 드러난다. 말하자면, 임금을 이르러 니사금이라 하
는데 이는 니사금－님금－임금으로 바뀌어 오늘에 이르도록 쓰인다.
고조선의 신화를 보면, 하늘의 신인 환인의 아들 환웅이 신단수 아래
로 내려와 신시를 열었으니 이가 곧 단군왕검의 아버지요, 고조선 건
국의 시조가 되었다.

마니산을 마리산으로 해야 한다는 주장에 대하여 이를 역사적으로
살펴보고 니(尼)의 낱말겨레를 살펴봄으로써 니의 의미집단을 살펴보
기로 한다. 설령 읽기에 따라서 마리로 읽을 수는 있다 하더라도 그
바탕은 거룩한 태양신을 가리키는 마니산으로 해야 된다는 것이 필자
의 생각이다.

2. 마니산 자료의 검토

1) 강화동의 마니산이 하늘에 제사하는 곳으로 나오는 것은 고려사 지리지에서 비롯한다. 내용인즉 마니산은 강화부의 남쪽에 있으며 산 꼭대기에 참성단이 있다. 더러는 단군의 제천단이었다고 한다. 실상 마리산이 보이는 것은 고려사절요인데 성종이 신지, 혈구(穴口)에서 고기를 놓아 살려주는 곳이라 하였다. 동문선에는 최승로의 상시무서 (上時務書)에도 두드러지게 보이다. 이들 자료에는 10세기 무렵에 마 리산(摩利山)이라고 하였다는 것이다.

이 밖에도 최자의 삼도부(三都賦), 고려사 권123에 함께 실려 전해 오는 백승현전, 같은 책 권55에 실려오는 오행지(五行志)에 보이는 충 렬왕 19년(1293)의 기록, 같은 책 권111에 보이는 정복흥전 모두가 마 리산으로 적고 있다. 최영전(고려사권113)과 우왕 부분을 보면 여기에 도 마리산으로 적고 있다.

한편 고려사 권82에는 마니산으로 적고 있는데 마리산과 함께 혼용 하여 쓰고 있었던 것으로 보인다. 조선왕조로 넘어오면 마니산의 기록 이 중심을 이룬다. 태종실록 권17에(1409) 기묘년조에 마니산과 길상 산, 그리고 진강산이 무너졌다고 한다. 그런데 태종실록 11년조와 세 종실록 8년조에는 마리산으로 적고있음을 알 수가 있다.

그런가하면 김시습의 등마니산(登摩尼山) 시, 성종실록 7년조(1476) 갑오 기해년조에는 모두가 마니산으로 적고 있다. 그 뒤로 연산군일기 나 중종실록에도 마니산으로 적는다.

율곡전서나 명종과 선조, 인조나 숙종 대의 기록에는 모두 마니산 이다. 특히 숙종 연간에 강화 유수 최석항이 지은 참성단 중수기문의 경우 마니산으로 적고 있다. 참성단에서 정수사 쪽으로 이어지는 능선을 따라서 가면 바윗돌에 음각으로 새긴 마니산이란 글자들이 있음을 알 수 있다.

조선후기로 와도 마니산 자료가 주종을 이룬다. 지리서의 상징이라고 할 신증동국여지승람이나 대동지지, 강화부지에도 다 마니산이라 적고 있다. 마니라는 소리로만 보면 범어로 불(火)을 가리키는 마니 *mani*에 걸맞은 의미를 부여할 수도 있다. 하필이면 배불숭유를 국시로 하던 당시에 불교적 색채가 짙은 이름의 땅에 하늘의 제사 모셨던가 하는 의문이 생긴다. 마니산보다는 오히려 마리산을 썼음직하다. 불교식 이름이라 하기에는 한계가 있다고 본다.

2) 고려사 묘청전에는 마리산을 두악(頭岳)이라 적고 있다. 달리 이르자면 마리 곧 머리산이란 말이 된다. 북으로는 태백산에서 남으로 갑비고차(甲比古次)의 참성단에서 하늘 제사를 모셨다고 한다. 옛말에 머리는 마리(월인석보 1, 4)라고도 했으니 말이다. 표기는 마니산으로 하더라도 읽기는 마리산으로 할 수 있는 가능성은 있다. 안음을 아름으로, 허낙을 허락으로 함을 보면 그러한 가정이 가능하다. 그 밖에도 아나가야—아라가야, 수니홀—수리홀, 서나벌—서라벌에서도 그러한 예를 찾기란 어렵지 아니하다. 이러한 음운 현상은 서술조사인 -이니(-이리) 형에서도 마찬가지라 할 수 있다.

정다산의 〈여유당전서〉의 풀이는 자못 흥미롭다. 선생은 개마대산을 백두산에 대응시키고 개—해의 걸림을 풀이하고 있다. 흰산(白山)은 행에서 비롯하였으며 개마의 마(馬)는 말이요, 마리가 되니 마리 또한 머리와 맞걸린다는 것이다. 하면 개마—해마리의 대응이 이루어

진다. 해마리는 백두가 된다는 속내다. 〈사군지(四郡志)〉에서도 개마
산을 백두산에 대응시키고 있다. 개마－백두의 대응 가능성을 제기한
사람은 유득공이었는데 정다산의 풀이가 더둑 설득력을 더해준다.

여기서 마리는 사물의 제일 높은 위를 가리키는 것으로 풀이되기도
한다(稱物之大物曰馬)〈대동지지〉). 그리하여 마리산은 제일 높고 존귀
한 뜻을 지닌 산이란 뜻이 된다고 본 것이다[김윤우 1991].

신라 초기에 임금을 일러 니사금(尼師今 尼斯今 齒叱今)이라고 하
였다. 앞서 살펴본 고려의 기록들보다도 훨씬 앞선 자료들이다. 니사
금－닛금－님금－임금으로 바뀌었음을 고려한다면 마니산의 니(尼)
가 분명히 있었음을 짐작하기 어렵지 아니하다. 비교언어학적으로도
'니'의 분포를 쉽게 찾을 수 있다. 저 유명한 공자의 자(字)가 중니(仲
尼)였음을 보면 필자가 보기로는 여기 마니－마리의 표기는 본디 다
른 것이 아니고 그 기원형은 같다고 본다. 기원형은 마니산이 옳다고
본다. 이제 마니산의 '마니'에 대한 형태와 의미를 갈라 보고서 '니'의
형태분화에 대한 낱말 겨레와 땅이름의 분포를 알아보도록 한다.

3. 마니(摩尼)-의 형태와 의미

1) 마니산에는 하늘을 제사하는 참성단이 있다. 예부터 하늘에 제
사하던 기록이 많이 보이는데 하늘의 중심이 되는 대상은 좁혀 말하
면 태양이다. 우리말로는 해다. 태양은 온 누리에 생명의 횃불로서 높
은 빛과 밝고 따스한 기운을 불어넣는다. 태양을 숭배하는 신앙은 아
주 오래 전부터 있어 왔던 동서양을 넘나드는 보편적인 신앙의 형태

였다. 가령 땅 이름의 접미사 가운데에서도 -부리(夫里), -비리(卑離) 계는 물론이요, 신라 지역의 지명 가운데 -벌(伐) -불(弗) 등은 모두 가 태양과 무관하지가 않다. 단적으로 불의 변이형일 따름이라는 것이다. 표기형에 따라서 개음절인가 아니면 폐음절인가 하는 정도의 차이밖에 없다. 사람들이 모여서 마을을 이루고 삶에 있어 햇빛이 비치는 것처럼 넓고 탁 트인 그러한 공간을 이르는 것이 아닌가 한다. 정읍사에 나오는 보름달만 해도 마찬가지다. 본디 보름달이란 붉음달에서 온 것을 소리가 바뀌어 붉음달- 브름달- 보름달로 바뀌어 굳어져 쓰이는 말이 되고 말았다. 태양숭배는 참으로 속살 깊은 신앙이었다. 우리나라 고대의 문화를 풀이할 때 거석문화(巨石文化)라든가 동침제(東寢制)며 빗살무늬토기 등은 이러한 태양숭배의 흔적을 잘 설명할 수 있는 이야기들이 되기에 충분하다. 이른바 솟대신앙은 그 결정적인 증거라고 할 것이다. 태양 곧 해(새)와 걸림을 보이는 땅이름을 들기란 그리 어렵지 아니하다.

(1) 태양과 걸림을 보이는 땅 이름

ㄱ. (新)新平-沙良 史丁火-新寧 所夫里-新院 斯羅-신라 / 東語新曰斯伊(대동지지)

ㄴ. (赤) 沙非斤乙-赤木鎭 雉岳山-赤岳山 沙伏忽-赤城山

ㄷ. (昌) 火王-昌寧 祁陽-昌平 退火-義昌

ㄹ. (東) 東州-鐵原 東溫-鐵國

ㅁ. (鳥) 鳥致院 鳥谷 鳥嶺 / 鷄龍山 鷄林/닷새(五日) 엿새(六日)

태양 곧 해(새)를 숭배하는 제의문화의 흔적은 여러 가지 다양한 땅이름으로 방사되어 쓰이고 있을 알 수가 있다.

2) 이제 범위를 좁혀서 마니산의 니(尼)가 어떻게 태양을 가리키며 이로 말미암은 또 다른 분화형태로는 어떤 것이 있는가에 대해 알아보도록 한다.

(2) 마니의 형태와 마(摩)의 자료

ㄱ. 마니의 형태 분석-마(摩)+니(尼)>마니(거룩한 태양)

ㄴ. 古尸山-管城-沃川 / 馬城山在郡北二里鎭山諺傳鄕人祭馬祖故名-聖山-摩尼山-環山-天摩山

ㄷ. 마서량-옥구마서량-대로-회령/ᄆᆞᄅᆞ츌대(代)(훈몽자회)일훔ᄆᆞ시니(용가 85)새옷ᄆᆞᄅᆞ닙고(석상 6-27)하거룩ᄒᆞ시매(보권문 15)고라몰(토황마)(박통사 62)/마산-호원-골포-합포-굴자/kora(kara)(갈(걸))(마(摩)-거룩하다)

ㄹ. (삼국유사) 이에 높은 곳에 올라 남쪽을 바라보니 양산 밑 나정(蘿井) 가에 이상한 기운이 번개불 같이 비치고 있었다. 흰 말 한 마리가 땅에 꿇어앉아 절하고 있는 모양을 하고 있었다.

ㅁ. (마경초집언해 / 말의 조상) 용>토끼>기린>말

위의 자료로 보아 일단 말은 거룩하다는 뜻을 기초로 하는 형태가 아닌가 한다. 그러니까 마니산의 마(摩)는 거룩하다는 뜻을 기초로 한다. 이는 거룩한 말(馬)과 대응이 되기 때문이다.

그럼 거룩하다는 성(聖)과 옥천의 옥(沃)과는 무슨 걸림이 있는 것일까. 하늘의 태양신과 같이 거룩한 하늘의 신인 태양은 거룩한 존재로서 숭배의 대상이 된다. 옥천의 옥(沃)의 뜻이 걸다는 말인데 땅이 걸면 생산도 많고 하늘의 복을 받는다는 풀이도 가능할 것이다. 그러나 그보다는 걸다의 걸-은 거룩하다는 뜻으로 보아야 할 것이다.

하늘의 태양은 거룩한 존재이니까 성스럽고 이로부터 여유 있는 삶이 보장될 것이기 때문이다. 다시 모을 회(會)와는 어떠한 유연성을 보이는가. 모을─몰─ 말과 같이 형태의 유연성을 설명할 수 있을 듯 하다. 말은 떼로 몰려다니므로 하여 이루어진 유연성으로 볼 수 있을 것이다.

다시 갈대(代)와의 유연성은 어떠한가. 일정한 곳에 이르면 말을 갈아타야 하므로 이로부터 생겨난 의미의 파생으로 보인다. 한자로 적은 역(驛)이란 글자의 속내를 보면, 말 마(馬)에 갈아탈 역(睪)을 더한 글자이고 보면 무관한 것으로는 보이지 아니한다.

삼국유사에서 혁거세의 경우도 말이 신이한 정보를 전해주고는 사라져 버린다. 이르자면 천마사상이랄까 흰말이 나타나 거룩한 박혁거세의 출현을 예고하고 있는 것이다. 실용적인 측면에서 보면 말은 교통 수단일 뿐만 아니라 전쟁이 나면 엄청난 힘을 가진 승리의 기운을 일으키는 선구이기도 하다. 입으로 하는 말도 전달성이라는 뜻에서라면 다를 바가 없다.

이러한 말과 걸림을 보이는 지명의 보기들을 살펴보도록 한다.

(3) 말-의 분포

馬西良(沃溝) 金馬(乾馬-益山) 馬突(馬珍-馬靈-馬登良) 馬斯良(代勞-會寧) 古馬(古馬邑) / 馬川里 馬山 馬場 馬岩 馬河 馬坪 金馬(강원 영월) 馬次 馬橋 車馬 五馬(강원통천) 馬峴 馬龍 馬河 桃馬 馬峙 鳴馬 馬首(전북 금산) 馬場 馬浦 (전북부안) 瑞馬 馬河 司馬 馬山里 馬鳴 馬津 馬田 / 馬韓

농경문화 시기에는 소와 말이 중요한 구실을 한다. 특히 말은 군사용으로나 교통수단의 가장 상징적인 짐승이기에 더욱 그러하다. 고려사를 보면 제주도는 목마장으로 쓰이기 때문에 여섯 번이나 원나라와의 싸움을 피할 수가 없었던 곳으로 나온다.

전설로서가 아닌 우리 삶에 필수불가결한 존재로서의 말의 쓰임을 알 수가 있다고 본다. 강력한 말을 가진 군사와 나라는 그만큼 강한 군사력을 갖추게 된다. 이제 말과 관련한 낱말 겨레를 찾아보기로 한다.

(4) 말과 관련한 낱말 겨레

ㄱ. 아질게몰(몽어유해(하) 30) 졀다몰(몽어유해 30) 홍골(몽어유해 30)아락(花馬 얼룩말) 하라(黑馬)(몽어유해 30) 쿠렁(굴헝말)(몽어유해 32) 할쟌(몽어유해 32)/가라말-구렁말-부루(제주도방언)

ㄴ. 말개미(유씨물명(2) 곤충) 말거머리(물보 水族) 말거티다(다리절다)(훈몽자회 7)말구유(훈몽자회(중) 12) 말굽(벽온방 8) 말고내는 병(사서언해(하) 38) 말구종(가례언해 10-49)

ㄷ. 말꼬리 잡다 말곰 말길 되다 말괴불 말눈치 말놀음질 /morin(몽고)

보기에서와 같이 말은 땅이름이나 동음이의어에서의 대응, 접두사로서의 쓰임과 같은 분포가 확인되는 셈이다. 여기서 눈 여겨 둘 것은 앞 부분에서는 말이 걸(keol)이었는데 또 달리 말(mal)이 쓰인다는 점이다. 걸과 말의 계통은 어떻게 다르고 언제부터 함께 쓰였는지는 잘 알 수가 없다.

동국여지승람을 보면 한산(韓山)이 마산(馬山)으로 대응됨을 알 수 있고 다시 한산은 아주(鵝州)로 적힌다. 삼국사기 권34에 보면 아주는 본디 거로현(巨老縣)이었음도 확인된다. 상정컨대, '걸(거로)'형이 더욱 오래된 형이고 말은 뒤에 들어와서 함께 쓰인 것은 아닐까 하는 짐작을 할 뿐이다.

이제 마니의 니(尼)가 어떻게 태양을 의미하는가에 대한 것을 알아
보기로 한다.

(4) 니(尼)의 자료

ㄱ. 古昌-日谿-熱兮-尼兮(盈尼山)(대동지지)/尼山-熱也山-魯城(세종실록)/
　　摩尼山-塹星壇-醮禮(山川祭-摩尼山塹星壇下)(신증동국여지승람)/大丘-
　　大邱 坡害平-坡平

ㄴ. 天摩山一云摩尼山高峻不可直上嶺上有檀閣　陽山古縣北(대동지지)/尼師
　　今(脫解 儒理 婆娑 氏摩 嗣聖)(삼국사기)

ㄷ. 日本(nihon) 尼公(nigou) 丹色(iro) 丹途(ninuri)(일본)/ningu(上 頭)(퉁
　　그스)

ㄹ. 연오랑 세오녀 단군왕검 (삼국유사)/천일창(天日槍) 설화(고사기)

보기 (4)를 통하여 우리는 니(尼)가 태양을 드러내는 우리말일 가
능성이 있음을 상정할 수 있다. 여기서 다만 니-노-열을 소리중심
으로 보면 그 대응이 이루어지지 않을 수 있다. 그렇지만 경덕왕 때
언짢은 글자나 거북한 글자 혹은 뜻이 좋지 않거나 당나라식 주군현
제를 받아들일 때, 3자식 이름으로 고칠 때를 고려하면 이 또한 그렇
게 무관한 것으로 보이지는 않는다.

단적으로 니(尼)는 공부자의 또 다른 이름인 자이다. 그러니까 성
현의 이름자를 함부로 이름에 넣는 것은 피하는 것이 상례인 고로 본
뜻은 살리면서도 글자를 피하는 방법을 썼던 것으로 보인다. 공부자는
노나라 사람이니까 니는 피하면서도 노 나라를 적으므로 하여 상징적
으로 표기한 것이라 봐야 할 것이다.

이러한 논리라면 마니를 마리로 읽자는 주장도 설득력을 얻는다고

할 것이다. 니(尼)가 공부자의 자이니까 피해서 읽자면 어떠할까. 굳이 어느 것이 옳고 다른 쪽이 틀렸다고 할 것이 아니고 이러한 변증법적인 풀이가 되면 더욱 좋지 않을까 하는 점이다.

보기와 같이 강원도의 마니산이나 충청도의 경우와 강화도의 경우도 분명 하늘에 제사를 올리기 위한 종교 공간이었다. 하늘의 제사를 구체적으로 이르자면 하늘신은 곧 태양신이까 '니－해'라는 등식을 유추할 수 있다고 본다. 초례의 경우도 그 예외는 아니다.

초례(醮禮)는 기원적으로 별신에게 제사를 올리는 것으로 별을 불에서 기원한 것으로 그 중심은 태양으로 보아 무관할 것으로 본다. 니사금에서 니-의 경우도 마찬가지로 본다. 임금은 하늘에 제사를 올리는 제사장이었으니까 응당 니－태양의 대응성이 가능할 것이다. 서양식으로 이르자면 여기 니사금은 중세기 이전의 교황이라는 말이 된다.

종교와 정치가 분리되면서 니사금은 임금이란 정치적인 기능만을 주도하는 지도자의 이름으로 바뀌게 된 것이다. 우리의 경우도, 신라 제2대 임금이었던 남해 자충(南解慈充)의 자충은 다름 아닌 무당이었음을 삼국사기에서 김대문(金大問)은 풀이하고 있다. 당시 파찰음이 자리 잡지 못하였음을 고려하면 자충－스승의 대응이 가능해진다. 스승은 지금도 함경도 방언에서 무당을 가리킴을 생각하면 스승이 고조선 시기에 제사장이자 임금의 구실을 하였다는 것은 쉽게 수긍이 가는 점이 있다.

이미 삼국유사의 고조선 부분에 나오는 환웅 천왕 시대에도 비, 구름, 바람 스승이 나온다(風師 雲師 雨師). 중세어에서 스승은 임금 선생 승려 무당의 복합적인 뜻으로 쓰였음을 보면 스승이 제사장의 구실을 하였음은 가능한 것이라 하겠다.

4. 니(尼)의 형태 분화의 낱말 겨레

먼저 '니'의 형태론적인 특징과 그 분포를 살펴보도록 한다.

(5) 니의 형태변화

ㄱ. 니긴쇠(熟鐵)(동문유해(하) 23) 여는 니길씨라(법화 6-155) 성인이 닷
가니겨(법화 1-422) 브즈러니닷가니겨(법화 2-248) 글닉이다(溫習)(동
문유해(상) 43) 금여러번니기다(鍊熟金)(한청문감 359)

ㄴ. 닝다(평북방언) 이고진 저 늘그니 짐을 풀어 나를 주오(정철)尼師今方
言也謂齒理(삼국사기)/닛(紅花)(제중신편 8-8)齒눈니라(훈민정음 주해)

보기 (5)에서 '니'는 체언으로서 조사가 뒤에 연이어 날 때에 기역
이나 히읗이 끼어 드는 일종의 특수곡용을 하는 명사임을 상정할 수
있다. 기역이나 히읗은 본디 같은 형태로서 기역이 약화되면서 히읗이
생성된 것으로 보는 관점이 있는데 이렇게 보면 니기-나 닝-이 기원
적으로 같은 형에서 비롯하였음을 알 수 있다.

닛(紅花)에서처럼 니의 말음인 히읗이 시읏으로 바뀌어 니의 받침
으로 달라붙어 아예 한 형태 '닛'이 이루어진 경우라고 하겠다. 오늘날
의 이는 니>이로 구개음화를 거쳐 이루어진 형이다. 비유하여 이르
자면 태양의 밝고 빛나며 때로는 이의 숫자로 혹은 크기로 임금을 정
하던 관습으로 미루어 '니'가 붉은 색으로, 이를 가리키는 상징작용에
기초한 것으로 본다. 한편 '니'는 동사화 접미사 -다와 함께 니기다(닉
다>이다), 니다(>이다)와 같은 낱말을 이루기도 한다.

이제 니의 형태분화에 대하여 살펴 볼 차례가 되었다. 태양을 뜻하
는 니는 히읗 자음이 받침으로 붙은 형태가 가장 많은 분화의 분포를

보여준다. 기본형 닛이 자음교체와 모음교체를 겪으면서 이뤄진 것과 형태들과의 복합을 하여 이루어지는 낱말 겨레의 형태들을 더듬어 보기로 한다.

(6) 닛의 어말 자음교체형

ㄱ. (닛) 서르닛건마론(상접)(두초 21-18)스승을곧닛긔ᄒ니(월인천강지곡 112) 아져긔닛다가(염불보권문 11)-닛다(> 잇다)

ㄴ. (닞) 제임금아니니져(용가 105) 올길흘니져늘(금삼 3-23) 話頭니주미 (몽산화상 18)니즐망(忘)(신증유합(하) 13)-닞다(> 잊다)/꽃이(꼬시) 빛이(비시) 빛이(비시) 젖이(저시)다.(닐) 御座애니르시니(용가 82) 니르시리어늘(법화 2-7)/닐기(起)(훈몽자회(하) 27) 起는닐씨니(석보상절 6-42)-니르다(起 謂)닐다(> 일다)

이렇게 닛-닞-닐은 한 낱말의 겨레로 본 것은 닛의 받침인 시옷이 자음교체를 함으로써 이루지는 형태로 보았기 때문이다. 발생학적으로 '닞'은 받침의 지읒이 마찰음 시옷에서 발달한 파찰음이기에 그렇게 본 것이다.

그럼 뜻으로는 닛-닞의 유연성은 어떻게 설명할 수 있을까. 기본적으로 닛은 태양과의 상관관계 속에서 모든 활동이 이루어지는 것이고 닞의 경우는 태양이 떴다 지는 과정 속에서 시간이 흐름을 고려할 때 기억 속에서 사라져 가는 시간의 개념으로 이해할 수 있을 것이다.

아울러 '닐다'의 경우를 생각해 보자. 말한다는 뜻과 일어난다는 두 가지의 의미로 쓰였다. 이르다(謂)는 태양신을 향하여 인간의 소원을 말하는 기원에서 나온 것으로 볼 수 있고 일어나다(成)는 모든 생물이 살고 죽는 것이 빛과 에너지의 작용으로 일어난다고 보면 이 또한 태양과 멀리 있지 아니하다.

한편 '나'에서 모음이 바뀌면 양성 계열과 음성 계열로 나누어지는데 이와 관련하여 분화되는 형태들에 대하여 살펴보도록 한다.

(7) 모음교체에 따른 낱말 겨레

ㄱ. 나실(日)(훈몽자회) 나혼子息이(석보상절 9-26) 나히만ᄒᆞ야(年高)(소학언해 6-26) 하늘삼긴나흐로(以天年)(소학언해 6-25)-나(日 年) 낳다

ㄴ. 낫밤(晝夜)(소학언해 6-10) 나져바며(그급간이방 1-114)늘근늣ᄎ란(두시언해 21-5)-낫 낮 낯

ㄷ. 낟만홈애미쳐(급일중)(명종 소학언해 4-11)두려이나타(圓現)(능엄경 1-79)-낟다 낟(日)

ㄹ. 날와 둘와(日月)(능엄 2-8) 나리져믈오(법화경 2-7) 飛生刃日其訓同(아언각비)-날(日)

훈몽자회의 보기처럼 해를 '나'라고 하였음은 시사하는 바가 자못 크다고 할 것이다. 해야말로 모든 불의 근원이며 상징적으로는 군왕을 드러냄이 아닌가(衆陽之宗人君之表).

모든 생명을 지닌 물체들은 태양의 작용으로 말미암아 태어남은 주지의 사리이거니와 어둠 속에서 새벽을 맞으면서 새로운 세상이 태어남과도 같은 것이라고 할 것이다.

'나'의 받침 자리에서 ㅎ-ㅅ-ㅈ(ㅊ)-ㄷ-ㄹ의 자음들이 바뀌면서 다른 형태로 분화되어간 것으로 본다. 얼굴을 낯이라 함도 비유적으로 보면 해에 비추어 그 유연성을 풀이할 수 있을 것이다. 우리의 몸 조직 가운데 가장 빛나는 부분이 바로 얼굴이 아닌가. 대부분의 사람들이 실제로 발음을 할 때는 낮을 낫이라 발음한다. 정다산의 아언각비(雅言覺非)의 보기들만 해도 그러하다.

새가 나는 것이나 태어나는 것, 칼의 날이나 이 모든 것들은 해의
속성과 무관하지가 않은 것으로 보인다. 이제 '나'의 음성모음 계열의
분화형을 알아보도록 한다.

(8) 음성모음 계열의 낱말겨레
ㄱ. 道ㅣ그中에녀거든聖人이法바다(법화 3-144) 流는물흐를씨오行온녈씨니
　　(석보상절 9-21) 내길흘조차날호연녀여(노걸대초(상) 1) 녀다(녜다)(行)
ㄴ. 녯법을 돋가이(두시언해 8-6) 더부러녯정을(태평광기 1-7)녯날애바리
　　롤어더(월인천강지곡 88) 녯(昔)

이제 '니'의 낱말겨레들과 합성을 하여 이루어지는 형태들에 대하여
살펴보도록 한다.
주로 중세어 자료를 중심으로 하여 보기로 한다.

(9) 합성어의 분포
ㄱ. 니구무(신증유합(상) 20) 닛딥(역어유해(하) 10) sltafl(훈민정음) 닛무유
　　(두창집경험방 45) 닛발(처용가)/님븨곰븨(청구영언 123) 님재(두시초
　　10-7) 니마(훈몽자회(하) 26)
ㄴ. 낫도적(역어유해(상) 66) 낫밤(소학언해 6-10) 낫참(동문유해(상) 11)/
　　날달(월곡 17)
ㄷ. 녈구름(송강가사 1-7) 녈손님(송강가사 2-8)/녯날(월곡 88) 녯히(昔
　　年)(한청문감 18)

합성의 유형으로는 명사에 명사가 합성되는 경우가 많고 다음이 동
사의 관형형에 명사가 합성되는 경우도 있다.

5. 마무리

마니산이냐 아니면 마리산이냐를 가려 보기 위한 우리들의 이야기였다. 마니산이 옳다는 가설을 세우고 이를 증거 세우기 위하여 '니'의 분화형으로 보이는 낱말 겨레들을 계열별로 알아보았다. 이제 그 동아리를 지으면 아래와 같다.

기록된 자료를 보면 마리산이 마니산에 앞선다. 조선왕조 때까지만 해도 넘나들어 마니와 함께 마리가 쓰였다. 그러나 고려 시기를 앞서는 제정일치기의 임금을 가리키는 니사금이나 삼국사기에 나오는 지명 개칭의 과정에서 니-해의 대응가능성이나 비교언어학적으로 볼 때, 마니산이 기원형이고 지금도 마니산으로 쓰고 있는 터에 마리산으로 하자면 혼란만 가중될 수 있을 것이다.

마니산을 형태분석하면, 거룩하다(聖)는 뜻을 지닌 마(摩)에다 태양 혹은 태양신을 드러내는 니(尼)가 합하여 이루어진 것으로 볼 수 있다. 이는 고대 시기의 우리 선조들이 태양을 숭배하던 제의문화를 드러내는 문호기호로 보면 좋을 것이다.

형태소 '니'는 기역곡용과 히읗곡용을 하는 특수 변화를 하였으며 아예 곡용어미가 '니'에 융합하여 재구조화의 과정을 거쳐 닛-닉-닣를 이루게 된다. 여기서 다시 모음교체와 받침에서의 자음교체를 경험하면서 양성모음계에는 낫(낮)-낟-날-낳, 음성모음 계열에는 녀-녯(>옛)-널이, 중성모음 계열에는 니-닛(닞)-닐로 분화하여 낱말 겨레를 이루어 쓰였다. 합성어로는 명사에 명사가 합성되어 이루어지는 형태들의 분포가 많다.

마니산의 니가 흘림소리가 되면서 마리산으로 읽힐 수 있는 가능성

은 있으나 기원형으로 보든 현재의 쓰임으로 보아 마니산이 기본형이
고 이를 준거로 하여 씀이 옳을 것으로 본다.

▣ 참고문헌

강길운(1988) 한국어계통론, 형설출판사.

_____(1990) 고대사의 비교언어학적 연구, 새문사.

강헌규(1988) 한국어 어원연구사, 집문당.

김형규(1986) 한국어방언연구, 서울대출판부.

김공칠(1980) '원시 한일어 연구' 한글 168, 한글학회.

김동소(1991) 한국어와 퉁그스어의 음운비교연구, 효성여대출판부.

김윤우(1991) '마니산은 마리산으로 읽어야 한다.' 땅이름 12, 한국땅이름학회.

김종택(1993) 국어어휘론, 탑출판사.

김진규(1989) 훈몽자회의 동훈어 연구, 인하대학교(박논).

도수희(1977) 백제어연구, 충남대학교(박논).

문세영(1988) 조선어사전, 대제각(영인본).

서재극(1980) 중세국어단어족 연구, 계명대출판부.

이기문(1982) 국어사개설, 탑출판사.

정호완(1990) '님의 의미와 형태분화', 대구어문논총 8, 대구어문학회.

_____(1991) 우리말의 상상력, 정신세계사.

_____(1994) 우리말로 본 단군신화, 명문당.

지병규(1993) 고대 건국신호의 계통적 연구, 충남대학교(박논).

허 발(1981) 낱말밭 이론, 고려대출판부.

합천(陜川)과 철기문화

1. 머리글

마을의 이름은 그 마을의 역사나 사회적 특징, 또는 신앙이나 정치 경제와 더불어 지형을 상징적으로 반영하는 경우가 많다. 마을의 이름도 언어의 자료인 만큼 이를 일러 언어의 문화론적인 접근이란 관점에서 이해할 수 있을 것이다.

합천은 역사적으로 본디 대가야 지역이었다. 가야산을 정점으로 하는 불교 신앙이 두드러지는 고장이다. 아울러 야로(冶爐)를 중심으로 하는 철기문화의 모꼬지라고 할 수 있다. 동시에 지형적으로는 가야산에서 발원하는 가야천과 초계천이 황강(黃江)에서 만나 낙동강으로 흘러든다. 그러니까 가야천과 황강 사이에 이루어진 고을이라고 하겠다. 철기문화를 뒷받침할 수 있는 것은 쌍책(雙柵)의 옥전고분군에서 출토된 용봉 무늬의 환두대검(丸頭大劍)은 말할 것 없고, 2000여 점에 달하는 철제 출토품이 이를 반증해 주고 있다.

출토품 가운데에서 가장 눈에 뜨이는 것은 황금칼인데 용과 봉의 무늬를 한 둥그런 칼자루를 하였다. 출토품을 이르자면 백제의 무령왕릉과 신라의 천마총에서 나온 것과 다르지 않다. 고대의 왕국이 있었던 것으로 추정된다. 그 밖에 구슬이 출토됨으로 하여 옥전(玉田)이란 지명도 생겼으며, 말의 투구와 말굽쇠가 나온 것으로 보아 상당한 국방력과 생산력을 갖춘 왕국이 아니었던가 한다. 이 왕국이 다라(多羅)국이었을 것으로 상정할 수 있는바, 이에 대한 비판적 시각도 있다.

합천의 이러한 철기문화의 특징이 실제로 지명에는 어떻게 드러나고 있는가를 언어지리적인 방법에 따라서 살펴보도록 한다.

2. 합천지명의 변천과 속내

문헌자료에 드러난 합천의 지명에 대하여 살펴보기로 한다.

(1) 「대동지지」本新羅大耶城眞興王二十六年置大良州武烈王八年移押梁州都督于此景德 三十六年改江陽郡(古邑) 冶爐 : 北三十里本新羅赤火景德王十六年改冶爐爲高靈郡領縣(赤火(大＋火)＞冶爐 大耶州＞大良州＞江陽

(2) 草草八兮國新羅婆娑王二十九年取之置之草八兮縣景德王十六年改八溪爲江陽郡領縣高麗太祖二十三年改草溪顯宗九年仍屬陜州明宗二年置監務邑號淸溪(草八＞草八兮＞八溪＞草溪)

(3) 陜川 : xiaß(阜)＋夾(晋 ;大＋兩人))-끼다 //夾(합＞大＋兩人))→셥→셔→시(xia)
산과 산 사이의 좁은 곳 (別字로 晋 -섬)
虢나라의 고지, 지금의 하남성 서면(陜縣)
陜府鐵牛-섬나라에 있는 철제의 거대한 소

陝西 : 중국 서북부의 성, 성도는 西安(시안) 황토지대이며 대체로 고원과 산악임, 기후가 온화하고 우량이 적음.

(4) 赤火(>冶爐 = 불무)>大良[(大耶)>江陽]/陝(川) : 阜+大+兩人

합천의 고읍인 야로의 본디 이름이 적화(赤火)였음에 주목할 필요가 있다. 적(赤)은 글자의 자원으로 보아 쇠와 상당한 관련이 있을 것으로 보아 크다(大)와 불(火)로 이루어지는바, 예부터 용암이 분출하였든지 아니면 쇠를 생산하던 철광이 있어 제철소가 있었음을 암시한다. 적화도 한자의 소리로 읽으면 쇠와의 유연성을 인정할 수 있다. 적화의 바뀐 이름이 야로인데 이 야로(冶爐)는 다름 아닌 우리말로 풀무이니 풀무야말로 쇠를 녹이고 연장을 만드는 당시의 제련소로 보면 좋을 것이다.

(5) ㄱ. (쇠의 방언형) 쇠, 새, 쌔, 세, 시, 쇠, 씨
   ㄴ. 적(赤)→chi[치] (유기음 Ø)[치]→(파찰음 Ø)→시/陝 xia[시+아]+시-/草 사
   ㄷ. 冶爐 : 불무(풀무), 冶→冫+台(이)(치-입이 벌어지는 기운이 풀리다. 녹다. 녹이다)

뒤에 지명이 고쳐지면서 적화 곧 시벌(쇠벌)이 야로로 바뀌었는데, 야로는 우리말로 풀무라 이르니 풀무는 쇠를 다루는 대장간이다. 대장(大匠)이란 큰 기술자란 말인데 석기시대에 새로 나온 쇠를 다룰 줄 아는 기술이야말로 위대한 기술자였음에 틀림이 없다.

그럼 합천의 마을 이름 가운데 쇠와 관련한 예를 들어 보기로 한다.

3. 「쇠」와 합천지명의 유연성

지명의 형성은 어떤 특정한 지명유래에 대하여 지명이 만들어지는 경우가 있고, 거꾸로 어떤 인물이나 유물 유적에 기초하여 지명이 파생되어 이루어지는 수가 있다.

먼저 쇠와 관련한 문헌 자료를 살펴보자.

(6) 國出鐵韓濊倭從皆取之諸市買皆用鐵如中國錢又以供給二郡(삼국지)

대가야의 영토였던 야로 철산은 조선시대에 와서도 3대 광산중의 하나일 만큼 큰 규모였다. 지방에 세공으로 정철(正鐵) 9500근을 나라에 바쳤다는 기록도 전해온다. 이렇게 엄청난 쇠를 생산하였던 당시의 대가야는 국방력은 물론이고 농업생산을 위한 농기구까지 만들어 낙동강 유역의 기름진 땅에 벼농사를 지었던 것으로 보인다. 이러한 경제와 국방이 뒷받침됨으로써 여섯 가야 중에서도 마지막까지 신라에 맞겨룰 수 있었을 것이다.

쇠와 관련한 지명유래를 갖는 보기를 들어 본다.

(7) 쇠와 관련한 지명 유래
ㄱ. 쇠손(세손이 金客)의 지명 유래(대병면 유전리)
  옛날 어느 초상집에서 장례를 모시는데 한 풍수 이르기를 쇠솥뚜껑을 머리에 인 부인이 지나가는 시간이 하관의 정시이니 그 때까지 기다리라는 것이다. 해는 중천에 이르러 점심 때가 되었다. 정말 한 부인이 솥뚜껑을 이고 지나가는 것이 아닌가. 상주는 그 시각에 맞추어 하관을 하고 장례 절차를 마쳤으니 그 뒤로 이 마을이 잘 살게 되었다고 한다. 지금도 대병면 하금리에는 옛날의 쇠밭 한 쌍이 있었다는 전설이 전해 온다.

시말펑전이라고도 하는데 이는 마치 중국 하남성 섬지방에 쇠로 만들어 세운 철우(鐵牛)를 연상하게 한다. 쇠손이 마을 뒷등에는 말무덤이 있으니 여기가 쇠말 한쌍의 무덤으로 삼았던 것이 아닌가 한다.

ㄴ. 쇠꼬지(대병면 유전리)

이 마을에 쇠돌이 나서 풀무로 이를 담금질하였다고 하여 생긴 이름이다.

ㄷ. 쇠골(대병면 회양리)

붉은 바위 동쪽이면서 율정의 남쪽 금성산 아래의 골짜기로 철분이 많은 지역이다. 더러는 작은골이라 하며 쇠를 녹이던 가마터가 있다. 옛날 쇠를 녹이고 캐던 곳으로 보이며 쇠솥 곧 야로가 있었다.

ㄹ. 쉬피이(金坪/金堀洞/시퍼이)(야로면 금평리)

대가야국 당시 철을 생산하였던 곳이다. 쉬피이에서 나는 쇠로 무기와 농기구를 만들었다고 한다. 달리 금굴동이라고 한다. 동네 뒤쪽에 있는 청계로 가자면 넘는 고개가 사피이재이다.

ㅁ. 장수바우(가야면 가천리)

덕방동 뒷산에 있는 큰 바위로서 옛날 어느 장수가 쇠지팡이를 이 자리에 세우고 하늘로 올라갔다고 하여 지금도 장수의 발자국과 쇠지팡이의 자국이 남아 있다고 한다.【쇠'의 방언형 → 쉬, 시, 쇠, 쐬, 세】

ㅂ. 김강수(金强首)와 대장간집 딸(삼국사기 권46 열전 6 강수)

遂入仕歷爲時聞人强首常與釜谷冶家之女野合情好頗篤及年二十歲父母媒邑中之女有容行者將娶之强首辭不可以再娶父母曰爾有時名國之人不知以微者爲偶不亦可恥乎强首再拜曰貧且賤所羞也學道而不行之誠所羞也嘗聞古人之言曰糟糠之妻不下堂貧賤之交不可忘則賤妾不忍棄也(중략)王驚喜恨相見之晩聞其姓名對曰臣本任那加良人名牛頭王曰見卿頭骨可稱强首

당나라와의 외교문서와 고문대책(高文大冊)을 집대성한 통일신라의 김강수(金强首)는 스무 살 때에 대장간 집의 딸과 열렬한 사랑에 빠졌다고 한다. 어느 달 밝은 가을밤에 가마솥 골을 지나가고 있는데 대장간에서 등불을 들고 아버지의 일을 돕는 딸을 보게 되었다. 호기심에 찬 나머지 몰래 대장간 쪽으로 가까이 갔다. 타오르는 불빛에 비친 처자의 얼굴이 너무도 아름다워 자신도 모르는 새에 소리를 쳤다.

「저기 손이 움직인다. 바로 그 곳에 묘기가 있다. 저곳에 신의 묘기가 보인다.」(이상옥, 한국의 역사 367면 참조)(強首-牛頭(쇠머리)-冶家(쇠-)-강쇠)

ㅅ. 고방 서쪽 골짜기에 거칠(居柒)이라는 곳이 있다. 광산지대인데 금은광으로 한 때는 중정석을 캤다고 한다. 캐어보니 겉에만 있고 속으로 갈수록 광맥이 없어지기 때문에 광산하러 온 사람들이 허탕치기가 일쑤여서 겉만 번듯하다고 하여 붙여진 이름이라고 한다. 고칠 고개가 있는데 소리가 비슷한 데서 연상한 것으로 보인다.

강수의 이야기에서도 쇠가 얼마나 강한 힘과 쓸모를 갖추었는가를 상징적으로 보여주고 있다. 오늘날로 이르자면 당시의 사대부가 대장간 집의 딸에게 연정을 품었기로서니 그렇게 묘기－신의 묘기로까지 묘사할 수 있을까하는 점이다. 이름에서도 강수(強首)는 강한 쇠를 뜻하는 '강쇠'에서 소리를 따서 그렇게 적은 것으로 보인다. 한자로도 큰 대(大)자 장인 장(匠)을 합하여 대장 곧 위대한 기술자란 뜻이다. 돌이나 나무만 쓰던 시대에 새로운 소재로서 쇠가 나왔고 쇠를 이용해서 여러 가지 유용한 전쟁 무기와 농기구를 만들 줄 아는 이가 바로 위대한 큰 기술자이었을 것으로 보인다.

위의 보기를 통하여 경우는 조금씩 다르지만 모두가 쇠를 소재로 이루어진 지명유래 이야기로 볼 수 있고, 보기 (7ㄱ-ㅅ)에서와 같이 쇠를 생산하는 마을의 분포를 확인할 수 있었다. 이제 이들 쇠를 나누어 제철을 하거나 농기구 혹은 무기를 만들던 풀무 곧 대장간이 있었으니 '불메'로 대표되는 지명의 분포 예를 알아보도록 한다.

(8) 불메-류의 지명 분포

ㄱ. 불메골 (야로면 금평군) / 부뭇골(불매가 있음)(대병면 유전리)

　불매골 (쌍백명 평지리) / 불멧골(대양면 백암리)

　불미골 (쌍책면 오서) / 불모골 (쌍책면 진정리)

　불밋골 (초계면 신촌리) / 불묵골 (시묵골)(야로야로)

　불무(>불멧골>불매골>불묵골>불모골)

ㄴ. 풀무의 방언형 : phulmu((경기)전부(강원)원주, 횡성 (충북)충주, 중원, 제천, 괴산, (충남)철원,연기, 공주, 청양, (전북)완주, (경북)고령, (경남) 함양.경기전부.원주.횡성.충청)pulmu(옥천)phulmɛ · pulme · phalmi · pulmi

강수는 임나 가야 곧 고령을 중심으로 한 대가야 사람이었다. 그의 본 이름은 쇠머리ー한자로 우두(牛頭) 라고 했다. 가야산의 또 다른 이름이 우두산(牛頭山)이었으니 강수의 본디 이름은 우두산에서 그의 호를 삼은 것으로 보인다. 동음이의어로서 소머리의 소 혹은 쇠가 강수의 본 뜻인 강쇠→굳센 쇠의 뜻과 무관하지 않을 것으로 본다. 아울러 강수가 부곡(釜谷)의 야가(冶家) 즉 대장간ー불메간 집의 딸과 인연을 맺었음은 결코 예사로운 일이 아니다.

부곡의 부(釜)는 가마요 야로의 야(冶)는 쇠를 다룸이니 합하면 불가마골 곧 불메골과 같은 의미로 상정할 수가 있다. 강수의 강(强)을 굳셀 강으로 풀이할 때 글자의 뜻인 굳세다(强)와 강수의 수(首)를 쇠(鐵)의 표상으로 보아 이를 합하면, 굳센쇠→굳은쇠→강쇠→강수로 연결 지을 수가 있다. 어떻게 보면 강쇠의 듣기 좋은 아어형으로 강수를 썼던 것으로 보인다.

보기(8)에서 불모의 여러 가지 변이형태를 살펴 볼 수가 있다. 우선 불메(불멧골), 불미, 불묵(골), 불모(골)/부뭇골의 형태들을 들 수 있다. 불-계형에서는 -무의 다양한 변이형들이 같은 합천지역에서도 서로 다르게 쓰임은 방언형이 얼마나 여러 갈래로 분화가 되었을까를 짐작케 하는 대목이다. 불메의 -메는 그 변이형이 [-메 -미 -묵 -모]와 같은데 여기서 -메>-미는 전설모음화의 경향을, [-묵 -모]는 불무의 -무에서 -골의 앞에서 사잇소리 기역이 자음역행동화에 따른 것이고 -무>-모는 일종의 모음이화의 경향이라 풀이할 수 있을 것이다. 불무>풀무와 같이 유기음화형이 굳어져 오늘날에 쓰이게 되었으며 기원적으로 불무는 불물>불무로 된 것으로 보인다. 쇠는 불에 달군 쇠를 물에 식히어 쓰이기도 하면서 그 강도를 조절한다. 합천지역의 여러 마을에서 (불모)불무-형의 쓰임은 풀무의 원형이 살아 쓰이고 당시의 많은 야철 장소가 있었던 것이 아닌가 한다. (8ㄴ)과 같이 방언분포로 보아 불무가 풀무보다, 불매가 풀매보다, 불메가 풀미보다 더 널리 분포되어 있음을 알 수 있다.

풀무 계열의 지명과 함께 쇠- 계열의 지명분포를 알아보도록 한다.

(9) 쇠- 계열의 지명

ㄱ. 쇠손(대병하금) 쇠실(감가덕진), 쇠정들(쇠점이 있었음)(야로하림) 쇳골(가야구미) 쇠말평전(봉산압곡/대병하금) 쇠바우(봉산향정) 쇠말등(봉산향정) / 쐬고지(봉산권빈) 쐬고지(묘산광산) / 쉬퍼이(=시피이재)(야로금평) / 시묵골(야로야로) / 새중골(쇠점이있었다고함)(봉산상현)

ㄴ. 구릿소(가야합천) 구릿골(가야대전) 구릿소(용주황계) 구릿들(합천외곡)

ㄷ. 통절이(합천인곡) 통점(봉산숯곡) 통전(銅店)(태백동점)

ㄹ. 점골(쇠점의 소재)(대병회양)

지명에서 드러나는 쇠의 변이형은 다양하다. 쇠의 경음화형으로 쐐-쏘-가 있고 '쇠'에서 모음이 바뀐 쉬-형과 새-형을 들 수 있다. 단모음화형으로는 시-가 있으니 이를 동아리 지으면, 쇠-쐐/쏘/쉬/새/시와 같이 간추려진다. 시묵골에서 시묵의 -묵은 쇠물에서 시물 > 시뭇골 > 시묵골로 소리가 바뀌어 굳어진 것이다.

형태는 다르지만 같은 쇠를 뜻하는 형으로는 구리와 퉁-계 지명이 있다. 여기 퉁-계는 동(銅)이 유기음화한 형태인데 보통은 질이 나쁜 놋쇠를 퉁이라고 한다. 이러한 가능성은 태백의 동점을 퉁점(銅店)이라고 하는바, 구무소와 말바드리 사이에 있는 마을이다. 구리의 경우 어원으로는 굳-+-이 > 굳이 > 구디 > 구리가 된 것으로 추정하는바, 다른 물체보다는 아주 굳은 물체를 이른다.

쇠와 관련하여 앞에서와 합천(陜川)과 적화(赤火)와의 관계를 다시 동아리 지어 본다.

(10) ㄱ. (陜川) xia[sia]+川nai > xia+nai > 시내[쇠내] → 쇠가 나는 마을
　　 ㄴ. (赤火) 赤 chi (당시 파찰음소 Ø → si+火 bəl > 시벌(쇠가 나는 마)
　　 ㄷ. (쇠의 변이형) 쇠 -쏘 -쐐 -쉬 -시

보기 (10)에서 합천 시내, 적화를 시벌로 읽고, 변이형태 가운데 '시'가 쇠를 뜻함을 상정할 수 있다. 이와 함께 쇠의 소리와 비슷한 음상을 지니면서도 짐승으로서의 소(牛)를 뜻하는 지명의 예들도 눈길을 끈다. 소의 방언형 가운데 쇠[SØ]가 있음으로 보아 같은 소리인데 다른 뜻으로 쓰이는 소리상징을 드러낼 가능성도 있다. 그 보기로서 쇠 점들을 들 수 있다.

(11) 쇠점들(쇠점이 있었음) (야로하림) -우리리(牛巨) -우거리들 / 우실(묘
산반포) / 우두산(가야면인) / 가야 -gayasirsa(범 : 牛)

그러니까 쇠점들은 옛적에 쇠점이 있던 곳이다. 달리 우거리(牛巨
里)와 결코 무관하지 않을 것이다. 그 대표적인 것이 우두산(牛頭山)
이다. 가야산을 달리 부르는 이름으로 우두봉을 정상으로 한다. 여기
가야산의 가야(gaya)는 범어로 가야시르사(gayasirsa)인데 소를 뜻한
다. 우두라 함은 말 그대로 소의 머리다. 흔히 짐승을 조상으로 하는
소 토템에서는 짐승의 머리로 상징되는 제의를 드러내기도 한다, 토템
의 대상으로서 소가 최상의 가치로 숭배되듯이 동음이의어로서 쇠
(鐵)는 석기시대 당시에 새로운 최고의 신소재였으니 그 상응됨이 있
다고 하겠다.

쇠가 나고 쇠를 불무에 넣어 담금질함에 있어서는 불과 물이 불가
결한 요소들이다. 야로(冶爐)의 옛 이름이 적화(赤火)인 것만 보아도
풀무의 본질이 뻘건 불에 쇠를 달구는 광경을 연상케 한다. 이제 이와
관련한 쌍둥이 우물의 전설을 살펴보도록 한다.

(12) 쌍둥이 우물전성(가야면 매화리)
산의 정기가 불기운(火氣)으로 이어져서 매화리에는 불이 자주 났다
고 한다. 당시에는 불이 자주 난다고 하여 적화리(赤火里)라고 불렀다.
언제인가 농사짓는 일꾼들이 두벌논을 매고 참을 먹으면서 나무그늘에서
쉬고 있었다. 그 때 마침 웬 중이 지나가고 있었는데 하는 말이, "동네
불이 많이 나게 생겼소. 동네 이름을 바꾸고 우물 세 개를 파면 화재가
일어나지 않을 것이오"라고 했다, 그의 말대로 마을 사람들이 모여들어
우물 세 개를 파고 마을 이름을 적화리에서 매화리(梅花里)로 바꾸었다
고 한다.

옛날부터 불기운 곧 쇠의 성분이 많은 용암이 늦게까지 화산의 가능성을 보여주고 있으며, 이 불을 끌 수 있는 우물의 물에 대한 이야기로 보인다. 쇠는 불에 달구어 물에 적절하게 식힘으로서 쓸 수 있는 쇠가 나온다. 결코 불메골류의 지명과 무관한 이름은 아닐 것으로 상정한다.

소가 제의나 순장(殉葬)에 쓰인 흔적은 꽤나 오랜 된 것으로 볼 수 있다. 희생(犧牲)이란 자원을 살펴보면 그러한 가능성을 엿볼 수 있다 (犧牲 → 牛＋(義 /生) / 犬＋虍＋鬲).

4. 마무리

이 논의는 언어의 문화론적인 관점에서 합천의 지명에 드러난 철기문화와 불교문화의 유연성을 알아보고자 하였다. 이제 논의의 동아리를 짓자면 다음과 같다.

(가) 합천의 기원적인 이름이 야로(冶爐)에서 적화(赤火)로 변천하여 대량주가 되었다가 대야로 다시 초계와 합하여 신라 경덕왕 시절에 합천으로 되었다. 여기 야로와 적화는 불메골이라 하는 지명에서 드러난 바와 같이 불메 곧 풀무이니 쇠를 제련하는 곳으로 상징되는 지명을 갖게 되었다.

야로는 석기 시대의 새로운 소재라 할 수 있는 쇠가 나고 이를 담금질할 공간으로 불메를 이 고장의 이름으로 표방하기에 이르렀다. 그러니까 불메는 쇠와 가장 유연성이 깊은 이름으로 보인다.

(나) 철기문화를 드러내는 지명의 유형으로는 1) 불-형과 2) 쇠-형,

3) 철(동-금) 형으로 가를 수가 있다. 불메의 변이형태로는 불메-불모-불무-불미-부묵-이 있다. 불메는 불물에서 소리가 변하여 굳어진 것이고 뒤로 오면서 불물 > 불무 > 풀무와 같이 바뀌어 오늘날에까지 이어져 왔다. 불물이라 함은 쇠를 불에 달구고 물에 식히어 쇠의 강도를 조절하는 곳이고 그러한 공법과 기술을 지닌 사람을 대장이라고 하였다.

이와 함께 쇠- 계열에 드는 형으로는 쇠- 쉬- 새- 쐬-와 같이 같은 합천의 지역 안에서도 이와 같이 쇠의 변이형이 여러 가지로 쓰임은 방언분화의 가능성을 보여주는 등어선 지대라고 할 가능성이 높기 때문이다.

쇠 전설의 분포를 가장 많이 보이는 것은 쇠-형으로 강수의 이야기를 중심으로 하는 지명 유래담이다.

■ 참고문헌

삼국사기
삼국유사
대동지지
신증동국여지승람
김도윤(2001), 가야문화논총, 경미문화사.
이병선(2001), 다라의 지명 고찰, 지명학 4집, 한국지명학회.
합천 지명사, 합천문화원, 1999.

제 3 부

곰신앙과 조상 숭배

곰신앙과 어머니

1. 머리말

이 글은 단군신화에 나오는 「곰」의 언어적인 상징성을 살펴보고 이와 관련하여 땅이름의 걸림에 대하여 따져 보고자 함에 그 보람을 둔다.

신화라 함은 문화의 반영이며 집단무의식의 드러냄을 바탕으로 한다. 단군 신화의 「곰」에 대한 언어적인 상징성은 바로 우리의 역사와 문화의 보람이고, 사회변동의 실마리 곧 근원상징에 맞먹는다. 문헌이나 풀이하는 사람에 따라서 「곰」이 갖는 상징적인 갈래는 아주 다양하다. 가장 먼저 손꼽힐만한 문헌자료는 ≪삼국유사≫의 기록이다. 짐승인 곰이 웅녀―사람으로 변하여 하늘의 신 환웅과 어우러짐으로써 제사장인 단군왕검을 낳았다는 줄거리로서 역사적인 정통성 시비의 대상이 되어왔다.

≪삼국유사≫에 실려 전해 오는 단군신화의 원전이라 할 〈위서〉나 〈고기〉가 어떠한 것인지 그 정체가 확실하지 않고, 불교설화를 바꾸었으니 중이 지어낸 근거 없는 허구일 것이라는 일본의 소전성오 (小田省吾)의 주장이 있다. 정상수웅(井上秀雄)의 경우도 마찬가지이다. 이

들 일본인 학자들은, ≪삼국유사≫가 지어지던 당시 몽고군의 침입에
맞서기 위하여 온 겨레가 뭉칠 정치적인 목적으로 지어냈다는 것이다.
한마디로 민족의 주체성을 없애버리고자 하는 식민지 사관에 따른 침
략주의에 기초한 아전인수의 풀이다. 그럼 우리의 역사를 돌이켜 볼
때 단군신화의 곰 이야기를 부인하거나 가볍게 다룬 논의는 어떠하였
던가.

김부식의 ≪삼국사기≫에서는 곰과 사람이 한 몸이 되어 단군을
낳았으니 말도 안 되는 허탄지설이라 했다. 마침내 단군신화는 역사를
기록한 사서에 실을 수 없다 하여 사료(史料)로서 빼어버리게 되었다.
이조 때 안정복은 ≪동사강목(東史綱目)≫에서 중들의 속임수로 몰
아 세워 전혀 의미 부여를 하지 않았다.

근대사의 개화기로 접어들면서 곰 이야기에 대한 풀이는 새로운 상
징으로 떠오른다. 최남선의 ≪불함문화론(不咸文化論)≫에서는 후세
사람들을 포함해서 특히 일본인들의 손에 건국신화인 단군신화가 무
시당함을 완강히 비판하였다. 보다 합리적인 인문과학의 방법을 따라
서 단군왕검의 실체를 캐어봄이 마땅하며 단군왕검의 풀이야말로 한
국 고대사의 열쇠로 보아 그 중요성을 강조하였다. 요컨대 단군왕검은
정치와 종교가 일치되던 제정일치시대의, 당시의 사회상을 반영한다
는 관점이었으니 놀라운 논점의 전환이라 하겠다.

김정배(1973)에서는 원시신앙과 민족이동이란 바탕에서 사회변천의
투영으로 단군신화를 풀이하였다. 곰을 토템으로 하는 고아시아족이
옮겨 살아온 역사의 반사체라는 가설을 세웠다 해서 일본인들의 그릇
된 단군신화의 값 매김을 떨치고 한민족의 역사를 기원전으로 끌어올
렸다는 데에 연구의 몫을 찾을 수 있다. 요약하건대, 곰과 종족의 조

상으로 숭배하는 민속과 민족의 걸림을 따져 본 것이다.

사회경제적인 관점에서 백남운(1927, 조선사회경제사)은 곰의 경제
적인 가치를 중심으로 논의하였다. 조선족의 조상들은 숲 속에서 살면
서 곰의 고기를 주요한 먹거리로서 썼으며 털가죽은 옷과 이불로, 뼈
는 도구나 무기로 써서 삶의 유용한 가치를 만들어 냈다. 또 생산발전
의 단계로 보아 단군신화에 쑥과 마늘이 등장함은 전원경작의 단계를
보여준다는 것이다. 나아가서 단군은 현실적으로 남성 계열의 추장이
지배하는 가부장사회를 반영한다고 풀이한다.

단군신화에 대하여 실증적인 방법으로 그 위상을 정립한 논의는 김
재원(1987, 단군신화의 신연구)에서였다. 고고미술사의 대응－재구성
이란 관점에서 산동성 가상현에 있는 무씨사석실(武氏祠石室)의 돌
에 새겨진 벽화가 단군신화의 원형임을 상정하고 여기서 「곰」을 북
방계의 샤만상징으로 풀이하였다. 문화사적인 측면을 중시하여 곰설
화의 분포를 살펴봄으로써 고아시아족보다는 퉁구스족의 설화와 더
가까울 거라는 가설을 상정한 논의도 있다(김화경, 1989, 웅·인 교구
담의 연구).

「단군왕검」의 언어학적인 논의가 본격적으로 된 것은 강길운에서 였
다(강길운 1988, 한국어 계통론. 강길운 1990, 고대사의 비교언어학적
인 연구). 그밖에도 부분적이긴 하지만 꾸준히 논의되어온 게 사실이
다(최남선 1925·박노철 1934·양주동 1942·안재홍 1948·이탁 195
8·안호상 1962·박시인 1970). 필자(1988, 「고마」의 형태와 「단군왕
검」)에서 「왕검(王儉)」의 「검(儉)」이 동물 상징으로는 토템신인 곰
(熊)이며 지모신이며 어머니신으로서 가능성을 제기한 바 있다. 그러
니까 검(금)－곰(고마)의 대응이 찾아지며 웅녀(熊女) 곧 「곰(고마)」

의 변이형이 「검-금-감-곰-갬(개마)」이라는 것이다.

단군의 어머니신이자 땅신이요, 물의 신인 곰(고마)은 바로 곰을 토템신으로 섬기던 곰 겨레의 신앙과 역사와 정치가 투영된 것이라고 볼 수 있다. 단군신화의 근원상징이라고 할 형태소 곰(고마)이 갖고 있는 상징적인 뜻과 이들 상징소들이 어떻게 땅이름에 되 비쳐 있는 지를 알아보도록 한다. 특히 어머니신과 물신상징을 중심으로 살피면서 주변적인 의미도 함께 따져 보도록 한다.

2. 곰(고마)의 언어적 상징

형태는 본질을 반영한다고 하였거니와 곰(고마)이라는 음성형태는 어떠한 본질 곧 뜻을 드러내는 것일까. 상징의 바탕은 드러냄이요, 주체적인 보람이다. 말에서는 음성상징인 언어기호가 드러내는 지시내용—뜻으로 이해하면 좋을 듯하다.

중세어 자료를 보면 곰은 고마로 적힘을 알 수 있다. 우선 다음의 자료를 보기로 한다(필자, 1991, 우리말의 상상력).

(1) 고마의 분포
ㄱ. 熊津고마ᄂᄅ也(용비어천가 3-15) 고마敬(신증유합(하) 1) 고마건虔(신증유합(하) 1) 고마흠欽(신증유합(하) 9) 그고마ᄒ시던바ᄅᆯ恭敬ᄒ며(敬其所尊)(내훈 1-37)고마온바ᄅᆯ보고(見所尊者)(소학언해 3-10)
ㄴ. 곰웅熊곰비羆(훈몽자회(상) 19)곰과 모딘ᄇ얌과(석보상절 9-24)
ㄷ. 時有一熊一虎同穴而居常祈于神熊(중략) 熊得女身虎不能忌而不得人身熊女者無與爲婚(삼국유사 권1)

위의 자료(1)을 보면 이미 중세국어에서는 짐승을 가리키는 곰이
「고마—곰—웅」과 같이 함께 쓰이고 있었음을 알 수 있다. ≪삼국유
사≫의 기록에 나오는 단군의 어머니신인 웅녀를 고마(곰)라 상정한
다. 우리말 계통으로는 고마 혹은 곰으로 읽었을 가능성이 있다. 이
때 개음절에서 폐음절로 바뀌어 간 음운사적인 흐름을 함께 생각하면
고마＞곰이 국어사적으로 풀이된다. 그러니까 단군의 어머니신, 웅녀
는 고마신으로 불렀을 가능성이 높다.

이상에서 고마(곰)의 형태 바뀜에 대해서 살펴보았는데 고마—곰
이 상징하는 내용은 어떤 것이 있는지를 더듬어 보도록 하다(필자
1998, 낱말의 형태와 의미 41쪽 참조).

(2) 고마(곰)의 상징소
ㄱ. 고마경敬고마건虔(신증유합(하) 1-3) 고마흠欽(신증유합(하) 9) 고마ᄒ
시던바롤恭敬ᄒ며(敬其所尊)(내훈 1-37)熊女者無與爲婚(삼국유사 권1)
homotteuri(곰)-homok'or(영혼-homogen(조상신)〈퉁그스〉[神]
ㄴ. 슈신곰(尿孔)(구황간 3-121)-熊-虎同穴而居(삼국유사)北爲孔巖구무바
회津(용가 3-13)구무공孔구무穴(훈몽자회(하) 18) Kumu(熊)〈일본〉[구멍]
ㄷ. 빗고몰쵸(艄)(훈몽자회(중) 13) 德으란 곰븨예받잡고(동동) 山後磨堆迫
(조선관역어) 東良北동량뒤(용가 7-15) 月伊谷頭衣谷鎭龜城山(경상도지
리지)[뒤]
ㄹ. 人君以玄獸爲神(한서)前朱鳥後玄武(예기) 漆原-龜城-龜山-熊神(세종실
록지리지)[검정]
ㅁ. 玄武(북방의 일곱별)-斗·牛·女·虛·危·室·璧(사기) [북극성]
ㅂ. 故五音之中喉 爲主喉居後而牙次之北東之位也 齒又次之南西之位(중략)
後邃而潤水也(훈민정음해례)[물]
ㅅ. 於時爲冬音爲羽(훈민정음해례)[겨울·목소리]

ㅇ. 고마ᄂᆞ릿(熊津)(용가 3-15)거미야거미야왕거미야(영남민요 · 왕거미노
래)[곰 · 거북]

ㅈ. 단군왕검-[단군(=제사장)]+[왕검(王儉)→〈님검~님금님(니마=태양
신)+검(금 · 고마=태음신 · 물신 · 땅신 · 곰신)〉]

위의 자료(2 · ㄱ~2 · ㅇ)을 보면 고마(곰)는 [신(→곰 · 고마신)-
구멍-뒤-검정-북극성-겨울(목소리)-곰(거북)]을 상징하는 복
합상징의 가능성을 알아보았다. 이러한 복합상징을 드러내는 곰(고마)
의 변이형으로 검-곰으로 적히기도 하는바, 그 좋은 본보기가 (2)ㅈ,
「왕검」의 검(금)이다. 그러니까 「단군왕검」의 왕검(王儉)은 님금(임
금)으로 태양신 「니마(님)」와 물과 지모신(地母神) 검(금-고마 · 곰)
의 합성어라고 하겠다(필자, 1991, 우리말의 상상력).

(2)ㅈ을 따르자면 배달겨레의 부족장이자 사제로서 제사장인 단군
은 불신이요, 하늘이 태양신 니마(님)와 물신이요, 땅과 어머니신인
「고마(곰-검 · 금)」 신에게 제사를 드려서 겨레의 번영과 안전을 빌
던 사람이란 뜻이 된다.

이제까지의 단군왕검의 풀이와는 달리 필자는 제정일치와 곰 토템
과 태양숭배의 제의문화가 「단군왕검」에 되비쳐 있다고 보는 관점에
서 그 실마리를 찾아보고자 하는 것이었다(필자, 1988, 낱말의 형태와
의미). 이러한 문화투영의 바탕에서 풀이해 본 곰 토템의 고마(곰)가
갖는 상징들이 우리들의 약속인 음성 상징 속에 어떻게 드러나 있는
가를 드러내 보임은 김재원(1947)에서 보인 무씨사석실의 석상화 돌
그림에 드러난 것 못지 않은 하나의 증거가 되리라고 본다.

고마(곰)의 여러 가지 상징소 가운데 중점적으로, 물신 · 땅신 · 어
머니 신으로서의 신 상징이 오늘날의 「어머니」라고 하는 말과 어떤

걸림이 있고, 농경사회에서 절대적인 영향을 주었던 물신(水神)으로서 고마(곰)의 상징적인 의미소는 무엇인가를 살펴보도록 한다.

1) 고마(곰)와 어머니 신

우리는 아버지에 대립되는 안부모를 일러 어머니라고 한다. 시대를 달리하여 단군의 모친—안부모는 웅녀(熊女) 곧 고마(곰)신이라 하여 경건하게 숭배하는 대상으로 모셔 왔다. 단군을 낳아서 기르고 제사장이 될 수 있도록 보살펴준 생명의 고향이 고마(곰)는 어떤 관련이 있으며 거기에 부여할 수 있는 언어적인 질서는 무엇인가.

먼저 고마(곰)에서 어머니로 바뀌어 쓰였음을 보이기 위해서 기역이 어두에서 약해져서 마침내 탈락한 과정논의를 해 볼 필요가 있다. 이런 가설의 가능성은 알타이 친족어에서 기역의 반사형으로 람스테트(1939)는 풀이하였다. 즉 ㄱ→ㅎ→ㅇ으로 약화 탈락하여 친족관계의 대응을 보여준다는 것이다. 이 가설을 우리 국어의 조기분열과 연관지어 보면, 한국어에서 기역이 가장 잘 보존되어 있다는 얘기가 될 수도 있다. 같은 알타이계의 말로서 퉁구스의 에벤키말을 보면, 고마(곰)—호모뜨이 에서 「고마—호모」 대응이 됨을 확인하게 되며 다시 ㄱ—ㅎ에서 기역의 반사형이 히읗임을 상정케 한다.

(3) ㄱ의 약화탈락
ㄱ. 곰(고마)-홈(홈 파다)-옴[穴](오막하다)
ㄴ. 굼(구무)-훔(훔 패다)-움[穴·芽](움집)
ㄷ. 골(谷)-홀(忽)·간(干)-한(汗)·견(見)-현(見)·개(解)〈계림유사〉-해(解)·검(儉)-험(險)

ㄹ. 가시개(한국)-하사하(만주)·가루-하루·가지-하지·구유-후유//(몽고·만주어의 수단위 접미사) gon-hon~on(an)〈Kor〉

ㅁ. (어머니의 방언) 어머니(전역) 어마니(화순·보성·해남·강진)엄니(안성·아산·연기·부산·전남 대부분) 어망(제주) 어무이(예천·의성·영일·선산·김천·칠곡·고령) 엄마(강원·전남북·예천·포항) 어메(군위·김천·금릉) 옴마(칠곡·대구·달성·경산·함안·진주·진양·마산·충무) 옴매(통영·충무) 오매(진안·부안·정읍·김천) 오메(군위·김천·고령)

단편적이기는 하지만 자료(3)을 통하여 고마(곰) ─ 호모(홈) ─ 오마(옴)/구무(굼) ─ 후미(훔) ─ 움의 대응가능성이 있음을 알아보았다. 덧붙여 둘 것은 '옴(움)'에 대한 풀이이다. 「옴」의 경우 '속을 오목하게 오비어 파다(→옴 파다)' 또는 '사기로 만든 오목한 바라(→옴파리)'란 말을 쓴다. 이 때 옴은 구멍(굴 穴)을 뜻하는데 (3)ㄱ의 「홈」도 같은 뜻을 드러낸다. 그럼 짐승으로서 곰과 '구멍' 그리고 '오마(오마니~어머니)'와는 무슨 걸림이 있는가를 따져 보도록 한다.

곰을 짐승으로만 보면 그뿐이겠으나 곰을 사람의 조상신으로 생각하는 수조신앙(獸祖神仰)의 관점 곧 토템으로 보면 신(神)상징이 되며 땅과 물 그리고 어머니신 그러니까 지모신(地母神)을 드러내기에 이른다.

퉁그스계의 에벤키말에서는 곰을 조상신(homok'or) 또는 영혼불멸의 영혼(homogen)으로 숭배하였던 것을 보면 수조신앙으로서의 증빙은 그렇게 어렵지 않으며 다음절(2.2)에서도 살피겠지만 생명보존의 주요한 물질이 되며 물을 다스리는 물신(水神)으로까지 그 기능과 의미가 부여되고 있음을 알겠다.

단군신화는 우리나라 건국의 말미암음이었으니 여기서 곰은 단군의 어머니였다. 곰은 호랑이와 더불어 한 굴에서 살았으니 구멍과 크게 다르지 않은 공간이며 이 굴에서 통과제의를 거쳐 새로운 인간으로의 탄생이 이루어졌고 거룩한 곰(고마)부인 자궁(굴=구멍)속에서 단군이 태어났음을 생각하면 '구멍'이 곰 상징의 주요한 의미소임을 떠올리게 된다. 분명 단군왕검의 어머니는 고마(곰)신이었고 오늘날 우리들의 고마(곰)는 어머니인 것이다.

(3) ㅂ의 어머니에 대한 방언분포를 볼 때, 오마(오마니)는 함경도 지역에서 쓰이는 어머니의 변이형태라고 할 수 있다. 역사성과 사회성을 갖는 문화가 언어라는 문화투영의 가설을 받아들인다면, 「어머니」는 의미·형태음소적인 통로를 따라 「고마(곰)」에서 비롯했을 가능성이 높다.

그러니까 어머니는 나무에 움이 돋아나듯이 단군을 낳아 길러 마침내 오늘의 우리겨레가 있게 한 말미암음인 것이다. 나를 중심으로 보았을 때 어머니는 나를 낳아 길러서 오늘의 내가 있도록 한 생명의 샘이요, 가나안의 젖줄인 것이다.

역사와 신앙과 정치가, 경제가 오래도록 하나의 흐름을 이루어 음성상징으로 되 비치어 두고두고 오랫동안, 칼 융이 가리킨 집단무의식을 만들어 간다. 이 집단무의식에서 민족정서와 겨레문화는 그 원천적인 힘을 얻어내는 불가분리의 걸림이 있음을 상식에 속하는 일이다.

곰(고마)의 변이형으로 보아 「곰(움)-감(암)-검(엄)-금(음)-굼(움)」의 형태가 있음을 알겠는데 이때 「암」에서 어말자음교체가 되어 「암-압-앞」으로 낱말이 갈라져 나아간다. 어머니가 안부모라면 아버지는 밖부모이다. 형태분석을 하여 아버지→압+어시(親) >

아버시>아버지의 가능성을 보게 되는데 「감→암→압(앞)」을 전제하면 어머니가 안(뒤)쪽의 부모이고 아버지는 밖(안)의 부모가 되는 걸림이 있지 않나 한다. 일조의 음상에 따른 분화이다.

생식과정에서 한 쌍의 짐승이 새끼를 쳐 하나의 겨레를 이루듯이 말의 갈라짐도 그러하다. 음운이 바뀌고 형태가 파생되거나 합성하여 낱말의 겨레를 이루어간다. 단군신화에서 근원상징으로 보이는 곰(고마)는 우리겨레의 모태이며 자궁에 값하는 것인바, 엄청난 낱말의 겨레를 이루어 집단무의식의 겨레문화─겨레정신을 드러내기에 이른다.

한마디로 어머니 곧 고마(곰)는 우리들의 거룩한 성모(聖母)요, 샘이 깊은 옹달샘이다. 마늘과 쑥을 먹고 일정한 기간 동안 통과제의를 거쳐 사람의 몸을 입었다. 지금도 아이가 새로 탄생하면 삼 치레, 스무 하루가 지나야 문밖 출입을 자유롭게 생각하며 백일에 이르면 잔치를 벌임도 결코 단군의 이야기와 무관하지 않다고 본다. 구멍이요 물인 「고마(곰)」는 근원적으로 땅의 신으로 숭앙되기에 이른다.

땅에서 모든 가치가 비롯하고 땅이 없으면 우리가 인식하고 관계를 갖는 모든 존재는 무의미하다. 결국 어머니→고마(곰)신→땅신·물신의 대응성이 이루어짐을 유추할 수 있다. 앞에서 풀이한 고마와 어머니의 알맹이를 간추리면 다음과 같다.

(4) 고마(곰)와 어머니

람스테트(Ramstedt 1873-1950)는 알타이계의 친족어에서 /ㄱ→ㅎ→ㅇ/의 과정을 비교언어학적으로 증명해 보였는데 이런 가능성은 「곰(굼)-홈(홈)-옴(움)」의 대응이 국어에서도 가능한 것으로 보인다. 방언분포로 본 어머니의 변이형 「오마(옴)」로 보아 「어머니(오마니, 오마, 옴마, 움

마)」는 곰(고마)에서 비롯되었음을 상정할 수 있다. 따라서 단군신화는
언어적으로도 엄연한 사실임이 입증된 셈이다.

단군의 어머니 고마(곰)가 신이라면 오늘날 우리들의 고마(곰)는
사람이다. 신본주의의 두렵고 어두운 신석기시대의 조상들은 편리하
고 인간의 삶에 빛을 던져 준 청동기(철기)문화로 접어들면서 자아개
념·공동체개념이 강해져 갔고, 인본주의로 차츰 옮겨 온 것이 아닌
가 한다. 단순비교이기는 하지만 우리말의 어머니처럼 단적으로 건국
의 신화에서 오늘에까지 이어지는 말이 그리 많지 아니하다

김달수(1986)의 보고에서 일본의 자료를 보면 고마로 한민족을 통
틀어 읽었던 기록도 보인다. 11세기 일본의 기록문학의 성격을 지닌
이야기책 ≪원씨물어(源氏物語)≫ 속에서도 상당한 분포가 확인된다.
일부자료는 ≪고마씨계도(高麗氏系圖)≫를 따른다(5ㄷ).

(5) 원씨물어 속의 고마
ㄱ. koma - 고구려 고려 옛 한국의 이름
ㄴ. 고마 계열 - 고려 고려인 고려악 고려지 高麗綿 高麗亂聲(일본 음악의
   하나) 高麗笛
ㄷ. 고마 계의 일본 성씨 - 高麗井 駒井 井上 新 神田 丘登 岡登 岡上 本所
   和田 吉川 大野 加藤 福泉 小谷野 阿部 金子 中山 武藤 芝木 熊本(21
   성)

일본에는 팔만에 가까운 신사가 있다고 한다. 역사적으로 중요한
것은 나라현의 아스카를 중심으로 한 평성(平成) 시대에 이룩된 고마
계 신사라는 것이다. 고마 즉 한 민족의 신에게 국왕이 제사를 올리고

나라와 겨레의 번영을 빌었을 터인데 과연 다른 이의 조상에게 제향을 올릴 사람이 있을까.

필시 고구려와 발해, 그리고 가락 지방에서 건너가 그 곳에서 뿌리를 내리고 살던 사람일 가능성이 높다. 이르자면 거기서 정착한 유이민들은 고마신 곧 어머니 신을 경건하게 모시면서 망한 나라의 백성으로서의 한을 달랬을 것이다.

곰신을 제사하는 전설은 아직도 우리나라 몇몇 곳에 남아 있다. 공주의 웅신단이나 진해 웅천동의 웅신사, 웅상읍의 웅신사가 그러한 보기라고 할 것이다. 공주에는 오늘날에도 곰이 살던 굴과 사당이 전해온다.

2) 고마와 물신

삶의 원초적인 가능성은 불에서 비롯된다. 지금도 그러하지만 특히 농경 시대의 물이란 절대적인 것이었으니 신격을 부여하여 바다와 강과 냇물과 우물에 제사를 올렸던 것으로 보인다.

자연물 숭배의 시기에 물신이자 생명의 신인 고마에게 제의를 표함은 삶 그 자체의 가치를 지키는 일이기도 하였다. 일종의 필연이었다.

인류 문화의 발상이 그러하듯이 모든 겨레의 삶의 모꼬지는 물이 있는 곳에 뿌리를 내린다. 산중의 절이 지어지는 장소도 어딘 가에는 반드시 물이 주위에 있음은 전제로 함은 너무나도 당연한 현상이다.

흔히 용이나 거북이 물신으로 상징됨은 일반적이지만 곰이 물신을 상징됨은 그렇게 많은 분포를 보이지는 않는다. 그러나 다음의 설화를 보기로 들어 보자.

(7) 곰의 설화 분포

ㄱ. (충남 공주) 붙잡혀 와서 암콤과 함께 살던 어부는 어느 날 열린 바위문
으로 도망쳐 강을 건너가 버렸다. 이를 뒤늦게 알게 되니 암콤은 곰 새
끼들을 데리고 강물에 빠져 죽는다. 곰이 죽은 뒤로는 까닭 없이 풍랑이
심해져 나룻배가 뒤집혀 많은 사람들이 물에 빠져 죽게 된다. 이로 해서
강가에 곰 제단을 모셔 놓고 봄가을로 제사를 드리니 다시 평온을 찾게
된다. 이로 하여 사람들은 여기를 곰나루 혹은 고마나루라고 이른다. 한
자로는 웅진(熊津)이 된다.

ㄴ. (전남 구례의 곰소) 구례 동방천에 곰소라는 곳이 있다. 이 곳에는 담상
담상 뛰어 갈 만한 바위들이 물 속에 놓여 있어 곰의 다리라고 하였다
는 것이다.

ㄷ. (중국 후민 마을의 곰 사당) 왕핑은 장사하러 마을을 떠나서 바다로 갔
는데 하루는 심한 풍랑을 만나게 되었다. 마침내 겨우 산으로 올라가 피
신을 하였는데 암콤에게 잡혀 굴속에서 함께 살게 되었다. 어느 정도 세
월이 흐른 뒤에 암콤이 마음을 놓고 사냥하러 간 사이에 왕핑은 바닷가
의 사람들 배를 타고 떠나 버렸다. 뒤늦게 이를 안 곰은 왕핑의 뒤를 좇
아 헤엄쳐 왔다고 한다. 왕핑은 바다의 신에게 기도를 올리고 무사히 집
으로 돌아왔으며 뒷날 물신의 사당을 짓고 경배하게 되었다.

위의 보기들은 곰과 물에 얽힌 사연으로 하여 그 지역의 이름이 지
어진 경우들이다.

(7ㄷ)의 경우는 중국의 설화인데 지역 주민의 분포를 보면 퉁그스
의 에벤키들이 살고 있었던 지역이다.

이 지명도 바다와 걸림이 있는 것으로 보인다. 후민humin이라 함도
곰(굼)－훔(후민)의 대응을 상정할 수도 있다. 곰에서 어머니가 되는
논리와 마찬가지로 보면 좋을 것이다.

물이 있는 곳에 생명이 움트게 마련이다. 물에 신격을 부여하면 물신이 된다. 상징적으로 보면 굼은 굴이니 물이 있는 굴 혹은 구멍에서 생명이 자라며 움이 트질 않는가.

짐승으로서의 곰이 아니고 여기에 신격을 부여한다면 이 또한 곰이 생명의 어머니 됨에 조금도 어려움이 없다. 우리 인류의 역사도 강가에서 비롯하였음을 떠올리면 이러한 이야기들이 전혀 낯설지 않다고 할 것이다. 이러한 곰의 상징적인 면들이 지명이나 낱말에서는 어떻게 방사되어 있는가를 알아보도록 한다.

3. 곰과 땅 이름

연못에 던진 돌이 못 가에 이르도록 물결을 일으키듯이 절대적인 의미를 갖는 신앙은 여러 가지로 영향을 주게 된다. 지명이 바로 그러한 경우라도 볼 수 있다. 그럼 곰신앙의 경우는 어떠한지를 알아보도록 한다.

이 때 곰의 신앙적인 상징성은 방사의 말미암음이 된다. 우리말 곰은 오래 전부터 쓰였으나 이를 적을 글자가 마땅하지 않아서 한자의 소리와 뜻을 빌려 적었으니 이가 곧 훈독과 음독의 갈래로 구분할 수 있을 것이다.

훈독 계열의 대표적인 것으로는 웅(熊) 맥(貊) 능(能) 백(白) 등이 있으며 음독 계열에 드는 것으로는 고마(古麻) 구마(久麻) 고막(古莫) 금미(今彌) 금마(金馬) 공(公·功) 등이 있다.

1) 뜻으로 읽는 훈독 계열의 땅 이름

곰을 드러내는 가장 기본형이라고 할 수 있는 웅(熊)-에 대하여 먼저 살펴본다.

(8) 웅- 계열의 땅 이름

ㄱ. 웅신현(熊神縣)은 예전에는 웅기현(熊只縣)이었다. 신라 때 웅신현이라고 고쳤다. 세상에 전해 오기로는 웅천현(熊川縣)이라 하였는데 의안군의 속해있었고 같은 지역안에 웅산(熊山)이 있다(경상도지리지)

ㄴ. 웅녀(熊女)(삼국유사) 고마敬 고마虔 고마欽(신증유합) homogen(영혼)(퉁그스) 구마(일본) 웅신산(熊神山-백두산)(삼국유사)

ㄷ. 웅산(양산) 웅봉(정선) 웅곡악(熊谷岳)-웅암(熊巖>陰城>黑壤) 웅천(보령 진해 비인) 웅진(공주) 웅천성(창원) 웅신사(熊神寺)(창원) 웅연(고부) 웅한이(장연) 웅섬(熊閃)(상주) 웅포(熊浦)(보령) 웅도(熊島)(서산) 웅치(熊峙)(청도 전주)

웅(熊)- 계열의 지명은 강이나 바다, 혹은 산과 고개에 관계없이 폭넓은 분포를 보인다. 동시에 신격을 부여했으니 이름하여 고신 곧 웅신(熊神)이라 하였다. 가장 전형적인 신격 부여의 경우는 삼국유사에 백두산을 웅신산이라고도 한 것이다. 민족의 영산이라 할 백두산이 곰신으로 상징화된다 함은 곰신앙의 신앙적인 바탕이 어떠한가를 보여주는 것이다.

이렇게 곰에 신격을 부여했던 가능성은 삼국유사의 웅녀(熊女) 곧 어머니 신이 퉁그스의 에벤키 말에서 곰(고마)을 영혼*homogen*이라 함을 보더라도 그러하다. 신증유합에서 고마는 경건하게 숭배하고 흠모해야 할 대상으로 풀이하고 있음 또한 예사롭지 아니하다.

다음으로 곰신앙을 상징화하여 겨레의 이름으로 삼은 예가 있으니 맥(貊)이 그러한 경우라고 할 것이다. 다음 (11장)에서 백제는 맥임을 풀이하거니와 도처에 곰신앙이 지명에 드러나 있고 고조선을 이루던 겨레의 이름이자 나라의 이름으로 삼은 것은 더 이상의 설명을 필요로 하지 않는다.

(9) 맥(貊)-백(百/ 白)의 분포

ㄱ. 예맥(濊貊) 맥국(貊國) 맥이(貊耳)(>매기)

ㄴ. 百-백[pæk]/맥[mæk]-行枚道驅人五百(대한한사전)[mai〈china〉)][mp]>[m]/[p](복성모의 문화)

ㄷ. 貊(=豸白[陌])>百/白//大丘>大邱. 加害>嘉善>加恩. 坡害平吏>坡平 (貊=豸白(대한한사전/일본서기)

貊-食鐵似熊夷貘亦作貊釋名時珍曰按陸佃云皮爲坐毯臥褥能消膜外之氣(중략)郭璞云似熊而頭小脚卑黑白駁文(중략)毛淺而光澤能舐食銅鐵及竹骨蛇虺其骨節强直中實小髓≪본초강목≫

貊-豸(豸)/(意符)+百(白/(聲符)) : 貊音陌(*陌上桑人)//貊 : 食鐵似熊夷 매기맥(*매기=貊耳 : 숫돼지와 암소의 트기) 大韓古國名 나라이름맥 蠻貊오랑캐맥≪대한한사전≫

ㄹ. 濟-在 : 城曰재(城/只)

ㅁ. 白頭山(-熊神山/太白山〈삼국유사〉) : 강화.나주.김해.의령.청원.옥천.원주 白山(白岳/太白山/栢屛山=白山) : 영광.나주.신안.강진.이리.정읍.남안.부안.순창.창녕.함안.합천.밀양.의령.영일.고령.유성.보령.괴산.청원.삼척) 白石山(白頭山)(김포)/白岳(北岳*백악신터)(서울.대구. 괴산.상주)/太白山 : 咸白山. 白峙. 白積山(화천), 栢山洞(태백) 白岩(欣岩里 흰바위(여주) : 함양.울주.거제.고성.울진.청송.군위.삼척.양양.홍천) 白牙谷(횡성공근-곰굴)).

위의 보기에서와 같이 백제의 백(百)은 곰을 뜻하는 맥에서 갖은 돼지 시(豕)를 떼 내고 나머지를 가지고 섰을 가능성이 보인다. 좋지 않은 글자에서 좋은 글자를 바꾸어 놓는 일은 일반적인 경우이다. 맥은 오랑캐 맥이라고도 하는바, 여기서 돼지를 뜻하는 글자를 빼고 백(百)만 쓰는 것은 하나도 이상한 일이 아니다. 특히 삼국유사에서 백두산을 웅신산이라 한 것이나 백아곡의 백이 곰과도 대응됨을 보면 그럴 개연성이 있다고 하겠다.

훈독에서 많은 예는 아니지만 능(能)의 경우를 들어보기로 한다.

(10) 능(能)-의 분포
ㄱ. 能-능할 능(能) 곰능(三足似熊) 자라내(鰲) 별이름태(台)(대한한사전)
ㄴ. 能城洞(대구).能店 能治(김천어모)功城(＜熊閃)

많은 예는 아니지만 능의 경우도 곰을 뜻하는 이름으로 쓰인 경우를 보인 것이다. 능자의 자형을 보더라도 곰의 형상을 본떠서 만든 글자임을 유념하면 곧 능-곰의 대응성이 설득력을 갖고 있다고 하겠다.

2) 음독 계열의 방사지명

훈독 계열의 지명과 함께 한자의 소리를 빌려 쓴 음독 계열의 지명이 큰 흐름을 이룬다. 고마(곰)의 표기적인 변이형들까지 포함하면 상당한 분포를 보여준다 이제 그 예를 들어보기로 한다.

(11) ㄱ. 熊津고마ᄂᆞᄅ也(용비어천가 3-15) 고마敬 고마虔 고마欽(신증유
　　 합) 곰 熊(대한한사전) 久麻奴利(일본서기) 固麻彌知(삼국사기) 熊
　　 膽鄕名古晉矣余老(향약채취월령) 熊果門(조선관역어) 단군왕검(壇
　　 君王儉)(삼국유사) 萬物引出者검也(신자전)

　 ㄴ. 熊津(＞公州)-錦江(〈熊川河)-孔岩 錦城 錦洞 宮峴 宮洞 錦山 錦
　　 湖 錦興里 加馬洞(충남공주)

　 ㄷ. 熊津浦(甘悅)-甘勿阿 甘羅(대동지지) 加莫洞 / 甘同浦(龜尾) 甘川
　　 (金泉)-禦侮(김천)

　 ㄹ. 갑천(유성 횡성 진양) 갑산(갑산) 갑동(공주) 갑파리(연기) 嘉俳
　　 (동동)

　위의 보기에서와 같이 음독 계열로 표기되는 것은 고마(固麻) 구마
(久麻) 가마(加馬) 곰(古晉 果門) 금(錦 金)- 공(公 孔 功)- 등이 있다.
여기서 좀 더 풀이해야 할 것은 감(甘)-과 갑(甲)-의 경우다. 감은 웅
신에서와 같이 검－신(神)으로 통해 쓰는 것을 전제로 한 개념이다.
　신중심의 제의문화 시기에서 정교분리의 시기로 넘어 오면서 중심
의 개념만이 남아 가운데의 뜻으로 쓰게 된 것이 갑(甲)-이라 상정할
수 있다. 이는 감에서 받침이 바뀌어 감－갑으로 걸림을 설명할 수
있기 때문이다. 짐승의 몸 자체를 신(神)의 몸으로 보는 일종의 토템
으로 보면 좋을 것이다.
　신의 개념이 차츰 뒤로 오면서 의미확대가 일어나면서 농경생활에
정착하면서 소리는 같고 뜻은 달라지는 일종의 동음이의 현상에 따라
서 거북의 고어형인 거미 혹은 거무와 곰(고마 검(감))과의 문화적인
적층 현상이 일어나면서 곰 토템에서 거북 토템으로의 이행이 일어난
것으로 본다.

4. 마무리

단군신화에 나오는 고마(곰)는 어떤 상징을 드러내며 지명 자료에는 어떻게 방사되어 드러났는가를 살펴보는 것이 이 글의 보람이었다.

이르자면 곰의 상징성은 신(神) 구멍 뒤 검정 북극성 겨울 목소리 거북 중앙으로 갈래 지을 수 있으며 특히 어머니신으로서 물신으로서 곰신은 우리겨레의 정신세계에 깊이 그 뿌리를 내리고 있다. 그 대표적인 것이, 단적으로 고맙다는 인사말로서 당신의 은혜가 나의 어머니 또는 조상신의 은혜와 같다는 의미를 드러내고 있다. 그러니까 고마(곰)에서 소리가 바뀌어 어머니가 되었다는 등식이 이루어지는 셈이다.

한자의 소리와 뜻을 빌려 훈독과 음독 계열로 지명에 표기되어 드러났다고 할 수 있다.

기원적으로 한자로는 곰이란 소리를 적을 수 없기 때문에 비슷한 소리를 지닌 한자로 적었을 가능성이 높다. 일종의 문자의 제약이라고 할 수 있다.

한자의 뜻을 따다 적은 훈독 표기로는 웅(熊) 맥(貊－百) 능(能) 등이 있다. 한편 음독 계열로는 감(甘 咸 加莫 佳勿) 곰(固馬 古麻 古彌) 공(孔 公) 금(琴 錦 琹) 검(儉 巨勿) 갑(甲 嘉徘) 등의 보기를 들 수 있을 것이다.

우리문화의 원초적인 상징 가운데 하나가 곰신앙인데 이는 종교와 정치를 한 데 어우르는 제의문화에 연원하고 있음을 드러내고 있는 것이다.

『백제(百濟)』는 맥제

1. 머리말

민족이 있는 곳에 그 민족의 언어가 있으며 언어의 역사는 민족과 성쇠를 함께 한다. 언어는 사회와 역사를 투영하는 음성상징의 문화기호로 볼 수 있다. 따라서 언어의 속내에는 상당한 문화정보가 깃들일 가능성이 있다. 언어의 문화 투영이라는 관점에서 백제(百濟)의 표상에 대하여 알아봄을 이 글의 보람으로 삼는다.

백제에 대하여는 그 동안 여러 가지 선행하는 논의들이 있어 왔다. 본 논의에서는 백제라는 언어 표상은 비류와 온조로 이어지는 건국시조의 혈통이나 백제를 터 세운 북악(北岳 혹은 白岳)을 중심으로 하여 맥국(貊國)의 서울인 우수주 곧 춘천을 포괄하는 백제 초기의 지명을 보거나 또 백제의 백(百)이 복성모(複聲母)로 추정되는바, '백/맥[pak/mak]'이 같은 글자이면서도 서로 성모가 다른 점을 고려할 때, 백제는 맥족이 세운 나라이며 백제는『맥제』로 읽을 가능성이 있다고 본다.

왕검조선이나 기자조선 혹은 위만조선과 같이 혹은 예국이나 맥국에서처럼 나라를 세운 민족이나 사람의 이름으로 국명을 가름하는 경우는 왕왕 있어 왔다. 백제의 경우도 예외는 아니라고 보며 맥족이 세운 나라라는 기원적인 의미를 바탕으로 한 것이 아닌가 한다.

동시에 한자의 차용표기로 보나 일본측 자료에서 맥(貊)을 포함한 고대 한국을 통틀어 '고마'로 읽음을 참고할 때, 맥은 곧 곰[熊]을 뜻한다고 볼 수 있다. 여기서 백제 곧 맥제는 왕검조선으로 이어지는 곰제의 문화를 기층으로 하는 겨레가 건국한 문화적인 기초를 엿볼 수 있다고 추론된다. 이를 방증하기 위한 논거로서 백제 초기의 지역은 물론 맥에서 개칭국명으로 읽은 백(百/白)계와 웅(熊)- 계열의 지명과 이와 관련한 땅이름을 알아보도록 한다.

먼저 백제의 어원에 대한 선행논의를 살펴보고 이어 백제에 대한 형태를 분석하여 백─맥의 대응 가능성을 논의한 뒤 맥에서 갈라져 쓰이는 지명을 통한 땅이름의 계열성을 검증함으로써 백제의 기원적인 의미가 맥(貊)임을 밝혀 보도록 한다.

2. 앞선 논의의 검토

지금까지의 백제 어원에 대한 전거와 논의를 간추리면 아래와 같다.

(1) 溫祚都河南慰禮城以十臣爲輔翼國號是(중략)其臣民皆歸於慰禮後以來時百姓樂從改號百濟其世孫本高句麗同出扶餘故以扶餘爲氏(삼국사기)/初以百家濟海因號百濟(〈수서동이전〉)

(2) 양주동(1972 : 570-571)에서는 백제를 붉잣-붉재라 하여 光明城 國原城 夫餘城으로보았고, 마한 54국 중에서 伯濟가 그것이요(≪삼국지위

지동이전≫), 慰禮城은 볼잣-봉잣-올잣의 음전에 의한 우리잣이다. 濟
의 고음은 지, 濟가 城의 뜻임은 앞에서 든 유사의 百濟城, 匜干을 齊旱
支라 한 것으로 確知할 수 있다. 백제성은 백제(성)의 의미니 濟는 잣
(재)의 차자로 성은 주기로서의 疊記이다. (중략) 十濟란 稱은 온조의
始都地 위례성(올잣.우리재)의 올/우리가 열로 와전된 것을 후세 백제
와 대칭하여 십제라 운위한 것이다.

(3) 박은용(1972:219-238)에서는 백제를 온조와 함께 ǝncǝ의 표기로 보고
서 그 뜻을 廣/寬으로 풀이할 수 있다고 하였다. 본디의 의미는 선봉ㆍ
지도자를 의미하는 고유명사라고 하였다.

(4) 온조를 시조 개인의 왕호로 보지 말고 溫祚=百濟와 같이 대응시킬 때
溫=百(祚≒濟)이 성립함으로써 百의 석*on을 생각할 수 있다. 만일
殷祚가 온조의 이표기라면 이 것들은 음독이 가능하며 百의 釋과 정확
히 일치한다. 중세국어의 溫(百曰溫≪계림유사≫)과도 일치를 보인다.
결국 백제는 우리말 수사 온-(百)의 소리와 뜻을 빌어 적은 표기일 수
있다(도수희 1977:61/1992).

(5) 고대국어에서 「溫-」의 종성이 외파음이므로 *onǝ였다고 추측된다. 성
의 뜻으로 쓰인 재가 있는데 ≪行用吏文≫에 「在:城曰재」로 보아 백제
는 「ɔnǝ-cai⇒ɔnǝ-sai」로 n이 모음 사이에서 r로 변동한 *ɔrǝ-sai로 추
정한다./ jǝrǝ(十濟)-ǝrǝsai(百濟)-ǝrǝsai(慰禮城)(이병선1988:199-200)

(6) ≪계림유사≫에서도 百曰溫이었으며 중세어에서도 溫으로 표기되었다.
百의 溫[un] 역시 고대인의 수 관념과 관련하여 십과 마찬가지로 '많은
수' 곧 '온'이란 뜻으로 쓰인 것으로 보인다(천소영 1990:40).

(7) 토이기어 [on]은 십을 뜻한다. 十濟를 譯上不譯下하면 [once]가 된다.

慰禮城의 위례는 십을 뜻하는 말로 현대어 열과 유사한 음의 표기라고
본다. 城은 잣.제와 [ki]가 있어 濟와 통한다. 중세국어로 [on]은 백을
뜻한다. 이는 백제가 [once]의 석차임을 말한다. 따라서 十濟=百濟=伯
濟=慰禮城의 등식을 얻고 이들이 건국자 온조의 이표기임을 알 수 있
다(강헌규 1988:39).

(8) ≪삼국사기≫ 백제본기의 십-백의 어원도 믿을 게 못된다. 十濟·百
濟·溫祚는 모두 onje(高氏öndür〈몽고문어〉)로 읽어야 할 것이다. 十濟
는 후기 신라의 지배층이 터키어를 썼던 만큼 백제인들이 왕을 onje라
하므로 자기들이 쓰는 말로 십을 on〈turk〉이라 하니 十과 濟를 붙여 十
濟(onje)라 했고 백제는 지배층이 몽고어를 썼으니 jaγun(百〈mong〉)에
비교 될 수 있는 on(百훈독)에 je(濟음독)를 부가하여 백제(onje)라고
표기했던 것으로 추측된다(강길운 1980).

(9) 일본측 사료에서 백제를 kutara라고 그 소리를 표기하여 백제의 나라
이름을 소리로 전하고 있다. 백제의 초기 이름이 위례성임을 고려하여
위례성=위례국=십제=kutara로 보고 kutara로 읽어야 함을 논의하였
으며, 이를 다시 다래재로 보고 십제를 덕재-닷재(다래재)로 보아 다래
재의 변이형으로 상정한 바 있다. 아울러 백제와 부여를 같은 말이면서
서로 표기만 다른 이형태로 보아 부리(夫里)에서 갈라져 나온 부여와
볏재(百濟)로 상정하였다(권재선 1997:370).

보기 (1)에서는 백가제해(百家濟海) 혹은 백성낙종(百姓樂從)이라
하여 이 말의 줄임말 정도로 풀이하였던 것으로 보이는데 이는 분명
뒤에 후세 사가들이 의미부여의 과정을 거치면서 만들어진 것으로 보
인다. 이는 마치 신라를 일신망라(一新網羅)의 줄임말로 보는 견해와
그 궤를 같이 한다고 상정할 수 있다. 삼국사기를 지은 김부식의 자의

적인 해석이 아니었던가 한다. 얼핏 보기로는 그럴 듯함이 있어 보이지만 한자가 들어오기 이전부터 쓰이던 이름이나 혹은 부족의 이름을 나라의 이름으로 하는 경우가 왕왕 있음을 고려할 때 결코 그렇지 아니하다고 생각한다.

양주동(보기2)에서는 벌써 백제라는 표기가 우리말 붉잣 곧 밝은 성─광명성(光明城)을 한자의 소리를 빌어 적은 음독의 표기로 보고 있다. 말 자체를 우리말로 본 것이니 상당 부분 진일보한 견해라고 볼 수 있다. 백제의 제(濟) 또한 잣 혹은 재를 표기한 한자의 음을 빌린 음독의 하나로 보고 있는 것이다.

박은용(보기3)에서는 비교언어학적으로 접근하여 외적 재구성을 꾀한 것으로 한자의 소리를 빌어 우리말을 적은 음독 표기로 본 것이다. 한편 도수희(보기4)에서는 온조＝백제의 등식을 상정하여 온(溫)＝백(百)의 대응 가능성을 중심으로 논의를 하였다. 이병선(보기5)에서는 ㄴ─ㄹ의 소리 바뀜의 대응을 상정하여 십제＝백제＝온조＝위례의 같은 뜻을 다른 표기로 드러내고 있음을 보여 주고 있다. 천소영(보기6)과 강헌규(보기7)의 풀이 또한 큰 맥락에서 보아 이병선이나 도수희의 그 것과 다르지 아니하다.

강길운(보기8)에서는 신라와 백제의 기층어를 다르게 상정, 비교언어학적으로 접근하여 신라에서 왕을 온(百)이라 함과 백제에서 기층어인 몽고어로 백을 온(溫)이라 함과 조금도 다르지 아니함을 상정하여 풀이하였다.

권재선(보기9)에서는 일본측 사료에서 백제를 '구다라'로 읽음을 고려하여 '다래재'에서 비롯될 가능성을 상정하였다. 아울러 부여와 백제를 같은 말로 풀이하기도 하였다.

이제까지의 논의에서는 백제-십제-위례-온조의 대응에서 한자의 소리빌림과 뜻빌림을 중심으로 하여 풀이하였다. 본 논의에서는 백제를 세운 온조의 계통과 고조선의 민족구성을 중심으로 한 역사와 문화담당층의 겨레를 주목하고자 한다. 아울러 이를 드러낼 수 있는 문화기호로서 백제로 보고 백제를 맥제로 읽어 맥족이 세운 나라이고 이는 고구려의 세계를 이은 나라임을 논의하고자 한다. 이를 뒷받침하기 위한 틀로서 백제의 형태분석과 맥-웅-곰으로 이어지는 지명의 계열성을 확인하여 나아가기로 한다.

3. 백(百)-과 맥(貊)-과의 상관성

백제(百濟)는 백(百)의 복성모(複聲母)로 발음하여 [백·맥]으로 읽고 백제를 세운 지역의 기층 세력이나 혈통, 백제의 한자음으로 보아 백제를 음독할 경우, 맥제(貊濟)로 상정할 수 있다. 맥제의 맥은 자원(字源)으로 보아 곰(熊)과 다름이 아니고, 맥제를 나라 이름으로 정할 때 정리한 형태로 백제가 된 것으로 보인다.

이와 관련한 백제의 형태분석과 관련자료를 더듬어 보도록 한다.

(10) 백제(百濟)의 형태

ㄱ. 百濟-百+濟

ㄴ. 百-백[pæk]/맥[mæk]-行枚道驅人五百(대한한사전)[mai〈china〉] [mp]＞
　　[m]/[p](複聲母의 分化)다) 貊(＝豸白[陌])＞百/白 //大丘＞大邱. 加
　　害＞嘉善＞加恩. 坡害平吏＞坡平(貊＝貊＝(대한한사전/일본서기)//句
　　驪＞句麗

ㄹ. 濟-在: 城曰재(城/只)

ㅁ. 百濟-貊濟(=貊族의 나라)

먼저 백제의 형태 분석에서 보기(10ㄱ)에서와 같이 백제⇒백＋제로 기본틀을 상정하였다. 여기서 복성모 이론을 고려하면 백(百)⇒백(paek)/맥(maek)과 같이 두 가지의 소리가 있음을 눈여겨보게 된다. 복성모 이론에 따르면 이러한 소리들은 본디 한 때 [m/p]의 공유하고 있었는데 뒤로 오면서 분화의 과정을 거치면서 독립된 소리로 굳어져 쓰이게 된 것으로 풀이하게 된다. 그런데 보기(10ㄴ)에서와 같이 맥이 다른 두 가지의 이표기를 갖는다는 점에 소리를 주목할 필요가 있다. 곧 맥－貊/貃으로 표기된다는 점이다. 여기서 다시 왼편의 [豸]를 제외하면 오늘날 우리가 알고 있는 백제의 백(百)이 나온다는 것이다. 이와 같이 짐승을 가리키는 글자에서 보다 나은 뜻을 지니고 있으면서도 본래의 의미를 드러낼 수 있는 글자로 바뀌는 경우는 그리 낯선 경우는 아니다. 반대로 좋은 글자를 넣어 지명이나 나라 이름을 바꾸는 경우도 있음을 앞의 [가은/대구/파해평리]의 경우에서도 볼 수 있다.

『후한서』나 『삼국지』 같은 자료를 보면 고구려를 구려(句驪)로 적고 있다. 이는 다시 구려－구려(句麗)와 같이 적어서 같은 글자이면서도 말 마(馬)를 뺌으로써 좋은 뜻의 글자로 쓰고 있음은 상당한 암시를 던져 주고 있다고 하겠다(10ㄷ).

보기 (10ㄹ)에서와 같이 백제의 제(濟)가 성(城)을 뜻하는 말로서 성읍 국가의 의미를 드러낼 것으로 상정할 수 있다. 이르자면 산성의 형태를 이루는 수가 많고 더러는 언덕이나 평지에 축성을 하여 왕의

거처로 삼는 일이 많이 있었음은 고대 국가의 공통점이라고 할 수 있
다. 그러니 백제는 곧 맥족(貊族)이 세운 나라라고 상정할 수 있다고
본다. 흔히 나라의 이름은 왕검조선이나 예맥에서처럼 겨레의 이름이
곧 나라의 이름으로 쓰이는 경우가 있음을 본다면『백제＝맥제』의 가
능성이 있지 않나 한다.

그럼 맥(貊)의 본질이 무엇이고 이는 북부 조선의 모든 나라를 일
컬었던 곰[熊]과의 상관성은 어떠한지에 대하여 살펴보도록 한다.

(11)　貊-食鐵似熊夷貘亦作貊釋名時珍曰按陸佃云皮爲坐毯臥褥能消膜外之氣
　　　(중략)郭璞云似熊而頭小脚卑黑白駁文(중략)毛淺而光澤能舐食銅鐵及竹
　　　骨蛇虺其骨節强直中實小髓≪본초강목≫//貊-豸(豕)/(意符)＋百(白/(聲
　　　符))：貊音陌(*陌上桑人)//貊：食鐵似熊夷 매기맥(*매기＝貊耳：숫돼지
　　　와 암소의 트기) 大韓古國名 나라이름맥 蠻貊오랑캐맥≪대한한사전≫

『본초강목』에서 맥(貊)이란 쇠를 먹으며 곰과 비슷한 짐승이다. 또
한 맥(貘)이라고도 한다. 맥은 곰과 같으며 누른 빛을 한 곰이라 하였
으니 앞의 맥(貊)이나 대동소이함을 알겠다. 여기서 우리가 눈여겨보
아야 할 것은 맥이 쇠를 먹는다고 한 것인데 하나의 종족으로서 맥족
은 청동기문화를 갖고 있는 족속임을 알 수 있다. 그러니까 맥족의 특
징 가운데 하나가 바로 청동기 문화를 가지고 강력한 국방력과 생산
력을 갖춘 겨레라는 사실이다.

맥(貊)의 글자 구성을 보면 맥/백의 복성모를 갖고 있음을 단적으
로 드러낸다. 맥(貊)에서 갖은 돼지 시(豸)는 뜻을 드러냄이요, 백(百/
白)은 소리를 드러내는 부분이다. 맥(貊)을 맥이라 읽은 까닭은 백
(百)의 본디 소리가 '맥'일 가능성이 높기 때문이다.

맥은 다시 외양으로 보아 수놈 돼지와 암소의 트기와 같은 짐승으로 인식되었다고 본다. 한자로는 맥이(貊耳)라 적는다. 위의 보기에서 가장 주목에 값하는 것은 한반도의 옛 이름을 통틀어 맥이라고 하였다는 점인데 중국인들에게는 모두가 오랑캐 정도의 존재로밖에는 보이지를 않았던 것이다.

뒤에 짐승이름을 드러내는 글자를 피하여 적되 같은 의미를 살려서 썼는데 '맥'을 '백'으로만 읽었으니 그 본질을 뛰어넘어 버렸다고 보는 관점이다.

잠시 『후한서』와 『삼국지』의 기록을 떠 올려 보도록 한다.

(12) 句驪一名貊耳有別種依小水爲居因名曰小水貊出好弓所謂貊弓是也(후한서)/國人有氣力習戰鬪沃沮東濊皆屬焉又有小水貊句麗作國依大水而居西安平縣北有小水南流入海句麗別種依小水作國因名之爲小水貊≪삼국지고구려전≫/驪江[구려-맥이ㄹ소수맥]

구려(句驪)는 고구려를 이르는 것으로 맥이(貊耳)라고도 적는다. 다소 다른 종류가 있는데 소수맥과 대수맥이 그 것이다. 흔히 맥궁이라 하여 좋은 활이 나는 곳이 소수맥들이 사는 곳이라 하였으며 전쟁에 익숙하고 옥저와 동예가 다 이들 족속에 든다. 고구려의 구려(句麗)도 구려(句驪)에서 글자를 고쳐 쓴 것이라고 보인다. 맥과 곰은 비슷한 짐승이라고 하였다.

그럼 이제 맥(貊)과 곰(熊)의 관계를 좀더 생각하여 보기로 한다.

(13) 熊hsiung(복성모) 似豕山居冬蟄 / 熊旗(주례)//맥.웅을 신성시하려는 토템에서 비롯되었다(이병도(1972) 한국사대관 10쪽). 북위 40도 이북의 지

구 북반구에 널리 분포된 토템. 도유호는 중국어로 예맥을 호이모로 읽음에 착안하여 퉁그스어의 호모뜨이(곰)와의 상관성을 논의하였다(유엠부쩐, 1990, 고조선). homottii(곰)-homokkor(조상신)-homogen(영혼)〈Evenk〉고마敬 고마虔 고마欽〈신증유합(하)〉그 고마ㅎ시던바롤 恭敬ㅎ며(敬其所尊)(내훈 1:37)//곰숭배는 샤만과 더불어 고아시아족의 특징이다. 고아시아족은 곰을 신화상의 첫 번째 인간으로 다루며 그들의 조상으로 숭배한다.(Maringer(1960)The Gods of Prehistoric Man, p.137). Amur강 지역에서 첫번째를 점하는 게 곰숭배이고 Gilyaks들은 나무로 곰 우상을 만들었다.(중략) Bazikkha 출토의 곰상이 핀란드와 비슷하다(Okladnikov, 1950). 한반도의 신석기시대의 주민은 이른바 고아시아족으로 밝혀졌다(김정배 《고조선사》, 1995, 25쪽 참조).

제의문화 시기에 맥(貊)과 웅(熊)이란 깃발이 있을 정도로 신성시하였는데 이러한 신앙의 흔적은 북위 40도 이북의 지역에서 사는 고아시아족의 토템에서 비롯한 것으로 풀이되고 있다. 유엠부쩐 같은 학자는 예맥을 중국어로 호이모 [hoimo]라 읽음에 착안을 하여 퉁그스말로 곰을 호모뜨이라 함과 일맥상통하는 것이 아닌가로 풀이하였다. 호모뜨이의 반사형으로 보아 호모-고모-오모를 들 수 있으니 우리말에서 고맙다의 '고마'나 어머니의 '어머'나 크게 다를 바 없다고 본다.

대흥안령 부근에 사는 어원카족이나 어룬춘족들은 아직도 곰 제의문화를 바탕으로 하고 있음이 손명희(1994)에서 밝혀진 바가 있다. 아무르강의 시츄섬에 사는 고아시아족들의 돌곰이나 나무곰상을 숭배하는 일이 조금도 이상할 것이 없다.

이러한 곰숭배 신앙이 어떻게 우리의 건국신호에 수용되어 있는가에 대하여 간추려 알아보도록 한다.

(14) 熊女者無與爲婚故每於壇樹下呪願有孕熊乃假化而婚之孕生子號曰壇君
王儉(삼국유사 권제1)/于時得一女子於太伯山南優渤水間之云我是河伯之女
名柳花與諸弟出遊時有一男子自言天帝子解慕漱誘我於熊神山下鴨淥邊室
中知之而往不返(삼국유사 권1 기이2)/太白山-熊心山(삼국사기 권13)(壇
君王儉의 祖上-熊女/桓雄)/【熊神山(熊心山)-太白山(＝白頭山)】

　기록에 따르면 건국의 머리인 단군(檀君)이 웅녀(熊女) 곧 곰겨집의
아들로 결국 인간의 조상을 곰신으로 상정하는 신화체계를 보이고 있
다.『삼국사기』의 해모수(解慕漱)신화를 보면 유화와 웅신산(熊神山)
에서 만나서 사랑을 나누고 회임을 하게 된다. 웅신산은 곧 백두산-
『삼국유사』의 태백산이니 오늘날의 백두산도 따지고 보면 곰메와 다
르지 아니하다. 지금도 경남 진해에 가면 곰메, 한자로 웅산이 있으며
웅신당(熊神堂)이 있다. 이 곳에 와서 조선왕조 고종의 왕비였던 명
성황후 민비가 아들의 무병장수를 빌었다는 전설이 있다.
　곰웅의 웅(熊)의 한자음도 고대 어느 시기의 소리인 'hs-' 복성모에
서 분화하여 생겨난 것으로 보인다. 'h-' 계열의 소리로 분화하였을 경
우를 상정하면 [hiung＞iung＞yung＞ung]으로 변천하여 오늘의 소
리로 굳어진 것으로 유추할 수 있다. 's-' 계열의 분포는 확인되지 아
니하지만 'h/s' 소리가 모두가 마찰음으로서 하나는 성문마찰이고 다
른 하나는 치조마찰이 다를 뿐이다. 이 두 소리가 약화되는 과정이라
면 다 같이 소리가 없는 영음소가 되어 실현된다고 볼 수 있다.
　곰 숭배와 관련한 지명이나 나라이름 가운데 가장 결정적인 것이
맥국(貊國)과 맥제(百濟)라고 본다면 과연 설득력이 없을까. 앞에서
도 일렀지만 고구려를 포함한 고대의 한반도의 나라 이름을 일본측
사료에서는 모두가 고마koma로 읽고 있음은 아주 흥미로운 경우라고

할 것이다.

예를 보이면서 이를 간추려 보도록 한다.

(15) 高麗·句驪(句馬kuma)·高句麗·貊(貊)·貊耳·濊貊(koma⟨jap⟩)/熊
　　　(kuma⟨jap⟩)kvmv]//こまいね(貊犬)こまちかざね(貊近眞)こま(高麗/
　　　貊):고대 조선반도의 북부에 있던 나라 이름. 高句麗. こうらい.(時枝
　　　誠記≪國語大辭典≫)//駕洛＞加馬羅＞甘羅

　고구려를 부르기에 따라서는 고려 혹은 구려 일반적으로는 고구려
라고 하지만 일본에서는 거의 고마로 적고 있다는 사실이다. 맥이나
맥이 혹은 예맥까지도 고마의 범주에 넣어 일컬었던 점을 눈여겨보아
야 한다. 그럼 정작 곰―구마로 읽는 일본말의 경우는 왜 그러한가.

　음절구조로 볼 때 모음표기만 다를 뿐 기본적인 의미소는 같은 것
으로 상정할 수가 있다. 보다 신빙이 가는 풀이는 고마를 고대 조선
반도의 북부에 있던 나라 이름을 통틀어 부른다는 점이다.

　좀더 부연해 두어야 할 것은 구려(句驪)와 구마(kuma)의 관계라고
할 것이다. 구려의 려(驪)의 글자를 나누어 구(句)와 함께 읽으면 구
마(句馬)가 됨을 알 수 있게 된다. 이러한 보기들은 가락(駕洛)의 경
우와 크게 다르지 않음을 알게 된다.

　관점을 달리 하여 백제의 기원을 몽고말의 부리아트말에서 찾는 경
우를 살펴보도록 한다.

(16) 몽고족의 동 Buryat 방언에 qori(xori) 방언과 qudara(xudara) 방언,
　　　barguzin 방언이 있다. 고구려의 전차 단계를 이르는 扶餘도 buryat＞
　　　burya＞buya에서 기원한 것이고, qori는 槀離/句麗(고구려의 이칭)/

qudara(백제)/kokulu(孤竹고구려)(野村正郎≪世界言語槪說 下≫蒙古語
544쪽)

부여(夫餘)란 말도 부리아트에서 말소리가 바뀌어 부랴－부야－부
여로 되었고 부리아트방언의 하위 방언인 고리(qori)방언과 구다라
(qudara) 방언에서 비롯되었음을 풀이하고 있다. 그렇다면 음운체계
나 다른 기초어휘 면에서의 비교검토가 요청되는 바 더욱 살펴 볼 여
지가 있다고 본다.

4. 맥(貊/白)-의 지명 분포

같은 형태라도 공간이나 시간이 달라짐에 따라서 문화정보가 바뀐
다. 백제의 백(百)은 본디 기원적인 의미가 맥(貊·貊) 곧 곰[熊]과
대동소이한 족속의 상징이었는데 뒤로 오면서 적히는 글자에서 중국
이 변방의 족속을 야만시하여 통칭하여 부르던 글자를 손질하여 백
(百·白)으로 굳혀졌다고 상정할 수 있다. 여기 흰 백(白)에다 밝은
태양숭배의 의미를 부여하여 태양숭배를 바탕으로 하는 밝 사상을 개
념화하기에 이르렀다.

백제의 백(百)과 그 궤를 함께 하면서 여기서 갈라져 나온 단어족
에 값하는 지명들을 중심으로 하여 알아보기로 한다.

(17) 백제초기의 영역
ㄱ. 十三年八月遣使馬韓告遷都遂劃定疆場北至浿河南限熊川西窮大海東極走壤
   (삼국사기백제본기온조왕13년)//二十四年秋七月王作熊川柵馬韓王遣使貴

讓曰王初渡河吾割東北一百里之地安之(삼국사기백제본기온조왕24년)
(백제초기의 동쪽경계)東境-斧壤(평강)/走壤(춘천)/橫岳(於斯買:횡성)/
泚川(骨斤乃=여주)

ㄴ. 백(百)의 표기

  *訓借類 - 熊 能//白(百)/貊

  *音借類 - 곰(고마) 固麻 儉 錦(琴.今) 公(功/孔)

ㄷ. 지명의 방사

  (가) 훈독 계열의 표기

① 貊-(백제초기의 동쪽경계)東境-斧壤(평강)/走壤(춘천)/橫岳(於斯買:횡
성)/泚川(骨斤乃 =여주)

  *朔州賈耽古今郡國志云句麗之東南濊之西古貊地蓋念新羅北朔州善德王
六年唐貞觀十一年爲牛首州置軍主(一云文武王十三年唐咸亨四年置首若州)
景德王改爲朔州今春州(삼국사기 35 지리 2)//十一月王欲襲樂浪牛頭山城
至臼谷遇大雪乃還(삼국사기 권제22 백제본기 제1)

  *북방식墓制(한강이북에분포)/積石塚(천전리3기.중도2기.화천군간동리
1기)/鐵鏃의 출토(평남대평리와 같음)

  *三岳山城(일설 貊國山城)-덕두원 남방에 위치. 산성부근에서 마제석검/
맥국멸망과 관련한 전설-의암댐.말골.방울장수.시궁치//우두산성의 陵山//
왕뒤(王臺-맥국의 왕궁터) 퀼터.바리미(춘성군신북면鉢山里)-장시봉.맷
뚝(맥뚝貊城).〈춘천풍토기〉에는 바리산을 貊國山 혹은 王臺山 속칭 發山.
맥국왕의 묘(삼한골)〈走壤〉

  *泰岐山-평창지방 : 맥국의 왕 태기가 예국의 왕에게 멸망. 횡성지방:
辰韓의 마지막 임금 태기가 신라에게 쫓겨 마지막 전투를 한곳/성터.玉
散臺.兵之坊.屯內.甲川.御踏山〈橫岳〉

② 백(白.百): *白頭山(-熊神山/太白山〈삼국유사〉):강화.나주.김해.의령.청
원.옥천.원주白山(白岳/太白山/栢屏山=白山):영광.나주.신안.강진.이리.
정읍.남안.부안.순창.창녕.함안.합천.밀양.의령.영일.고령.유성.보령.괴산.청
원.삼척白石山(白頭山)(김포)/白岳(北岳*백악신터)(서울.대구. 괴산.상주)/

太白山 : 咸白山. 白峙. 白積山(화천), 栢山洞(태백) 白岩(欣岩里 흰바위
(여주) : 함양.울주.거제.고성.울진.청송.군위.삼척.양양.홍천) 白牙谷(횡성
공근).

③ 웅(熊/羆/能) : *熊川 : 진해웅천(명동/제덕/선사시대의 유물 및 패총 熊
山神堂〈신증동국여지승람〉).음성.양산.천원.논산.보령.서산.의령.경주.청
송.안성(坪宮里(現진위)등궁터(이병도)공주(＜熊州＜熊津＜熊川석장
리 구석기시대의 유적 熊神壇)//熊峙:화성. 보성.임실/진안.남원.태안.웅
촌(熊神祠울주) 熊島-의창.구산.진동.고현.진해.거제.태안.서산. 熊浦 : 익
산.진해.통영.울릉.당진.보령 熊縣-포천.울주.문경.금릉.달성.괴산.보은
　※能- : 能城洞(대구).能店/能治(김천어모-功城(〈熊閃〉)能-능할능.곰능.
자라내.별이름태(〈대한한사전〉)

(나) 곰(고마)-류(kvm(v)) :

① 곰- : 곰개(熊浦(익산)). 공개나루(서천한산).당진/곰고개(공고개)의정부
신곡/곰골(熊洞)사천두량-관율. (熊谷)보은내북-이원/곰굴(公根)(횡성)/
곰나루(〈고마ㄴㄹ 熊津〈용가3.15〉)공주/곰내(논산양촌-모촌 곰티에서 발
원)/곰내재(熊川縣양산.청송.와여)/곰네미고개(포천)/곰다리(웅포교:김
제만경)곰당굴(熊堂)(서천)/곰둔(웅둔-횡성안홍)/곰말(웅촌-단양의춘)
곰바우(공암-군위거매/熊巖-경주현곡.제원금성/곰바위-김포월곶/곰방
우(구무방우)-안동북후)/곰발(삼척노곡)/곰밧골(熊田골-명주옥계)곰
산(熊山-창녕.영동.진해)/곰살미(상주공성)/곰섬(熊島-의창구산.진해명
동.태안.서산)/곰소(熊潭-파주법원/곰쏘熊淵-밀양단장)/곰실(熊谷-여주
북내.연천백학.남양주(웅실).화순.신안.광산삼도.함양.진양.거창.고성.김
해.영풍.상주공성.천원문의/공골熊洞-장수반암/古音里-청도안인)/곰
실재(熊谷峙-남원)/곰울(熊谷.웅골-여주점봉)/곰재(熊峙-남원주생.순
창구림.선산산동(熊峴). 금릉개령.달성구지.논산양촌.대전유성.보령미산)/
곰재곡(선산산동.옹진적덕.북제주애월)/곰절(熊神寺)성주사-창원천선.
단양(熊寺洞)/곰짓내(孔之川-춘천)/곰지기(熊只-영양입암.천원풍세)(熊

村.熊里)/곰지골(熊谷-중원)/곰쟁이(보은내북.보은산의)

② 금(錦)/공(公)-류:

　錦江:本熊川河東北五里源出長水水分峙北流經鎭安龍潭茂州錦山永同沃
川懷德還州之北經定山扶餘爲白馬江經石城恩津林川爲鎭浦立于海(대동지
지)(熊川＞錦江)/공(孔-孔之川(곰짓내.공골(孔洞)-춘천)).公-公州.公山
(熊川＞熊州＞公州(곰골.곰나루).公山(能城-대구) 公根(곰굴(횡성))功-功
城(熊峴곰재)

③ 고 ㅁ모-:

　古毛里(곰굴.고무골: 화성.포천소흘/고무실.곰실.고모: 김해진례)/고모
재(熊城.熊峴-문경농암.궁기/고모령(顧母嶺.古毛嶺-대구시지)/고목(熊
項곰의 목-제원 덕산)/고무골(熊洞-무주부남)/고무다리(熊橋-안성공도)/
고무리(熊洞-예산대술.장복실북쪽)/고미내(熊川.곰내-개풍군봉동)/古隱
里(熊谷.곰실춘천신동)/고목동(古木洞-곰의골(홍천내면)

5. 맺음말

언어의 문화기호론적인 관점에서 볼 때, 백제는 맥제(貊濟)이니 '맥
족이 세운 나라'의 뜻임을 상정할 수 있다. 동시에 맥(貊)은 가장 강
력한 곰 속으로 지명의 계열성을 고려하면 고조선의 곰 제의 문화를
문화의 기층으로 하는 의미속성을 드러낸다.

▣ 참고문헌

강길운(1990) 고대사의 비교언어학적 연구, 새문사.

권재선(1997) "백제의 시조 이름과 나라 이름연구" 국어학연구의 새 지평, 태학사.

김영만(1998) "지명산고", 지명학 1, 한국지명학회.

김영수 편(1992) 고대동북아시아의 민족과 문화, 여강출판사.

김택균(1995) "춘천맥국설에 관한 연구", 고조선사, 백산학회.

도수희(1977) 백제어연구, 아세아문화사.

도수희(1992) "백제의 왕명·인명에 관한 연구" (1), 백제논총제 3집, 백제문화개
　　　　　　발원.

박은용(1972) "백제건국 설화의 이두문적 고찰", 상산 이재수박사 화갑기념논문집.

양주동(1972) 고가연구, 일조각.

유엠부찐(1993) 고조선, 소나무.

이도학(1997) 새로 쓰는 백제사, 푸른 역사.

이병도(1985) 수정판 한국고대사 연구, 박영사.

이병선(1988) 한국고대국명지명연구, 아세아문화사.

천소영(1990) 고대국어의 어휘연구, 고대민족문화연구소.

한글학회(1980) 한국지명총람, 한글학회.

≪삼국사기≫

≪삼국유사≫

≪일본서기≫(번역본)

팔공산과 조상숭배

1. 머리말

말소리는 단순한 소리가 아니다. 벌의 소리가 어떤 움직임을 나타내듯이 뜻 보람을 지니고 있다. 말이 사회생활의 약속이요, 그릇이라면 그 곳에는 분명 사회와 역사적인, 문화의 속내를 담게 되어 있다. 때를 거슬러 옛적으로 오를수록 그 드러냄의 깊이는 더할 것이다. 문화가 분화되지 않고 함께 누려졌기 때문이다.

흔히 강 이름이나 산 이름은 보수적이라고 한다. 필자는 사회언어학의 볼모에서 '금강호'의 '금(琴)'이 물신과 땅신을 알맹이로 하는 지모신을 가리킴에 대하여 살펴 본 일이 있다.

금호강이 대구의 서북면을 감돌아 흐르는 가람이라면 팔공산은 가람의 북쪽에 자리잡고 있으며 대구의 뒤쪽에 있어 울타리의 구실을 하는 진산(鎭山)이다.

「달성군지」에 따르면 신라 말에 견훤이 경주로 쳐들어갔을 때 고려 태조 왕건이 날쌘 군사 오천을 거느리고 이를 도우러 가다가 동수산(지금의 팔공산)에서 견훤을 만났다. 마침내 싸움에 몰리어 견훤의 군사에게 둘러 싸여 왕건이 죽게 되자 이를 돕던 신숭겸, 김락, 전이갑,

전의갑 등이 힘써 싸우다 전사하였다. 이 때 대장 신숭겸은 왕건과 생김이 비슷한데다가 그의 갑옷과 수레를 타고 싸우는 동안 왕건은 뛰쳐나와 안심(安心) 방면으로 몰래 빠져나가 살아났다. 여덟 장수 모두가 죽어 공신이 되었다 해서 팔공산이라고 불렀다는 것.

뿐만 아니라 임진왜란 적에는 사명대사가 영남지방의 승병사령부를 이 산에 두어 승병지휘의 본거지로 삼은 일이 있다. 6·25전쟁 때는 어떠했던가. 그 유명한 팔공산싸움 끝에 인민군의 마지막 공격을 뒤로 하고 낙동강을 건너 북으로 처 올라간 디딤돌이 되었던 곳.

해서 싸움으로 구멍난 바위가 많다 해서 곰보딱지의 산으로도 이름이 높다. 동화사며 은해사를 비롯한 50여의 절과 암자, 산의 기슭에 있는 무당촌이며 때도 없이 몰려드는 갓바위 신도들을 보면 참말로 믿음의 산이라 할 만하다.

땅이름에 걸림을 둔 사회언어학이나 언어지리의 가닥으로 고리를 지으려면 산 이름의 소리상징이 무엇인가를 따짐은 방언이나 기록자료에서 보이는 대응성을 눈여겨 보아야 한다. 가령 팔공산이란 이름은 전라도 장수에서도 찾아 지는바, 빠르게 판단하기란 조심스러운 일이기 때문이다.

2. 공(公)-의 소리와 뜻

팔공산의 '공(公)'이 드러내는 소리와 뜻의 속내를 알아보기 위하여 몇 가지의 볼거리를 더듬어 볼 필요가 있다.

(1) ㄱ. 팔공산은 예부터 일러 공산(公山)이라 했다. 해안고현 북쪽 17리쯤
에 자리잡고 있으며 대구도호부에서 35리 떨어져 있다. 대구·칠
곡·안동·신령·하양의 사이에 두루 통한다.(대동지지)

ㄴ. 공산은 달리 팔공산이라고도 하며 해안현 북 17리에 있다. 신라 때
부악(父岳)으로 불렀고 중악(中岳)에 가깝다 해서 가온 제사를 모
셨다.(동국여지승람)

ㄷ. (대구) 공산성(公山城)-공산 동쪽에 있으며 도호부 30리쯤에 있
다. 돌로 쌓아 올려 높이 4자 둘레 1560 자가 되며 성안에 샘이 둘,
작은 도랑이 셋이 있다.(동국여지승람)

ㄹ. (공주) 공산성(公山城)-공주의 북쪽에 2리쯤에 있는바, 돌로 쌓았
으니 둘레가 4천 8백 50자요, 높이가 18자나 된다. 성안 우물이 셋,
못이 하나, 군사용 창고도 있다. 세상에 전해 오기로는 백제의 옛
성으로 신라의 김용창이 진을 쳤던 곳이라고 한다. 임진란 때 조헌
장군이 의병을 훈련시키기도 하였다.(동국여지승람)

위의 자료를 보면 팔공산은 본디 공산인데 이는 공주의 공(公)과
같은 맥락이 아닌가를 의심하게 한다. 대구의 공산성이 그러하고 공주
의 경우도 다름 아님을 알 수 있다. 산의 모양이 공(公)과 같아 공산
이라 하였다는 풀이가 있다.

어디 산의 모양이 공(公)과 같지 않은 것이 몇이나 될까. 일종의 민
간 어원 풀이로 보아도 좋을 것이다. 이제 공(公)에 대한 자료를 찾아
바뀌어 온 과정을 알아보도록 한다.

(2) 공주는 본디 백제의 웅천(熊川)이었다. 문주왕 때 북한산성에서 옮겨
와 성왕 때에 다시 남부여로 옮겼다. (중략) 당의 소정방이 김유신과 함
께 백제를 치고 그 자리에 웅진(熊津) 도독부를 설치하였다. 당이 물러

간 뒤에 신라가 그 땅을 다 차지하고 신문왕 때 웅천주(熊川州)로 고쳐 도독부를 두었다. 경덕왕 때 이르러 다시 웅주(熊州)로, 고려 태조에 와서 지금의 이름으로 고쳤다.(동국여지승람)

웅(熊)이 곰(고마)의 뜻을 드러낸 한자의 뜻 빌림이라면 공(公)은 '곰'의 소리에 가까운 그러면서도 고귀한 뜻을 함께 드러낸 소리 빌림이다. 이는 곰이라 적을 직접적인 한자음이 없기 때문이다. 웅(熊)의 옛적 소리를 재구성해 보면 보기의 자료와 같이 '굼(궁)'에 가까운 소리였는데 이를 받아들인다면 '굼(궁)―곰(고마)―공'의 걸림이 있음을 미루어 알게 된다.

이와 함께 공(公)의 밑바탕이 곰(고마)이었음은 강이름 금강에서도 볼 수도 있다.

(3) ㄱ. 금강(錦江)-본디의 이름은 웅천하(熊川河)였으며 뿌리샘은 장수 (長水)지방의 수분치 고개에서 비롯한다. 북으로 흘러 진안·용 담·무주·금산·영동·옥천·회덕을 거친다. 공주의 북쪽을 돌 아 흐른다.(대동지지)

　ㄴ. [웅천하(熊川河)-금강(錦江)~고마(곰)나루]

보기 (3)에서 금강의 '금(錦)'이 곰(고마)을 드러내는 '웅(熊)'과 걸림이 있음을 보여 주고 있다. 하면 금강의 '금(錦)'이 고마(곰)에서 비롯하여 뒤에 비단결 같이 아름답다는 뜻을 더하면서도 본디의 뜻은 '곰(고마)'에 터하고 있음을 드러낸다. 앞의 보기 (1)―(3)을 동아리 지으면 공(公)이나 금(錦)은 모두 웅(熊) 또는 고마(곰)를 가리키는 표기적인 변이형일 가능성을 보이고 있다.

팔공산의 경우 '공(公)'이 공주의 금강이나 본디 이름인 웅진(熊津)과 바로 연결될 가능성이 있는데 금강의 금(錦)과 금호(琴湖)의 금(琴)과 음상이 비슷하다. 서로 글자가 다른데 어떻게 풀이하면 좋을까.

(4) ㄱ. 금호(琴湖)-뿌리샘은 청송의 보현산에서 나온다. 남쪽으로 흘러 빙천, 자을아천(慈乙阿川)을 이룬다. (중략) 왼쪽에서는 해안천(解顏川) 등을 지나 서쪽으로 흐르면서 금호진(錦湖津)이 된다. 하빈의 옛 현을 지나 낙동강으로 든다(대동지지). / 보현산은 달리 모자산(母子山)이라고도 하며 신령의 북쪽 30리쯤에 자리잡고 있는바 모자산은 영천군의 바람막이 진산(鎭山)이 된다(동국여지승람). / 금단산

ㄴ. (역참) 금천(琴川) (고적) 공산(公山) (「세종실록지리지」) / -자천(慈川)에 있으며 경주와 죽장의 경계가 된다. 자천은 처음 40리 북에 있으며 자천은 북천이 흐르는 바 보현산에 뿌리 샘을 둔다.

보기 (4)에서 금호(琴湖)의 '금(琴)'은 표기와 소리만 달랐을 뿐 그 뜻은 같다. 본디는 곰을 사람의 조상으로 생각하는 곰 토템에서 말미암았는데, 농경사회로 정착하면서 땅과 물에 신격(神格)을 부여하여 이른바 지모신(地母神) 섬김의 흐름으로 바뀌게 된 것이다. 그럼 곰(고마)에 대한 설화분포와 자료들을 살펴본다.

(5) ㄱ. 熊津고마ᄂᆞᄅ也(용가 3-15) 고마敬 고마虔 고마欽(신증유합)

ㄴ. 때에 한 마리 곰과 호랑이가 같은 굴에서 살았다. 신웅에게 빌기를 사람이 되고 싶다고 했다. (중략) 환웅이 잠시 사람의 몸을 입어 웅녀(熊女)와 결혼하여 아기를 낳았으니 단군왕검이라 하였다. 박

달나무 아래 신시(神市)를 여니 예가 궁홀산(弓忽山) 혹은 금미달 (今彌達)이라 부른다(삼국유사). 웅천(熊川)은 본디 웅기라 한바, 경덕왕 16년에 웅신(熊神)으로 불렸다가 의안군이 되었다(대동지지).

ㄷ. (곰나루 전설) 어부를 붙들어 간 암콤은 같은 굴에서 살아 새끼곰 두 마리를 얻는다. 마음을 놓고 바위문을 열어 놓은 채 사냥을 하고 돌아 와 보니 어부는 도망치고 없었다. 해서 새끼곰을 데리고 암콤은 강에 빠져 죽는다. 그 뒤 까닭 없이 강을 건너던 사람들의 배가 뒤짚혀 어려움을 겪자 곰 사당을 짓고 제사를 드리게 되었으며 환난이 없어지게 되었다. 지금은 그 사당터만 남아 전해 온다(공주읍지).

ㄹ. (팔공산의 곰사냥) 큰 나무 밑에 구멍이 있었는데 그 안에 벌이 집을 지었다. 이를 안 곰이 자주 와서 꿀을 먹었다. 동네 사람이 꿀은 물론이요, 곰 잡을 궁리하였다. 나무 위에 끈을 매어 달고 큰돌을 끝 끝에 달아 구멍을 덮어놓았다. 꿀을 먹으려고 돌을 밀었지만 돌은 다시 구멍을 덮었다. 화가 난 곰은 머리로 돌을 들이박자 그만 죽고 동네 사람은 곰을 잡아서 돌아갔다(대구시 북구 산격동 진지섭 노인 제보. 79세(1991년 당시)).

ㅁ. 섬진강 동천의 곰소(구례) 중국 후민마을의 곰 사당 - 왕펑이 바다에서 풍랑을 만나 산으로 피했는데 이 때 곰에게 잡히게 되었다. 굴속에 잡힌 왕펑은 곰을 피해 바다로 도망하였으며 집에 돌아와 마을 사람들과 함께 물신의 사당을 지어 경배하였다(김화경, 1989, 웅·인 교구담의 연구).

짐승으로서 곰이면 그뿐이겠으나 사람의 조상이자 신격의 의미가 주어지는 대상으로라면 그 상징성은 사뭇 달라지게 된다.

먼저 「삼국유사」 고조선 부분에 나오는 우리들의 건국신화를 보자. 흔히 신화란 신화시대를 살았던 사람들의 자연과 우주, 인간의 말미암음에 대한 인식과 존재의 논리가 되 비친다. 풀이하는 이에 따라서 다르겠으나 '단군신화'는 고조선 시기에 이른바 하늘의 태양을 숭배하는 청동기 문화를 누린 알타이 겨레와 곰이 조상일 거라는 믿음을 지니고 돌그릇을 쓰던 신석기문화의 곰 겨레가 어우러지는 이야기라 하여 지나침이 없을 것이다.

분명 웅녀(熊女)—곰 부인은 제사장인 단군의 어머니이자 조상이다. 제 어버이 없이 이 땅에 태어나는 사람이 있을까. 하면 곰 부인은 적어도 제사와 경배의 대상이 되어 마땅하다. 같은 친족어인 에벤키말 (5ㄴ)을 보면 '곰＝조상신＝영혼'이란 값 매김이 가능하다. 지금도 흑룡강 부근의 아무르 강 지류에 사는 고아시아 겨레들은 나무로 곰상을 지어 동네 어구나 집안 한 모퉁이—대략 북쪽에 모셔서 삼가 애끈한 제사를 모신다. 물론 그러한 사람의 수는 2·3만에 지나지 않지만.

조선조 때의 자료 (5ㄱ)만 보아도 그럴 가능성은 있다. 개음절형으로는 곰이 '고마'이다. 고마는 경건하게 예배하고 그리워해야 될 거룩한 존재이다. 본디 '고맙다'는 '존귀하게 여기다'의 뜻으로 쓰이었으며 단군신화에서처럼 '어머니'의 뜻으로 쓰였음을 떠올리면, '고맙다—어머니와 같다(나의 조상신과 같다)'는 풀이가 된다. 어느 겨레의 말에서 이와 같이 역사적으로 내력을 간직하여 오늘날까지 쓰는 말이 있을까. 참으로 조상신으로서의 곰이란 거룩한 존재일 시 분명하다.

설화자료 (5ㄹ～ㅅ)도 큰 예외는 아니다. 단군신화의 변이형으로 보이는 본이 바로 곰나루 전설이라고 하겠다. 마침내 곰 사당을 만들어 경배함으로써 뱃길이 편안하게 된다. 세월이 흐를수록 더 이상 곰에 대한 믿음은 사라지고 그냥 곰에 대한 일상적인 얘기로 그 성격이 바뀌고 만다.

팔공산의 경우에는 아예 사냥의 대상이 되고 더 이상 흠모해야 할 아무런 뜻이 없어지고 만 거다. 하지만 곰신앙에 대한 말미암음이 송두리채 없어지진 않는다. 세월은 가도 강산이 여전하듯 사람과 시대에 따라서 의미는 조금씩 달라져도 소리상징은 살아 쓰이고 있다.

'고맙다'는 인사를 하는 일이 종종 있다. 이 말을 잘게 쪼개 보면 '고마(熊)+~ㅂ다-곰(=조상신, 어머니)과 같다'의 속내로 풀이됨을 보면 금새 수천 년 앞의 사연들이 말 한마디에 갈무리되었음을 알 수 있다.

말은 소리상징이다. 그것은 사회적으로 큰 영향을 줄 수 있는 말이면 그만큼 상징성은 늘어난다. 곰(고마)이 그런 경우로 보인다. 자료 (5ㄷ)을 보면 곰(고마)은 방위로 북쪽이요, 공간으로는 물이요, 굴(구멍)이며 색깔로는 검정색이며 짐승으로는 거북이요, 곰이 된다. 근본적으로는 신(神)상징인데 지금도 일본말에서는 신을 가미(神)로 부른다. 가마솥이 가마(釜)를 드러냄도 예외는 아니다.

덧붙여 둘 것은 '거북-곰'에 대한 대응관계이다. 경남 양산지방의 「왕거미노래」에서도 왕거미는 왕 거북을 뜻한다(박지홍, 1957, 구지가 신연구). 이런 가능성은 땅이름이면서 북방신의 상징인 현무(玄武)에서도 드러난다. 이두식으로 읽으면 검(儉)의 ㅁ(武)을 받쳐 적은 것이다. 현무로 읽지 말고 검(거무)으로 읽으라는 끝소리 표지가 된다. 칠곡의 땅이름 중 산 가운데 거무산(巨武山)이 있는데 이는 칠곡의 칠(漆)이 '검다'는 뜻에서 말미암아 그 방사형으로 보면 될 것이다.

땅이름 구미(龜尾)만해도 그러하다. 달리 구미(仇尾)라고도 적는다.

'거무-구미'를 오늘날의 거북의 표기적인 변이형으로 보면 된다. 뜻
바탕으로 보아 곰과 거북이와는 유목생활을 하면서 추운 북쪽에서 살
다가 한반도에 가까이 민족이동을 해 농경 생활에 뿌리를 내리게 되
었다. 농경생활의 정착은 청동기 문화에 힘입어 큰 힘을 얻게 된 것이
다. 해서 토템의 대상이 곰에서 거북으로 바뀐 것이 아닌가 한다. 물
과 뭍에서 사는 거북이와 곰은 여러 면에서 서로 통하며 특히 거북이
의 소리가 '검(거미)·굼(구미)·거무' 등과 같이 곰과 비슷하며 거
북을 사람들이 신령한 대상으로 삼은 것이 곰을 조상신으로 봄과 크
게 다르지 아니하다.

단군 신화에서 곰은 조상신-어머니 신이었으니 행여 곰과 어머니
는 같은 말이 아닐까를 상정하게 된다. 람스테트(1939)에서는 알타이
친족어 사이에서 ㄱ-ㅎ-ㅇ과 같이 소리가 약해져 탈락하는 현상
을 살핀 일이 있다. 이들 현상은 '곰(고마)'에서 예외는 아니다.

(6) 기역(ㄱ)의 약화탈락
ㄱ. 곰(검·굼·금·감)-홈(험·훔·홈)-옴 (엄·움·음)/오미(홈이) 허
   물(험을) 홈·어머니(전역) 엄니(경기·충남·전남) 어무이(경상) 엄
   마(강원·경기) 어머이(횡성·원주·평창) 옴마(칠곡·달성·대구)오
   매(김천·진안·정읍) [어머니·구멍]
ㄴ. 곰추골 -홈추골- 옴추골(태백산)

오늘날 어머니의 옛말은 조상신을 가리키는 곰(고마)에서 비롯했음
을 알 수 있다. 곰(고마)은 조상신이자 지모신으로 생명의 샘이다. 말
은 살아 있는 생명체인 양 같은 뜻을 바탕으로 한 말의 겨레를 이루
니 곰(고마)과 걸림을 두어 알아본다.

(7) 곰(고마)~계의 낱말겨레

ㄱ. [곰(굼)~계] 곰팡이·고막·고물·곰기다·곰방대·곰보·곰봇대(구
멍뚫는 나무 꼬챙이)·곰파다·공그르다 / 굶다·구멍·굼뱅이·굼실
대다·굼틀대다 /(감-) 감감하다(캄캄하다~깜깜하다)·깜둥이 /(검·금-)
검정·검버섯·거미·금 파오다·금·그믐·금 나다

ㄴ. [홈(훔)~계] 홈·홈치다·홈큼·홈켜 쥐다·홈 파다·호미(홈+이-
호미(홈을 파는 농기구) 훔큼·훔치다·후미지다 /(험~)허물·험·허
물 없다·허물다 (흠~)흠내다·흐무러지다

ㄷ. [옴(움)~계] 옴·옴게·옴딱지·옴쏙·옴씰하다·옴츠러들다·옴큼·
옴팡 눈·오막하다·오므리다

'금(곰-검-감-굼)'의 북방상징은 금호강이나 금강의 보기가 그
러하다. 금호강은 대구의 북서쪽을, 금강은 공주의 북서쪽을 감아 돌
아 흐른다. 별의 경우는 어떠한가. 북두칠성이 현무(玄武)로 표상된다.
이는 큰 곰자리, 작은 곰자리의 별과 걸림을 보인다. 조상신으로 떠오
르던 곰이 하늘의 별로 상징화된 것이다.

이제까지 팔공산의 공(公)의 소리상징과 뜻에 대하여 살펴보았는데
이를 간추리면 다음과 같다.

(8) '공(公)'의 소리와 뜻

대응관계로 볼 때 공(公)은 곰(고마)을 드러내는 변이형 표기이다. 사
회 언어학에서라면 곰(고마)은 사람의 조상신으로 받들던 토템의 대상이
된다. 농경사회로 바뀌면서 '곰' 은 토템의 대상에서 화석화되어 말만 남
기고 거북으로 바뀌어 지모신(地母神)상징으로 떠오른다. 곰(고마)은 조
상신으로 경건하게 예배해야 할 대상이었으며 머릿소리 기역(ㄱ)이 약
화 탈락하여 '곰(고마)-옴(오마)-어머니'와 같이 오늘에 쓰이며 '고맙다'

도 '당신의 은혜가 어머니와 같다'고 쓰이는 말로 한 방증이 된다. 방위로
는 북방이며 뒤로 곰은 상징된다. 금호강(금강)이 마을의 북쪽을 흐르는
강이라면 공산(公山)은 그 가람의 뒤(北)를 돌아 막아서는 산이 된다.
부모가 자식을 보호하듯 강과 산은 그렇게 겨레의 삶을 보듬어 안는다.
공(公)의 소리는 '곰'의 변이형이며 곰 토템의 바탕에서 지모신의 뜻으로
동아리 지을 수 있다.

3. 언어지리적인 '공(公)'의 분포

한자를 빌려 쓰는 땅이름은 크게 뜻 빌림과 소리 빌림으로 나누어
진다. 앞을 훈차, 뒤를 음차로 부르는 바, '공(公)'과 걸림을 두는 것
으로는 소리 빌림에 '공(公·孔·弓) 감(甘·感) 금(錦·琴·金)
검(儉·檢)' 등이 있다. 옛 한자음으로는 이들의 소리가 같은 음상(音
像)을 드러내기 때문이다.

한편 뜻 빌림의 훈차에는 부(釜)-구(龜)-웅(熊)이 있고 같은 계
열로서 토템이 되는 짐승이 바뀐 것으로 용(龍)계를 들 수 있다.

1) 소리 빌림의 땅이름 방사

음절의 틀은 주로 열린 음절형 고마와 닫힌 음절형 '곰'계가 쓰인다.
음절의 발달이 열린 음절에서 닫힌 음절로 되었을 가능성을 받아들인
다면 고마(구마·가마)계가 더 오래된 전단계형일 개연성이 높다. 이
제 공(公)과 같은 뜻을 드러내는 변이형에 드는 땅이름들을 살펴본다.

(9) ㄱ. (공-계) 공산(公山)(달성·공주) 공암(孔岩)(유성) 궁동(窮冬)(공

주) 궁원(弓院)(반포) 궁당(弓堂)경산 / 고모(顧母·古毛)(고산)

ㄴ. (금-계) 금성(錦城)(금산·공주) 금정(錦汀)(영동) 금암(錦岩)·
금홍(錦烘)(공주) 금대(錦帶)(계룡) 금호(琴湖)(대구·용성·지
곡·영천) 금포(錦浦)(경산) 금호(今湖)·금계(今溪)(안심) 금계
(琴溪)(신촌) 금락(錦樂)(경산)

ㄷ. (검(감·곰)-계) 감천(甘川→외감·중감·내감·감물) 곰나루·
곰냇골·곰치·고미나루(공주) 검단(儉丹)·내검(자양·대구) 곰
섬(→안곰섬·밧곰섬)/(갑-계) 갑천(甲川→횡성·대전·진양·평
강) 갑동(甲洞)(공주)가배(「동동」) 갑제(경산)

음독 계열의 땅이름에는 닫힌 음절형의 '곰(감·검·굼·금)'계가 보
편적이며 그 소리상징은 주로 중앙·곰·구멍·물·북방·뒤로 대표
된다. 중앙-'갑(甲)'의 경우를 생각해 보자. 가배(동동)에서와 같이 가
운데(中)를 뜻하는 형태들이 있다. 땅과 물신, 더 올라가면 조상신을 중
심으로 하는 농업생산 사회의 집단의식에서 말미암은 것으로 보인다.

차츰 뒤로 오면서 신 본위의 사회에서 인간본위로 바뀐 것이긴 하
지만. 단적으로 갑은 신을 가리키는 감(검)에서 소리마다의 끝소리가
파열음으로 바뀌면서 이루어진 낱말 겨레들이다. 자음교체요, 무성 파
열음 되기의 소리 바뀜으로 보면 어떨까. 다시 끝소리가 유기음화 되
면 감ㅡ갑ㅡ갚(갚다)과 같은 단어족이 이루어진다. 홀소리가 바뀌어
검 이 되어 쓰이는데 지금도 흔히 쓰지는 않지만 신의 뜻으로 쓰인다
(문일평, 조선어사전).

공(궁)의 경우, 곰과의 걸림에 어떠한 언어질서를 부여할 수 있을
까. 형태변화로 보아 곰(굼)은 기역특수곡용을 한다. 때문에 미음이
기역 앞에서 자음역행동화가 일어나면 이응이 되어 공(궁)으로 소리

가 나게 마련이다(궁글다·공그르다·궁글다·둥글다·동그라미 등).
기원적으로 우리말 '곰'을 적을 수 있는 한자는 없기 때문에 뜻을 살
리면서 가까운 소리로 나는 한자를 적게 되어 있다. 가령 검(儉)만 해
도 그렇다(사람(人)＋으뜸(僉)).

경산지방의 고모령도 공(公)의 변이형으로 보았는데 고모(顧母 또
는 古毛)는 고마(곰)의 변이표기로 보면 된다. 의미가 부여되는 과정
에서 부모를 돌보라는 점을 강조한 교훈을 더 보탠 것이다. 바탕 뜻으
로 보아도 멀지는 않다. 금호－공산－고모[어머니]의 걸림이 드러나
는 같은 계열의 땅이름들이다. 땅과 물을 터 삼지 않고 살아 갈 사람
이 누구일까. 참다운 생명의 어머니는 우리의 강이요, 산인 것이다.

2) 뜻 빌림의 땅이름 방사

팔공산의 공(公)과 같이 '곰'을 뜻 바탕으로 쓰는 한자의 소리를 빌
린 음독(音讀)계가 있는가 하면 소리와는 걸림이 없는 한자를 빌려쓰
는 훈독(訓讀) 계열의 땅이름이 있다. 하지만 바탕이 되는 뜻은 '곰'
에 둠은 재론의 여지가 없다. 대표에 값하는 땅이름의 표기로는 웅
(熊)·구(龜)·부(釜) 계열의 이름들이 있는데 앞(제2부)에서도 풀
이한 일이 있지만 '웅－구'의 걸림에 대하여 덧붙여 두기로 한다 두
표기가 함께 쓰였던 시기는 구지가가 불리어지던 그 이전으로 거슬러
올라가야 하리라고 본다.

  (10) ㄱ. (玄武) 북쪽에서 물을 다스리는 태음신/무덤과 관의 뒤쪽에 거북
      을, 북두칠성을 그린다.(玄(검)＋武(口～玄(검)의 훈독표지→검)

ㄴ. (별) 북쪽의 일곱별 (두·우·여·허·위·실·벽)

ㄷ. (기) 현무기는 대오방(大五方)의 기. 진영의 후문에 세워 후군(後軍)을 지휘 /기면은 다섯자 평방인데 검은 바탕에 거북과 구름을 그리고 가장자리는 회색빛. 깃대의 길이는 열다섯자이면 열두주락의 장목이 있음.

ㄹ. (왕거미노래) 거미야 거미야 왕거미야 진산 덕산 왕거미야「양산지방 민요」/kame(龜)-kume(熊)(〈일본〉~kvmv)

ㅁ. 熊神 熊只 窟岩 金烏 龜尾 金海 龜城(대동지지) 구무공(孔) 구무혈(穴)(신증유합)

음절구조로 본 곰(고마)과 검(거무>거북)과는 음상이 비슷한 점이 많다. 현무의 무(武)는 현(玄)을 뜻으로 읽으라는 음절말음의 훈독표지로 보면 어떨까 한다. 양산지방의 왕거미(=왕거북)나 일본말(가메)에서 모두가 같은 음절의 틀에서 멀리 있지 아니하다.

아울러 거북이나 곰 모두가 북방신·물신·어머니 신을 드러냄에 다름이 없다. 북쪽의 곰신이 남방으로 오면 거북신으로 바뀐다. 유목생활에서 농경사회로 정착되고 따뜻한 남녘으로 내려오면서 토템의 대상이 옮겨 간 것이다.

(11) 훈독 계열의 땅이름 분포

ㄱ. (웅~) 熊津(=곰나루〈공주〉) 熊川(비인) 熊岩-音聲-黑壤(음성) 鷹浦(보령) 熊川城(창원) 웅도(서산)

ㄴ. (구~) 구암(금호) 연구산 (대구~삼구(자양) 구산령(안동) 구미(선산) 구포(동래) 구산포(부산)

ㄷ. (부~) 부곡(창녕) 부산(동래) 부동(횡성) 부곡포(웅천)/가마釜(훈몽자회)

ㄹ. (玄 黑 陰 漆)-음죽(대덕) 陰城(감미) 칠곡(龜川 龜岩 巨武) 현풍(釜洞
陰洞 金洞 오산)(현풍)

곰(검·금·감/고마·거무·가마)의 소리상징이 곰·거북·검정·
북방·중앙·어머니·구멍·뒤·겨울·목소리(후음) 임을 돌이켜 보면
곰을 뜻으로 하는 보기(11)의 땅이름 방사형 웅-부-구-현-흑-
음-칠이 상당한 걸림이 있음을 알 수 있다.

토템의 바뀜을 전제로 하는 곰 신 즉 물과 땅 신, 특히 물신을 종교
적으로 승화 전이한 것이 용 계열의 분포가 아닌가 한다. 훈몽자회에
서 용의 뜻이 미르 즉 물임을 고려하면 물을 다스리는 상상 혹의 절
대자로서 용은 숭앙되었던 것이다. 불교와 유교가 한반도에 들어오면
서 그 수호신인 용이 거북과 함께 들림을 받게 되었을 것이다.

4. 마무리

말에 사회와 역사의 특성이 비친다는 볼모에서 '팔공산'이란 땅이
름의 소리상징은 무엇일까 하는 물음을 풀어 보는 것이 이 글의 보람
이었다.

팔공산의 본디 이름은 공산(公山)이었음을 떠 올려 '공(公)'이 드러
내는 소리상징은 기원적으로 곰 숭배 사상에서 말미암는다. 이는 땅이
름의 대응성으로 보아 공주(公州)의 '공'과 같으며 '곰'의 표기적인 변
이형이 된다.

형태변화를 보면 '곰(고마)·굼(구마)'이 기역곡용을 하는 까닭에

자음접변의 동화과정을 거쳐 공(궁)으로 굳어졌다. 간추리건대 곰 토템에서 농경사회로 전환하면서 그 대상이 거북·용으로 확대 전이된다. 물과 땅에 신격을 부여하니 마침내 곰(검·감·금·굼)은 지모신의 성격을 띤다. 이는 단군신화의 웅녀(熊女)전설에서 비롯 곰나루 이야기, 팔공산 곰 사냥에서 그러한 흔적을 엿볼 수 있다.

곰(검·감·금·굼)은 '신·북방·어머니·뒤·검정'을 상징한다. 이들 상징성은 주로 언어지리적인 분포를 따라 확인된다. 분포의 유형은 크게 한자의 소리와 뜻을 빌어 땅이름을 드러낸다. 소리의 경우, 금(琴·錦·今)·공(公)·궁(弓)·검(儉)·감(甘)·갑(甲)의 표기가 중심을 이루고, 뜻을 빌리는 경우는 웅(熊)·구(龜)·부(釜)·현(玄)·흑(黑)·음(陰)·칠(漆)계 땅이름이 많이 보인다. 지모신－물신앙은 마침내 용(龍) 계열의 땅이름으로까지 확대된다. 용은 영혼이요, 미르(밀~물)로 대응되기 때문이다.

이 논의의 자리 매김은 지리언어학적인 구조를 깊이 파 봄으로써 굳건해 질 것이다.

제4부

개신과 땅이름

달구벌(達句伐)의 속내

1. 머리말

기록이 없는 앞선 시기의 언어 자료를 얻기란 쉬운 일이 아니다. 그렇다고 무작정 기록이 없다고 하여 내버려 둘 수도 없다. 회고법적인 언어사 연구의 관점에서 경덕왕 이전에 쓰였던 지명자료를 들어 당시의 언어상을 알아보는 것이 가장 개연성이 높을 것으로 본다.[1]

땅이름이란 가장 보수적인 자료로서 옛 말의 형태가 보존되는 경우가 왕왕 있다. 지명은 발생학적인 면에서 보더라도 종교, 정치, 군사, 경제, 지형 등 여러 가지 문화적인 정보가 복합적으로 갈무리되는 보기들이 있을 수 있다. 언어의 속성이 사회성과 역사성을 띠는 문화적인 기호체계로 보는 학문적인 영역을 흔히 문화기호론이라고 이른다. 이러한 관점에서, 신라 경덕왕 이전부터 달구벌이라 하다가 대구(大丘)로 바꾸어 쓰다가 뒤에 다시 오늘날의 대구(大邱)로 굳혀 쓰게 된[2] 달구벌의 형태와 의미를 살펴보고자 한다.

---

1) 언어사 자료를 접근하는 방법으로서 시간의 흐름을 중시하는 전망적(prospective)인 접근과 자료는 없지만 방언이나 지명 자료를 통한 시대별 언어의 특징을 탐색하는 회고적(retrospective)인 방법이 있을 수 있다. 여기서는 고조선 시대의 언어 자료가 없기 때문에 회고적인 방법을 택하였다.

달구벌에 담긴 문화적인 속내로는 태양숭배로 이어지는 산악 숭배의 신앙이 의미의 기반을 이룬 것으로 보이며 산은 곧 달구(達句) 혹은 달(達)로 대응되며 이는 다시 위대한 산신 더 나아가서 태양신으로 그 맥이 이어 있다. 여기서 -벌(伐)은 지명에서 읍이나 성이란 뜻으로 개념화되어 풀이된다.

앞서 이른바 산악숭배와 태양 숭배에 대한 제의 문화와의 상관성을 알아보고 단어족에 상응하는 달(達/達句)-의 지명 분화 형태와 방사형의 분포 구조를 살펴 나아가도록 한다.

2. 산악숭배와 달구벌

산악숭배는 높은 고산지역에 살던 겨레들에게는 보편적인 제의 문화의 형태였다고 할 수 있다. 산은 높이 솟아올라 태양에 가장 가까운 공간이며 신성한 솟대 곧 소도(蘇途)의 종교적인 장소였다. 그 대표적인 것으로는 백두산의 신단수 나무 아래에 두었던 고조선 시기의 소도를 이를 수 있는바, 지금도 강원도 태백산에 이르면 소도동(所道洞)이란 곳이 있는데 여기에 솟대를 세워 태백산에 산악을 숭배하였던 것으로 추정하고 있다.

먼저 기록 자료를 통하여 산악숭배의 제의를 알아보도록 한다.

---

2) 문화기호론이란 에코(umbert eco)가 처음으로 주창한 이론으로서 언어란 사회적인 활동의 소산인 만큼 언어 기호는 다분히 문화의 상징으로 보아 보아야 한다는 것이다. 이런 관점의 장점은 무형문화로서의 언어의 정체성을 획득하게 해 준다.

(1) 黃山郡本百濟黃等也山郡(삼국사기지리3)

　　釜山-松村活達(삼국사기지리2)

　　高山縣一云難等良(等良:둘)(삼국사기지리3)

　　蒜山縣本高句麗買尸達縣(삼국사기 지리2)

　　松山縣本高句麗夫斯達(삼국사기지리2)

　　功木達一云熊閃山(삼국사기지리1)

　　//talke(岳tarake)＞take〈일본〉(達늑山岳)

(2) 제후들이 사직에 제사를 올렸으며 명산대천에 그러한 장소를 삼았다. 따라서 불경스럽게 예를 올리지 아니할 수가 없었다.(중략) 삼산 오악에 제사를 지냈는데 명산 대천에 따라서 대사 중사, 소사로 나누어 모셨다. 대사(大祀)를 삼산에 지냈다. 삼산의 경우, 일은 나례(奈禮)요, 이는 골화(骨火)이며, 삼은 혈례(穴禮)이다. 중사(中祀)는 오악에 지냈으니, 동에는 토함산이요, 남으로는 지리산이며, 서로는 계룡산이다. 다시 북으로는 태백산이고, 가운데는 중악 곧 공산(公山)에 지냈는바, 여기 공산은 오늘날의 팔공산을 이른다. 소사에는 상악(霜岳)과 설악(雪岳), 그리고 감악(紺岳)이 있다(삼국사기 권32 제1 제사).

(3) 공산(公山) 높은 봉우리 기암층층일세/ 눈은 내려 덮이니 온 세상이 은빛 바다/ 예부터 이 산에는 산신이 웅하여 계신다더니/ 해마다 눈이 흠씬 내리면 풍년이 든다 하였다네(신증동국여지승람).

(4) 단군은 장당경(藏唐京)으로 옮겼다가 아사달에 돌아와 숨어 살았는데 산신이 되었다.//임금이 그 말을 좇아 지금껏 나라에서 제사를 끊이지 않고 모셨는바, 이가 곧 동악신(東岳神)이다.(삼국유사 권1 기이)//鼎山 숟뫼(용가 7.9), 뫼爲山(훈음해례용자례) 뫼다(＞모시다)-各各뫼슷봉니(석상 11.4)뫼슷몬사룻묜(월인 2.9)

(5) (닭의 방언형) 귀애기. 께기. 끼애기. 다: 다:ㄱ 닥 달기 달 득(고령 제
외 경북 전역) 달구찜(달집) // 첫 임금이 계정(鷄井)에서 태어났기에
계림국이라고 하였다. 이는 계룡(鷄龍)의 나타남이라. 일설에 따르자면
탈해왕 때 김알지(金閼智)를 얻었는데 닭이 숲 속에서 울었기로 국호를
계림이라 하였다(삼국유사 권1 기이 제1).//줄여서 이름을 알지라 하였
고 금궤에서 나왔으므로 성을 김씨(金氏)라 하였으며 국호를 시림(始
林)으로 고쳤다가 계림으로 하였다(삼국사기 나기 유리 탈해).

보기(1)에서 우리는 달구벌(혹은 달벌)의 달(達)-이 산(山)으로 대
응됨을 살펴보았다. 이로 미루어 보면 산악 숭배와 달구벌이 상관성이
있음을 상정할 수 있다. 이러한 가능성은 「삼국사기」의 기록에서도
뒷받침된다. 3산 5악의 명산대천에 제사를 모셨는데 그 가운데 5악의
중악(中岳)은 공산(公山) 곧 팔공산을 이른다. 이는 서거정이 지은
「동국여지승람」의 대구십영(大丘十咏)에서도 확인된다. 보기 (5)에서
도 드러난바, 예부터 신사(神祠)가 있었다고 하니 이는 필시 산신을
모시는 곳으로 추정할 수 있다. 하지만 오늘날까지 그 자리가 어디인
가에 대하여는 확인되지 아니한다. 대구 십영 가운데 공령적설(公嶺
積雪) 부분에서 나오는 공령은 팔공산을 이른다. 산악 숭배의 제의는
건국 신화에서도 볼 수가 있다. 보기 (4)에서 고조선을 세운 단군은
아사달에서 산신이 되었으며 신라의 탈해 임금 역시 동악(東岳)의 산
신이 되었다.

본디말로 산(山)은 뫼였다. 쓰이는 과정에서 소리가 바뀌어 '메'(혹
은 미)로 되었다. 손위 어른이나 상대를 높여 이를 적에 흔히 '모시다'
혹은 '뫼시다'라고 한다. 기원적으로 보아 이 또한 산악숭배에서 말미
암은 것으로 보인다. 모시다라는 낱말 자체가 존경의 뜻을 드러내는

선어말어미 -시-가 붙어 쓰이는 것은 그만큼 산을 믿고 숭배하는 산 신앙 문화의 투영이라고 볼 수 있다. 언어는 사회성과 역사성을 기초로 하는 음성 상징의 기호 체계이기 때문에 정신생활의 총체적인 양식이라 할 문화를 어떤 모양으로든지 되 비치게 마련이다.

그럼 산악 신앙의 제의와 달구벌(達句伐)과의 관계를 살펴보기로 한다. 대응관계로 보아 달구벌의 달(達)이 산이라면, 앞서 이른바 산신을 제사하여 모셨던 기록의 팔공산 산신을 모셔 숭배하였던 것으로 보인다. 같은 소리이지만 다른 뜻으로 쓰이는 동음이의어로 달(혹은 달구)은 날아다니는 새의 일종인 닭을 드러내기도 한다. 집짐승으로 길들여서 그렇지 본디는 산에서 사는 꿩이나 다를 바가 없는 집짐승이었다.

「훈몽자회」의 자료에서도 본 바와 같이 날아다니는 모든 짐승을 새 (새됴鳥)라 하였다. 그러니까 산을 달이라고도 하지만 날아다니는 짐 승을 통틀어 새라고도 이른 것이다. 새의 방언형으로 보아 새는 '사이 (間)'로도 읽는다. 사이와 나는 새와 산인 '달'과는 어떻게 그 유연성 (有緣性)을 고리 지을 수 있을 것인가. 새는 산과 하늘 사이, 그리고 산과 산 사이를 날아다닌다. 마찬가지로 산은 두 지역 혹은 그 이상의 지역을 사이 하여 솟아 있음으로 하여 갈라놓는다. 앞선 자료에서 태양 곧 해를 '-새'라고 하였거니와 해도 하늘과 땅 사이에 떠서는 지고 이를 거듭함으로써 하루 혹은 한달 혹은 한 해를 이룬다. 고구려 고분 벽화에서 다리 세 개를 지닌 삼족오(三足烏) 그림이 있었는바, 이 또한 해 속에 살고 있는 까마귀 새의 형상을 가리키고 있음을 우리는 잘 알고 있다.

같은 소리의 동음이의어로 '새'는 쇠의 방언형이기도 하다. 그럼 쇠는 어떻게 사이를 바탕으로 하는 유연성을 갖고 있을까. 쇠는 나무와 흙, 그리고 돌의 굳음과 나무와 흙의 부드러움을 함께 갖춘 새로운 소재로서 인류의 문명을 완전하게 한 차원 다르게 바꾸어 놓은 결정적인 새로운 소재였으니 가히 우리 삶의 태양과 같은 혁신적인 물질이었다. 이른바 철기 문화의 서막이 오른 것이라고나 할까.

「삼국유사」 기록으로 치자면 산악 숭배를 하였던 모든 공간은 이르자면 태양을 향한 솟대 곧 소도 신앙의 중요한 신앙의 자리였다고 할 수 있을 것이다. 따라서 달구벌의 산제사를 모셨던 팔공산은 적어도 공인된 산악숭배의 상징이며, 소도 공간에 값하는 자리였다고 상정된다. 이를 방증해 주는 곳은 보기 (5)의 경우이다. 신라 건국의 신화 가운데 계림(鷄林)을 시림(始林)이라 한 것을 보면 '달'과 새 곧 '시'는 같은 기원적인 의미를 드러낸다고 할 수 있다.[3]

사이란 말의 형태 변이를 알아보면, 사이를 뜻하는 형태인 삿(間)에서 비롯하였다. 여기에 다시 접미사 '-이'가 붙어 '사시>사싀>사이'로 굳어져 마침내 '새'로 굳혀 쓰인 것이다. '삿'이 형태분화를 하는 과정에서 '삿(솟)－섯－슷－싯'으로 대표되는 낱말의 집단을 이루어 여기에 다시 접미사가 붙거나 접두사가 붙어 형태를 분화시키는 역할을 하였다. 이제 새로 상징되는 솟대 신앙의 속내에 대하여 알아보도록 한다.

(6) 솟대 신앙의 분포
　　강릉시 진또배기 / 삼척시 고천리 속대 / 태백시 소도동의 솟대 / 명주군

---

3) ≪계림유사≫의 기록을 보면 닭을 '달'이라고 읽고 있다(鷄曰喙〈音達〉). 이로 보면 당시닭의 서라벌 표준말이 달이었던 것으로 보인다.

옥계면 오릿대 / 속초시 외옹치 솟대 / 파주군 용미리 진대 / 광주군최촌면
관음 2리 솟대 / 강화군외포리 수살목 / 부안군서문안당산 / 부안군대벌리
속대당산 / 남원군주천면 솟대

　이상 보기 (6)에서와 같이 솟대는 진대, 수살목, 당산, 오릿대, 솟대
혹은 짐대로도 불리어진다.

　기원적으로 가장 오래된 것은 삼국유사에 실려 전해오는 태백산(오
늘날의 백두산)의 소도임은 재론의 여지가 없다. 솟대의 구조로는 새
의 머리가 셋인데 다리는 하나로 된 삼두일족형(三頭一足形)이 있고
아울러 머리는 하나인데 다리가 셋인 일두삼족형(一頭三足形)이 있
다. 여기 셋이란 숫자나 새를 드러내는 속뜻은 모두가 해와 관계가 있
는 상징성을 바탕으로 한다.

　「산해경(山海經)」을 따르면 날 일(日)의 옛 글자에는 분명 가운데
닭이나 봉황 같은 날짐승을 뜻하는 새 을(乙)자가 그려져 있음을 알
수가 있다. 새 모양이 없으면 그 것이 달인지 해인지를 가려 낼 수가
없다. 이러한 모습은 「우서십이장복지도(虞書十二章服之圖)」의 경우
도 크게 다르지 아니하다. 거의 닭이거나 종달새의 모양에 가깝다고
할 것이다. 우서십이장복지도는 삼재도회(三才圖會) 안에 들어 있다.
삼족오라 해서 반드시 까마귀만 뜻하는 것은 아니다.

　해(새)에서 비롯한 형태의 분화 유형은 크게 다음과 같이 세 계열
로 나누어 풀이할 수 있을 것이다. 단어족을 함께 고려한 유형별 형태
를 알아본다.4)

---

4) 파생에 따른 형태나 합성으로 이루어지는 형태들에 따른 단어족은 줄이기로
　한다. 단어족이란 의미소는 같지만 표기상의 변이 형태들을 말의 가족이라는
　관점에서 동아리 지은 것이다.

(7) '새'의 분화 계열

ㄱ. 삿(숫)-삼-살/솟-솓-솔>잣-(좃-)/새(양성모음)

ㄴ. 섯-섣-설>젓-/숫(>슻)-숟-술>줄-/슷-슫-슬(음성모음)

ㄷ. 싯-싣-실(중성모음)5)

'새'에서 갈라져 나아간 '해'의 분화형들은 아주 다양한 분포를 보여
준다. 그 형태들의 단어족을 들어 보이자면 다음과 같다.

(8) '해'의 단어족

ㄱ. 해(희)/하-해맑다, 해끔하다, 햇되다, 하얗다>앳되다

ㄴ. 허(헤) 흐-희-/허옇다, 헤아리다, 흐옇다, 희다

ㄷ. 히-/힘닿다, 힘내다

ㄹ. 형님-성님/ 힘-심/ 혀-세(쎄)/ 허리-서리/ 혓가래-섯가래/ 엿새. 닷새
   (五日六日)〈박통사언해〉

이르자면 구개음화에 따라서 되는 것도 있으나 조음 방법의 비슷함
으로 일어나는 소리들의 변화라고 보면 좋을 것이다. 그러니까 달구벌
의 달-을 포함하여 달-계 지명의 기원적인 뜻을 산악숭배의 제의 신
앙에서 그 말미암음을 찾아 볼 수 있다고 본다.

기원적으로 삿(間)에서 갈라져 나온 단어족 들은 모음과 자음이 바
뀌거나 접사가 붙어 파생함으로써 더욱 다양한 낱말 밭을 이루게 된
것이다. '삿'의 원형으로 보이는 형태는 'ᄉ'에서 나온 형태로 추정된

---

5) 줄/좃과 같이 파찰음으로 이루지는 형태들까지 이 부류에 넣은 것은 언어의
   발달 과정으로 보아 마찰음에서 파찰음이 발달한 것으로 보기 때문이다. 조음
   방법으로 보면 파찰음은 마찰과 파열이라는 복합적인 방법에 따라서 소리가
   나는 기초를 갖고 있다.

다. 'ᄉ'는 본디 히읗(또는 기역)곡용의 특징을 지닌 형으로 뒤로 오면서 곡용어미들이 윗말에 달라붙어 굳혀져 쓰임으로써 ᄉ(ㅎ)>삿 으로 꼴바꿈을 하여 '새'로 이어지는 흐름을 형성하게 된 것이다. 'ᄉ'는 김정호의 「대동지지」 방언 문목해 (方言門目解)를 보면 태양(太陽)의 뜻으로 대응되어 쓰이는 경우가 상당히 있음을 알 수가 있다.

그럼 '달-'에서 비롯하는 지명의 방사형은 어떻게 되는 것일까. 이들 방사형 들이 있음으로써 '달-'계 지명의 원형적인 의미와 형태들이 논거를 얻게 된다.

3. 달(達)-의 지명 방사

드러내고자 하는 뜻은 같더라도 그 형태는 다르게 표기되는 경우가 지명 방사의 기본적인 틀로 작용한다. 먼저 달구벌의 형태분석을 통하여 대구로 정착되는 과정을 알아보고 이어서 달구벌에서 갈라져 나아간 '달-'계 지명의 분포를 살펴보도록 한다.

(9) 달구벌의 형태분석과 변천
ㄱ. 달구벌의 형태 : 達句伐∞達伐∞達弗∞達城-達句-(達-)[高·大⇒山]＋伐(火·弗)[城]
ㄴ. '達句伐'의 변천 : 達句-(达-/-句)>(大＋羊)/-丘>大丘>大邱//간체자-達⇒氵＋大>达[t'a]∞大[t'a][6]

---

[6] 유창균 교수에 따르면 달구벌의 구(句)가 유성음 사이에서 약화 탈락하는 것으로 설명하기도 한다. (g⇒∅/voiced-voiced)

위의 보기 달구벌은 (9)에서 본디 우리말인데 한자로 적히는 과정에서 달구벌 혹은 달벌, 달불 혹은 달구화로 표기되었던 것이다. 앞의 지명 자료에서 대응 관계로 보아 지명의 앞자리에 쓰이는 '달(達)-'은 높다·크다(高·大)의 뜻으로 쓰인 경우가 대부분이다. 높고 큰 공간은 결국 산밖에 더 있는가. 마을이 이루어지는 과정을 고려하더라도 북풍이 막힌 산기슭이면서 동시에 사람이 마시고 농사를 지을 물을 얻기가 쉬운 곳에 큰 마을이 이루어지게 마련이다.

달구벌의 변천 과정을 보면 현대 중국의 간체자로 보면 '달(達)-'이 따(t'a)-로 쓰이고 '달(達)-'의 기원적인 글자가 달(辶+夲)인 것을 고려할 때, 뒤에 신라 경덕왕 16년(757)에 고친 대구(大丘)가 그 형태로 보든 소리로 보든 결코 무관한 것이 아님을 알 수 있다. 그러니까 '달(達)-'에서 큰 대(大)만을 취한 것이다. 간략하면서도 달—본디의 뜻인 높다·크다의 의미를 살려 소리가 같은 글자로 바뀔 수밖에 없다고 본다. 옛 지명에서 새로운 지명으로 바뀔 때에는 형태이든 뜻으로 보든 유연성을 고려하여 고침으로써 보수성이 가장 강한 지명을 이어 나아갈 수 있기 때문이다.

'달구-'의 -구(丘)만 해도 그러하다. '달구-'의 -구(句)가 글이니까 글자를 고칠 때에 공부자의 이름인 구(丘)를 씀으로써 유교사회의 조종이라 할 공부자의 유교적인 이념을 떠올린 상징성을 갖는다. 그랬다가 뒤에 성형의 이름자를 함부로 쓰는 데 저어함이 있어 뜻은 같은 것으로 살리면서도 소리는 같이 쓰는 언덕 구(邱)를 써서 대구(大邱)로 굳혀 쓴 것으로 보인다. 지금도 일부 학계에서는 삼국사기에 실린 바, 대구(大丘)를 살려서 쓰자는 주장이 있기는 하다.[7]

이제 달구벌의 형태에서 남은 문제는 달구벌의 -구(句)-의 본질에 관한 것이다. 단적으로 달구벌의 -구-는 '달'의 종성체언이라고 보면 좋을 것이다. 고대 국어시기로 올라갈수록 상당수의 명사들은 기역(g)으로 끝나는 형태적인 특징을 드러낸다. 기역이 히읗(h)으로 약화되어 쓰이기도 하다가 모음을 중심으로 하는 유성음 사이에 올 때에 떨어져 형태가 사라지는 변천을 경험하여 오늘에 이른 것으로 보인다.

닭-의 기역(ㄱ)은 달구집 같은 방언형에서 아직도 살아 남아 쓰인다. 달구-에서 닭이 되는 과정은 '달구-'에서 어말 모음이 떨어져 나가고 윗말의 받침으로 굳어진 경우라고 할 것이다. 보기를 들면 다음과 같다.

(10) ㄱ-∅ / 유성음-유성음

　　밝음달＞바름달＞보름달 / 달구＞닭＞달 / 밀오시라혀고시라(한림별곡)

본디는 작은 마을이었는데 차츰 사람들이 늘어나면서 본래의 마을 주위에 새로운 마을이 이루어지고 새 마을 이름이 만들어졌을 것으로 보인다. 대학이 있으면 그 주위에 대학의 이름을 따서 여러 가지 점포 이름들이 생기는 것과 마찬가지로 새로운 마을의 이름이 생길 때에도 어떤 모양으로든지 새 이름에 먼저 이름이 투영되었을 것으로 상정할 수 있다. 이러한 현상을 우리는 흔히 지명의 방사현상이라고 이른다.[8]

---

7) 이렇게 어른의 이름자나 위대한 인물의 이름자를 함부로 쓰지 않으려는 경향은 특히 장유유서나 군신유의 같은 삼강오륜을 중시하는 유교주의 사회에서는 지극히 당연한 것으로 받아 들여졌을 것이다.

8) 지명의 방사현상은 단어족에 값하는 유력한 계열관계의 논거가 되며 논리적

달구벌 혹은 달성이 먼저 생기고 나서 뒤에 생겨나는 마을의 이름에도 달구벌 혹은 달벌의 이름이 영향을 주었을 것이라는 가정이 성립될 수 있다. 신라 35대 경덕왕 16년(757)에 주군현의 당 나라 식 지명으로 고칠 때 달구벌이 대구로 고쳐졌는바, 달구벌 혹은 달벌의 이름이 아직도 자연부락 더러는 행정구역의 공식 명칭으로도 쓰인다.[9]

우리말은 있되 마땅하게 이를 적을 글자가 없어서 중국의 한자를 빌어다가 쓰게 되었으니 한자의 소리를 따서 빌려 쓴 표기는 음독형이며 한자의 뜻을 빌어다가 표기한 것은 훈독형의 표기가 된다. 먼저 음독형의 보기를 들고 이와 궤를 함께 하는 일련의 지명 분포를 알아보도록 한다.

(11) 달구-(달-)의 음독형 방사 분포

ㄱ. (達-) 달성군, 달성동, 달동(다사) 달천(達川)

ㄴ. (大-) 대명동, 대신동, 대일동(大逸洞) 대천동(大川洞)(냉천)
　　　　대현동(大賢洞) 대암동(大岩洞)(정대) 대평동(하빈)
　　　　대방동(옥포) 대천동(大泉洞) 대곡동(大谷洞)
　　　　대동(현풍) 대고봉동(大高峰洞)(구지) 대포동(大浦洞)
　　　　대진지(大眞池)(수성구고산동) 대덕산(大德山) 대천(大川)

ㄷ. (壽-) 수성동(壽城洞) 수창동(壽昌洞)[10]

분포의 유형으로 보아 대(大-)-계 지명이 두드러진다. 달서(達西)

인 설득력을 갖고 있다. 다만 드러나는 과정에서 뜻은 같되 표기되는 형태가 달라질 수가 있는 것이다.

9) 달구벌 축제 혹은 달구벌 대종 같이 여전하게 달구벌을 공공연하게 쓰는 일이 있음은 한번 쓰이던 지명이 얼마나 보수적인가를 알 수 있게 해준다.

10) 수(壽)-는 소리로 보아 '새'(新/鳥)의 소리와 비슷한 범주로 보기 때문이다.

와 같이 방위 개념이 들어간 것은 달성의 서쪽에 있는 마을이라 하여 붙인 이름이다. 그럼 수창 혹은 수성은 어디에서부터 비롯한 것일까. 「삼국사기」 지리지에는 대구현이 수창군 혹은 가창군의 영현(領縣)으로 기록되어 있으니 주군현제가 실시된 전후하여 쓰여진 이름으로 보인다. 가(嘉)-와 수(壽)-가 글자의 유사성으로 말미암은 것이다. 오늘날에도 가창면이 살아 쓰임을 보면 가창군이 당시에도 일반적으로 통용되었던 이름으로 상정할 수 있다.11)

달성(達城)의 달-이 높다·크다의 뜻이라 함과 그 지형을 보면 서북쪽에서 보면 확실하게 주위의 지역보다 높은 구릉으로 되어 있음을 알 수가 있다. 달성에서 정무를 보고 외적의 침입을 막았으니 달구벌 성읍의 요람이 되기에 충분한 것이다. 한편으로 한자의 뜻을 빌어다가 쓰는 훈독형(訓讀形) 방사 지명에 대하여 알아보기로 한다.12)

(12) 훈독형 방사 지명의 분포
ㄱ. (月-) 월배(月背) 월천동(月川洞)(부동) 월산동(月山洞)(구지) 월암동
    (月岩洞) (월배) 반야월(半夜月) 반월당(半月堂) 월성동(月城洞)
ㄴ. (新-) 신천동, 신암동, 신덕동, 신기동, 신평동, 신매동
ㄷ. (花-) 화원(花園)(*月背＝달빅＞달뷔＞달외＞달래)

---

11) 문명의 발달과 함께 예전에는 고을의 관리가 있던 고을이 오늘날에 와서는 교통이라든가 경제적인 이유로 하여 전에 한 고을의 속현이나 영현으로 있던 고을이 행정 4구역의 대표가 되고 전에 큰 고을이던 것이 거꾸로 작은 고장이 되어 버린 일은 왕왕 있는 일이다. 예〉구미(＜선산) 합천(＜초계) 대구(＜가창) 등.
12) 정호완(1991), "개신과 땅이름의 상관"「들메 서재극 박사 화갑기념논문집」, p.746. 참조.

훈독형 지명에서는 월(月)-계 분포가 가장 눈에 두드러진다. 월-의 뜻으로 보면 달(達)-이나 다름이 없다. (12ㄷ)의 화원을 훈독의 범주에 넣은 것은 월배를 달배로 읽을 때 이는 곧 꽃을 뜻하는 것이기에 그리하였다. 신(新)-계의 지명을 여기에 넣은 것은 '새(sai)'의 소리와 수(壽shou)의 소리에 유연성을 인정할 수 있기 때문에 같은 동아리로 묶은 것이다. 이는 신라의 신(新)-의 '새(사이)'를 서라벌의 서(徐)-와 같은 소리로 인정하는 것과 마찬가지이다.

4. 맺음말

이 논의는 대구의 옛 지명인 달구벌에서 어떻게 대구로 변천하여 왔으며 이를 뒷받침할 수 있는 논거로서 달-의 지명 방사형으로는 어떤 것이 있는가를 살펴봄이 이 글의 과녁이었다. 이를 동아리 지으면 다음과 같다.

원래의 지명이 개칭 지명으로 되는 과정에서 드러나는 대응관계로 보아 달구벌의 달구(達句)-의 달(達)-은 높다·크다의 의미소를 바탕으로 한다. 공간으로 볼 때 높고 큰 곳은 바로 산악을 뜻하며 이는 산악 숭배에서 비롯하였다. 기원적으로 산악 숭배는 태양숭배이며 이는 솟대 신앙으로 이어지는 문화적인 유연성을 밑으로 한다. 토템으로 보면 닭 혹은 달구 토템이며 문명의 관점에서라면 '새'는 쇠(鐵)를 드러내며 철기문명을 뜻하는 것으로 보인다.

형태의 변천은 달(達)의 간체자로 보는 고문자형으로 본 달(奎)에서 큰 대(大)를 따서 개칭지명으로 삼았다. 아울러 달구의 구(句)는 언덕 구(丘)를 원용하여 공부자의 유교적 이념을 상징하였다. 이어 성현의 이름자 씀을 저어하여 좌부(阝)방을 더하여 같은 뜻을 살리면서도 본디의 형태를 보존하려는 지향성을 보인다.

지명의 방사형을 보면 훈독형과 음독형이 있는데 달구(達句)-에서 방사한 형태들은 달구벌이 드러내는 뜻과 형태들의 화석형임과 동시에 계열관계로 볼 수 있는 논거를 마련해 준다.

훈독형으로는 월(月)-계와 신(新)-계 형이 있는데 월-계 형의 분포가 폭 넓게 분포되어 있다. 한편 음독형으로는 달(達)-계와 대(大)-계, 그리고 수(壽)-계가 있는데 대(大)-계의 분포가 비교적 많은 보기를 드러낸다.

기원적으로는 달(達)- 혹은 달구는 닭 토템 혹은 산악 숭배를 드러내며 신라의 건국 신화에서 보이는 달구 혹은 달 신앙과 그 궤를 함께 한다. 앞으로 비교언어학적인 관점에서의 고찰이 기대되는바, 뒷날의 과제로 미루어 둔다.

■ 참고문헌

강헌규(1988)「한국어원사 연구」, 집문당.

도수희(1977)「백제어 연구」, 아세아문화사.

서재극(1980)「중세국어 단어족 연구」, 계명대 출판부.

양주동(1972)「고가 연구」, 일조각.

유창돈(1973)「어휘사 연구」, 선명 문화사.

이기문(1982)「국어사 개설」, 민중서관.

이병선(1988)「한국 고대 국명 지명 연구」, 아세아문화사.

정호완(1989)「낱말의 형태와 의미」, 대구대 출판부.
_____(1991)「우리말의 상상력 1」, 정신세계사.
최범훈(1969) "한국 지명학 연구 서설",「국문학」42·43호, 국문학회.
최학근(1987)「한국 방언 사전」, 명문당.
정상수웅(井上秀雄)(1962)「고대조선의 문화 경역」, 조선학회.

개신(改新) 작용과 땅이름

1. 들머리

이 글은 지명자료와 방언자료를 통하여 신라의 건국에 따르는 개신 작용이 지명에 어떻게 방사되어 나아갔는가를 알아보려는 데 큰 보람을 둔다.

말은 시간과 공간을 달리 하면서 분열해 간다. 이 때 지역에 따라서 지명 혹은 방언 사이에 영향을 주고받음으로써 소리와 형태가 바뀌거나 새로운 지명들을 이루어 간다. 이러한 영향들은 전파력이 강한 문화의 중심권에서 주변의 지명들에 많은 영향을 끼치면서 퍼져 나아간다고 볼 수 있다. 흔히 이를 일러 개신파(改新派)라 한다. 빛과 같이 퍼져 나아간다고 하여 방사라는 말을 쓴다.

최근 들어 지명을 포괄하는 언어자료는 특정한 사회의 역사와 사회를 반영한다고 하여 이를 언어의 문화투영이라고 한다. 일종의 언어의 문화학적인 관점을 이르는 것이다.

새로이 나라를 세웠으니까 알게 모르게 어떤 새로운 개념을 정치적으로 지명 혹은 여러 가지 언어 표상으로 드러내려는 개연성은 있다고 본다. 드러내는 한자의 표기는 우리말을 적되 한자의 소리로 적는 음독이 있고 한자의 뜻을 빌려다가 적는 훈독의 방법이 있을 수 있다.

여기서 개신이라는 용어는 좁은 의미에서 나라를 새롭게 세우는 경우가 있고 아니면 행정구역을 새로이 정하여 개척할 때에 드러나는 새로움의 개념인 것이다. 논의의 대상은 여섯 부족이 합해 이룬 신라가 바로 개신 작용의 반영이라는 점과 이를 바탕으로 하는 땅이름 방사의 유형과 분포, 땅이름사이의 유연성을 밝히는 작업을 중심으로 삼게 될 것이다.

논의의 편의상 먼저 신라 건국의 기록의 분포와 개신소(改新素)를 찾아본다. 표기되는 변이형에 다라서 다른 땅이름으로 변별되는 훈독과 음독의 계열 및 그 변이형들을 확인하고 그들 사이에 드러나는 유연성을 탐색하기로 한다. 땅이름의 방사형에서 개신소를 확인함은 지명의 개칭에서 검증되는 대응관계와 동일한 형의 지명 가운데에서 어느 것이 다른 것인가를 변별하는 작업을 바탕으로 한다.

2. 신라의 건국과 개신

본디 신라는 진한의 땅에서 살고 있었던 여섯 부족국가가 합하여 새로이 나라를 세웠다.

자료에 따라서 그 표현의 차이는 있지만 속내는 같은 것으로 보인다. 몇 자료를 보기롤 들어본다.

(1) 신라 건국에 관한 자료
ㄱ. (삼국사기 권1 신라 본기 제1) 시조의 성씨는 박씨이고 이름은 혁거세

였다. 전한의 효선제 오봉원년 갑자 사월 병진일(혹은 정월십오일)에
즉위, 이름을 거서간(居西干)이라 하고 나라 이름을 서나벌(徐那伐)이
라 하여 앞서 살던 사람들은 조선의 유민이었는데 나뉘어져 산골에 살
았는데 육촌을 이루었다.

ㄴ. (삼국유사 권1 기이 제1) 진한의 땅에 예부터 육촌이 있었다. (중략) 천
지가 진동하고 일월이 밝게 빛나니 이름을 혁거세왕이라 하였다. (모두
가 신라말인데 혹은 불거내왕(弗炬內王)이라 하는데 이는 광명으로 세
상을 다스린다는 뜻이다.) 임금의 이름을 거슬감(居瑟邯(혹은 거서간)
(중략) 나라이름을 서라벌이라 하였다. 혹은 서벌(오늘날의 세속의 말
로 그 뜻은 서울이란 뜻이다) 혹은 사라 혹은 사로인데 처음에 임금이
계정에서 태어났으므로 계림국이라 하였다. 계룡이 상서로움을 드러냈
기 때문이다.

ㄷ. (대동지지) 경주는 본디 진한의 거서촌이다. 더러는 거세촌이라고도 이
른다. (중략) 나라를 세우고 도읍을 여기에 정하니 이름하여 서야벌이
라 하고 진수의 삼국지에 보면 변진 양한에 사로국이 있었다. 남사에 이
르기를 위 나라 때에는 신로(新盧), 송 나라 때에는 신라라 하였다 더러
는 사라라고 하였다. (방언에 이르기를, 새로움의 신(新)을 사(斯), 나
라를 일러 라(羅)라고 하였다. 소리가 바뀌어 나(那) 야(耶) 로(盧)라
고 한즉 사로 혹은 신로라 함은 모두가 새로운 나라라는 신국(新國)을
이름이었다.)

ㄹ. (삼국유사 권1)영평 3년 경신 8월 4일에 과공이 밤에 월성 서리 마을을
가고 있는데 시림(始林) 가운데 큰 빛을 보게 되었다. 일명 시림은 구림
(鳩林)이라고도 한다. 붉은 자색 구름이 하늘로부터 땅으로 내려오는데
구름 가운데 황금의 상자가 나뭇가지에 걸려 있었다. 붉은 빛이 상자로
부터 나왔고 흰 닭이 나무 아래서 울었다는 것이다.

ㅁ. (삼국유사 권1 탈해왕) 혁거세왕의 해척(海尺) 어미가 바라다보면서 이
바다 가운데에는 본디 바위가 없었다. 그런데 무슨 연유로 까치가 모여
우는 소리가 들려 찾아 가보니 배 위에 가운데 한 상자가 있었다. (중

략) 까치로 인하여 상자를 열어 보았기에 새조(鳥)를 없애 버리고 성씨를 석(昔)으로 하였다. 상자를 풀어 헤치고 알에서 태어났으니 이름을 탈해(脫解)라 하였다.

ㅂ. (삼국사기 1) 21년에 서울의 성을 쌓고 이름을 금성(金城)이라 하였다.

위의 자료를 통하여 볼 때, 신라의 건국은 여섯 개의 부족 국가가 모여 새로운 나라를 세웠음을 알 수가 있다. 새로움의 새(新)은 그 소리로 보아 석탈해와 김알지의 탄생설화에 나오는 새(鳥)와 걸림이 있다. 새알의 알은 혁거세가 처음으로 태어났을 때에 알의 이 박의 모양과 같다고 하여 붙여진 이름임을 알 수가 있다.

뿐만이 아니다. 혁거세의 왕비 알영도 계룡(鷄龍)이 나타나서 그 왼 쪽 갈비에서 나온 신이성을 말하여 주고 있다. 이들 이야기는 모두가 남방계의 탄생설화에 나오는 난생계(卵生系)에 속하는 신화들이다. 조선왕조의 용비어천가에서 건국의 신성함을 용으로 상징화하였는바, 신라의 건국은 새와 새의 알이 보조관념으로서 등장한다.

이상의 속내들을 간추리면 다음과 같다.

(2) (改新)여섯 부족이 합하여 새로운 나라를 만들었다./ (박혁거세)새우물(蘿井)에서 얻은 북은 알에서 출생한 이가 나라를 세웠다. 이와 걸림을 보이는 나라 이름을 서라(徐羅), 사라(斯羅), 사로(斯盧), 계림(鷄林), 시림(始林)으로 부르다가 지증왕 대에 와서 신라(新羅)로 부르게 되었다./ (김알지) 흰 닭이 나무아래서 우는 것을 계기로 하여 김씨의 시조가 되었다./ (석탈해) 까치와 관련하여 이름을 탈해라 하였다.

그러면 보기(7)에서 보인 바와 같이 개신의 내용을 보이는 표기상의 변이형들은 어떤 것이 있을까. 흔히 지명자료에서는 본디 우리말인데 한자의 소리와 뜻을 빌려다 쓰는 일이 많다. 위의 보기로 보아 신라의 신은 새롭다는 정보를 중심으로 한다.

특히 대동지지의 서 김정호 선생의 풀이를 빌리면, 사—새/라—라의 대응 가능성을 보여주고 있다. 동음이의어로서 '새(新)'의 다른 뜻은 날아다니는 새(鳥)와 쇠(鐵)를 들 수가 있다. 이제 '새'의 방언형을 들어 살피면 다음과 같다.

(3) (金)새(영양 영천 밀양 동래 임실 장계 곡성외) 세(경주 상주 함양 안면 서산 당진 장성 담양 나주 광주 강진 목포 해남 진도) 쇠(전역) 쉐(영천 포항 영덕 고령 울진) 시이(김천) 시(청도 대구 합천 거창 밀양) 씨(고령 성주 왜관 군위 선산 예천 문경 상주)

(鳥)사이(조치원 유성 홍성 서산 태안 당진 용암포 철산 성주 선천 태천 상원 중화 용강 한천 영유 순천 대동 평원 강서 맹산) 새(전지역) 쇠(무주)/鷺曰漢賽(계림유사) 朴鳥伊(박새-향약구급방) 鳥새됴飛禽總名常時曰鳥 胎卵曰禽(훈몽자회(하) 2)

(東)新初也(사성통해) 샛바람(=동풍, 무안 어청 비금 부안 흑산 통영 하동 남해 제주 관 가파 정의) 된새(=동북풍, 하동 북해)東風謂之明庶風 東北風謂之高沙卽條風也(삼국사기지리지)/沙平-新坪-東村 / 沙尸良-新良-黎陽(一名沙羅)(삼국사기 지리지)

(草) 朴鳥伊(향약채취월령) 朴沙伊(우역방) 草堂 새집 茅屋 새집(두시초 7-2) 草閑새한(용가 7)

위의 보기를 통해 '새'의 방언형은 [새—새 쇠 사이 시 쉐]의 대응 관계가 있음을 알 수가 있다. 이로 보면 신라는 다음과 같이 형태 분석을 할 수가 있을 것이다.

(4) 신라의 형태분석

ㄱ. 新(斯=새)+羅(國= 나라)

ㄴ. 새로이 세운 나라

ㄷ. 새-사이 (하늘과 인간의 사이 / 부족과 부족의 사이)

참고로 신라의 풀이에 대한 이제까지의 앞선 논의를 간추리면 다음과 같다.

(5) (선행 논의)새벌(정인보 조선상고사 상 134) / 시니(東方 東土)(양주동 고가연구 41) / 시라(안재홍 조선상고사감 169) / 날이 새다의 새다(최남선 최남선선집 453) / 新尸羅(금택장삼랑 일선동조론 174) / 서라벌의 줄임말(박은용 국문학연구 149) / 上邑 首邑(이병도 한국고대사연구 596) / 사라(서라首) (한국고대국명 지명연구 166) / 시라바스니>시라(여증동 나라이름 신라에 대하여 국어국문학 100)

'새'의 방언형이 '사이'로 쓰임을 고려하여 중세 이전의 시기에 새-사이였음을 가늠케 해준다. 동쪽을 가리키는 '새' 또한 사이로 대응됨은 흥미로운 현상이다(사(沙)-사이). 동음이의어라는 관점에서 보면 쇠를 가리키는 방언형에 '새'가 있음 또한 시사하는 바가 크다.

한자로 적을 때에 같은 뜻이면서도 다른 글자로 적는 것은 의미소는 같으나 지역의 다름을 드러내려는 변별성을 따라서 그리 적은 것으로 보인다. 언어의 문화기호론적인 풀이를 고려하면 '새'는 엿새 혹은 닷새에서와 같이 태양을 드러내는바, 태양숭배를 신앙의 기초로 하는 경우로 보아 좋을 듯하다.

새는 곧 해로 바꾸어 오늘에 쓰이는 말로서 해가 떠오르는 곳을 이르러 새라 함도 예서 다를 바가 없을 것이며 다리 셋 달린 까마귀로 해를 상징하는 삼족오(三足烏) 신앙도 따지고 보면 태양 숭배에서 비롯한 것으로 보면 된다.

물질로는 문병의 발달에 가장 결정적인 구실을 한 철기문화의 철기를 우리말로는 쇠 혹은 새라 함은 방언을 통하여 그 가능성을 가늠해 볼 수 있다.

3. 개신의 지명방사

깜깜한 밤 중에 작은 등대 불 하나가 온 바다를 항해하는 배들의 길잡이가 되듯이 지명 형성에서도 가장 핵심적인 문화의 요소가 혹은 지형적인 요소가 드러나는 지명으로부터 영향을 받아 다른 지명의 형성에 큰 영향을 미치는 수가 있다. 이를 흔히 언어형태의 방사현상이라고 이른다.

우리말을 한자를 빌려 적는 경우, 한자의 소리를 중심으로 적는 방법을 음독이라 한다. 한편 한자의 뜻을 중심으로 적는 방법을 훈독이라고 한다. 이제 앞서 이른 한자의 표기 가운데 소리를 중심으로 하는 음독과 뜻을 중심으로 하는 훈독의 계열로 나누어 그 방사현상의 실제를 살펴보도록 한다.

1) 훈독 계열의 방사

우선 적히는 한자를 보면 신(新) 조(鳥) 계(鷄) 치(雉) 학(鶴) 봉(鳳) 황(凰) 금(金) 철(鐵) 동(銅) 은(銀) 등이 있다. 이 가운데 신

(新)이 가장 많은 분포를 보이는 기본형으로 잡을 수 있을 것이다. 신라 건국 이후로 경덕왕 16년(757)에 당나라 식으로 땅이름을 고칠 때 확실하게 하나의 틀로서 자리를 굳힌 것으로 본다.

먼저 신라의 도읍지였던 경주를 중심으로 용례들을 살펴보기로 한다.

(6) ㄱ. 서야벌(徐耶伐) 사라(斯羅) 사로(斯盧) 신라(新羅) 계림(鷄林) 금성(金城) 월성(月城) 시림(始林) (삼국사기)

ㄴ. (경주군) 동부리 신기리 사정리(沙正里) (부내면) / 신평리(薪坪里) 동방리 위라리 (내동면) / 사일리(沙日里) 우박리(牛朴里) 신원리(외동면) / 신리 월남리 월산리 박달리 (내남면) / 우라리(牛羅里) 동곡리(銅谷里) 신원리 신전리 (산내면) / 박곡리(朴谷里) 금척리 신평리 사라리(舍羅里) 초감리(草甘里) 사곡리(강서면) / 금장리 석장리 종동(鐘洞) (견고면) / 신리 동산리 동천리(천북면)

우선 삼국사기의 나라 이름을 변이형들을 보더라도 모두가 새로움을 드러내는 뜻을 중심으로 하는 형태들임을 알 수 있다. 금성의 또 다른 이름인 월성(月城)－재성(在城)－신월성(新月城)－만월성(滿月城)도 '새'의 방사형으로 보인다. 여기서 달 월(月)을 같은 범주로 넣는 것은 달은 닭을 의미하고 닭의 방언형이 달이다. 때로는 달을 새로도 드러내기 때문에 같은 얼 안에 넣은 것이라고 보면 된다.

그럼 재성(在城)의 경우는 어떠한가. 재(在)-는 당시의 소리로 보면 아직 파찰음이 자리 잡지 못한 시기로 보면 재-새- 사이로 고리를 지을 수 있기 때문이다. 이제 계림의 계(鷄)-에 대하여 살펴봄이 옳을 것이다.

(7) 鷄曰 喙(音達)(계림유사) *계(鷄)(xjei(hjei))(닭의 방언형) 다(합천) 닥
(울진 봉화 성주 문경 산주 김천) 다리(포항 경주) 달(경북 전역) 달구
새끼(예천 하동 창원 화순) 달구통(영해 영덕) 달구비실(군위) 달기(포
항 경주 옥계 충청 홍해 평남) 돌가이(몽고) 달게(일본)

닭은 달로도 쓰이는 방언형이 분포함을 보아 야생하는 새의 일종으
로 보았던 것이다. 군 현 읍을 뜻하는 아사달의 '-달' 같은 지명 접미
사도 따지고 보면 개 산 곧 달이란 높다—새는 높이 난다(高飛)와 무
관한 것으로 보이지는 아니한다. 그 것이 산성이든 인공적으로 쌓았든
간에 성이란 평지보다는 높을 곳을 이른다.

이러한 공간상의 높은 특징을 드러내는 것이라면 달구벌의 '달구-'
처럼 새로이 개척한, 높은 곳에 자리한 그러한 뜻을 드러내는 것으로
보인다.

이렇게 새로움을 드러내는 명의 보기로는 경주뿐만이 아니고 더욱
많은 보기를 들 수 있을 것이다. 이런 땅 이름의 방사 분포는 이름이
나 섬 이름에서도 마찬가지라 할 수 있다.

(8) 산과 섬 이름의 경우
(섬) 진도(珍島) 명량(鳴梁) 학응도(鶴鷹島) 월량도(月良島) 학도(鶴島) 동
천지도(東串之島) 금도(金島) 금갑도(金甲島) 우암도(牛岩島) 고사도(高
士島)
(산) 치악산(雉岳山 一云 赤岳山) 명봉산(鳴鳳山) 봉산(鳳山) 우두산(牛頭山)
서곡산(瑞谷山)

보기에서 진도의 진(珍)을 이 범주에 넣은 것은 땅 이름의 대응성
으로 보아 진(珍)—월(月)—영(靈)—돌(突)—등(等)—석(石)의 대응

이 가능하기에 그러하다. 치악산에서 일명 적악산(赤岳山)을 함께 넣은 것은 뜻으로 보면 치(雉) — 새라는 등식이 이루어지고 소리로 보더라도 누루하치의 치(赤)와 같은 맥을 함께 하고 있기에 그러하다. 옛소리로 치자면 치 — 시의 대응도 가능하다 할 것이다.

(9) 雉岳山 號 赤岳山(대동지지) 赤木鎭一云沙比斤乙(삼사 36 지리 3) 赤烏縣本百濟所比浦縣(삼사 36 지리 3) 赤城縣本高句麗沙伏忽(삼사 35 지리 2) 新良縣本新羅沙尸良縣景德王改名今黎陽縣(삼사 36 지리 3)
(새벽의 방언형)새벽(전역) 새복(전라 경상) 새북(인제 보은 영동 금산진도 경북 경남 일부) 새박(안동 예천 의성)(김형규 1974)
(새우의 방언형) 새우(전역) 새비(전라 경상 함경 일부) 배뱅이(충청도안성) 쐬비(대구 달성 경산 경주 월성)/ 사비爲蝦(훈민정음해례) 沙弗王一作沙伊王(삼국유사 남부여)

위의 보기에서 '새(사) -'는 '사-'를 기본형으로 하며 이는 다름 아닌 태양을 드러내는 'ᄉ'의 변이형태로 보인다. 방위로 보면 해가 뜨는 동쪽이며 빛깔로는 붉은 색이다. 태양을 우러르는 신앙과 물질적으로 쇠를 문명의 기층으로 하는 상징성이 나라 이름과 땅 이름에 어둠을 밝은 빛이 비추듯이 땅이름에 방사되어 드러난 것으로 볼 수 있을 것이다.

새를 표상하는 적(赤)은 다시 양(陽) — 창(昌) — 단(丹) — 신(新)으로 이어져 이름만 다를 뿐 같은 의미를 드러내는 이름들로 볼 수 있다.

(10) (赤-陽) 陽城本沙伏忽>赤城/ 陽智-朱東 朱西 朱北 朴谷 古東(고양지동)古西(고양지서) 古北(고양지북)
(丹) 丹溪本新羅赤村 新東 赤壁 新縣/ 丹陽本新羅赤山一云所也山 鷄頭

山 鶴岩 鷄邱峴 鳳棲樓 鵲城山

(昌) 昌寧本新羅比斯伐- 比自火 媿瑟山 牛項山 火王山 只谷津 全州本
比自火(比斯伐)- 陽良所 草谷 鳳翔 鳳凰岩 鑰店山 鳳城山 雉城/ 平昌郡
本高句麗 郁烏縣一云于烏縣新羅改白烏(세종실록 153 평창)

이 밖에도 훈독으로 보이는 표기지명에는 철(鐵) 동(東)이 있는데
이에 대한 보기로는 다음과 같은 지명을 들 수 있다.

(11) (鐵-) 철원 - 新村 內供鶴里(동축) 月陰里 鳥田里 鳳岩里 間村(서변)
신촌 동막리 所厚里 간촌(갈말) 학당리 월정리 신대리(어운동) 月乃井
里 新回山里 상학리 외학리 효성리 신촌 백학리 내학리 은학리(북면)
신포리 대조동 봉양리 봉암동 신봉현리 牛尾洞 (묘장) 신탄리 신순리
금곡리 월현리(신서면) / (鐵冶本百濟實於山縣) 능성-鳥項里 신풍리 鳳
舞亭 牛峯里 금곡리(부춘) 천곡 월산리 동촌사동(단양) 牛峙 봉학동 鳥
峙 신석정 大草里 (호암) 신정리 월전 東斗山 月浦里(도장) 봉동 동산
촌 금정리신암동(한천)철장 신원동 조성동 신기리(동면) 鴨谷 월정리
신기촌(읍내면)

(東-) 東萊(古邑 : 東平南二十里本新羅大甑景德王十六年改東平爲東萊
郡領縣高麗顯宗九年屬梁州(대동지지))-金井山 鷄鳴山 金湧山 沙背也峴
草梁項 牛岩 鷹峰 新里 新樂(읍내) 東台(동상) 鵲掌 蘇亭(북면) 草東
草西(서하) 東一 牛岩 鶴城(사상) 草梁 靑鶴(사중) 新坪(사하) 東院(좌
이) 닷쇄이시니(有五個日)(두시(중) 53) 사흐리나닷쇄나(三日四日五六
七日)(보권문 3 해인사)

개신의 의미를 드러내는 이름으로서 작게는 작은 마을 이름에서부
터 크게는 나라 이름에 이르는 넓은 범주를 보이고 있다. 이들 형태
가운데 가장 중심을 이루는 형태로는 분포로 보아 신(新)을 기본형을

상정할 수 있다. 문화의 기층으로 볼 때 태양을 숭배하는 천신사상이
새로움의 원형으로 표상된 것이 아닌가 한다.

2) 음독 계열의 방사

음독 계열의 형태와 함께 한 장의 소리를 빌려 적는 음독 계열로
상정할 수 있는 형으로는 사(斯 沙 泗) 소(所)서(徐) 성(省)달(達) 등
이 있다. 분포의 실례를 들어 보이면 다음과 같다.

(12) 新平-沙平 新良(新寧)-史丁火/ 鐵冶-實於山 省良-金良 東語新曰斯伊
國曰羅(해동역사 속)/ 雀曰賽沙乃(계림유사) 新橋賽得屬(조선관역어)/
素那或云金川 蓋素文云蓋金始泉氏(삼국사기 열전) 西川橋-金橋
(金) 쇠(전역) 새(영양 영천 밀양 양산 동래 임실 장계 곡성 논산 서
천) 세(경주 상주 함양 전남) 시이(김천) 시(청도 대구 합천)
(鳥)사이(충남 황해 평안) 새(전역) 쇠(전역)
按方言稱新曰斯 稱國曰羅 轉爲那耶盧則斯盧新盧改新國之稱(대동지지
권7) / sajhaja(新)(몽고)sai(沙)(터키) sine(始)(아이누)so(金)(골디)

이러한 보기로 미루어 서라벌은 (서(新)＋라(國))＋벌(伐)－서라
벌은 새 나라를 세운 곳으로 풀이된다. 결국 서라벌은 신라라는 등식
을 상정할 수 있다. 특히 시－새의 대응가능성은 '시'가 신라의 방언
형으로 보면 놓을 것이다. 아직도 대구를 중심으로 하는 일부 방언에
는 쓰이고 있음은 좋은 방증의 자료가 된다.

더불어 지적해 두어야 할 것은 비교언어학적인 관점에서 보더라도
새(사)는 새로운 것 혹은 태양을 드러내는 뜻으로 볼 때, 이 들 대응
의 가능성은 상당한 설득력을 얻게 된다.

이제 한자의 소리를 빌려 쓰는 음독 계열의 지명 방사에 대하여 알아보도록 한다.

(13) (斯盧 始林 徐羅伐-慶州)-斯正里(부내) 沙日里(외동) 舍羅里 沙谷里 舍羅里(강서)/ 沙伐國一云沙弗國-尙州)-沙器里(내서) 沙谷(화서) 沙伐(사벌) 沙幕(장천) 沙津里(청남) 沙川里(모동) 沙里(대평)(牛首州(首若州 首次若一云烏斤乃)-春川/金川-首知 牛岑一云牛嶺 牛奉郡)-沙悅里(동내) 壽同里(남산) 沙里(서상) 牛頭上中下里(북내) 沙田里(북산외) 實乃里(사내)(史丁火-新年/沙所兀-新溪)-沙上中下洞(고현) 所逸(신촌) 所月(남면) 所五達里(율면) 沙伊谷里(사면) 沙峴里(촌면) 沙八灘 沙羅灘(신계산수)

(西火-靈山)-紗羅 新堤 鵲浦(읍내) 金谷(길곡) 舍里(月山 新堂 鳳山(계성) 鶴桂洞 鵝谷洞(도사)

(所夫里一云泗比一云泗〉此-扶餘/泗川-史勿-一云史勿國)-沙月洞(근남) 沙登洞(수남) 泗州洞(하서)

위의 보기(나)들은 ≪구한국지방구역명칭일람≫에 나오는 지명을 중심으로 조사한 것인바, 훈독에 비하여 빈도수가 높지 아니하다. 이는 어느 사이에 벌써 한자화 지명이 종을 이룰 정도로 토박이 말이 없어지고 한자어로 된 지명이 자리를 잡았다는 반증이 되기도 한다.

표기되는 한자의 분포로 보아 사(沙斯舍泗) 수(壽) 실(實) 등이 있는데 이 가운데 사(沙)가 가장 많은 분포로서 기본을 이룬다. 이와 함께 음독 계열의 형태 가운데 그 소리가 다른 형태가 있으니 달(達)-이 그러한 경우라고 할 것이다. 이 형태는 고구려에서는 물론 통일 신라 이전의 시기에서도 검증되는 형이다.

달(達)에 대한 선행 논의에서는 달의 의미소로서 산((山)tara)을 상정한 바 있다. 달은 닭과 통하고 닭과 같이 날아다니는 모든 동물을 일컬어 새(飛禽之總名새됴鳥(훈몽자회))라 함을 보면 달과의 유연성을 상정할 수 있기 때문이다.

지명의 접미사로 쓰일 때 달-은 성이나 읍에 해당하는 뜻으로 쓰이며 접두사로 쓰일 때는 '크다(大) 높다(高)'의 뜻으로 쓰이기도 한다.

(14) 달-의 분포

　　土山郡-息達　釜山縣-松村活達　大豆山城-非達忽　功木達-熊閃山　松山縣-夫斯達(삼국사기)/ 達忽-高城　達乙城-高烽縣　達乙斬-高木斤縣　難等良-難珍阿/ 達句伐-大丘/ takai(高 일본어) take 岳)大邱本新羅達句火一云達句伐又達弗城景德王十六年改大邱爲壽昌郡領縣(읍호)達城(고읍)壽城

　　(닭의 방언) 다리(포항 경주) 달(경북 전역 삼척 호산 함북 일원) 달구새끼(예천 하동 창원 화순) 달기(포항 경주 옥계 도계 충청 황해) 달구집(경북 일원)

　　脫解王九年改鷄林智證王四年定號新羅一云基臨王十年得號斯羅文武王三年唐以新羅爲鷄林州大都督府以王爲大都督(대동지지)

　　達-山-高-大-新

위의 보기로 보아 달(達) — 대(大) 혹은 달(達) — 고(高)의 대응가능성을 보이고 있다. 보기의 예로 미루어 달-고-대-신의 호응은 공간만 달리 할 뿐 같은 뜻을 드러내는 형태임을 알 수 있다.

달-의 경우 닭의 방언형으로 아직도 경상도 지역에서는 많이 쓰이고 있다. 기원적으로 달은 달구로 보이며 달-과 새의 대응은 달(達) — 달구(達句) — 수(壽)의 걸림으로도 뒷받침된다고 할 것이다.

같은 맥락에서 탈해 임금 시절에 사라(斯羅) — 계림(鷄林)으로 고쳤는데 탈해(脫解)의 이름과도 무관하지 않을 것으로 본다. 탈해의 탄생 설화가 새와 관계가 있을뿐더러 당시의 유기음 계열의 소리가 음운으로 자리 잡지 못하였음을 고려하면 달개(脫解) - 달(ㄱ)의 전차형을 추정할 수 있기 때문이다.

이제 '달-'계 지명의 분포가 어떻게 퍼져 나아갔는가를 알아보도록 한다.

(15) 달-계의 지명 분포
　　達城 達川 達西 八達 (대구) 達洞(고령) 多羅(초계) 達城山(경주) 達
　山(정의) 達溪川(용담) 達島(영암) 達山院(문의)

4. 마무리

땅 이름을 통하여 건국의 새로움을 드러내려는 개신 작용이 어떻게 지명에 방사되어 나타났는가를 알아보고자 함이 이 글의 보람이었다. 신라의 이야기는 여섯 부족이 합하여 새로이 박혁거세라는 임금을 맞아들이면서 서라벌에 도읍을 이룬다는 속내로 이루어진다.

박혁거세와 더불어 김알지와 석탈해 임금의 사연들이 모두 새와 알에서 태어나는 초능력한 사연으로부터 비롯된다. 비유하건대 나타내려는 원관념은 새로움이라면 이를 드러내는 보조관념으로는 새와 알로서 상징화된 것이다.

언어는 문화라는 관점에서 보면 이는 새 곧 해를 숭배하는 태양숭배에서 비롯하였고 물질적으로는 쇠 곧 철기문화를 상징하는 문화적인 기초로부터 말미암은 것으로 보면 좋을 것이다.

　개신을 드러내는 상징적인 이름은 사라(斯羅)인데 달리 서라벌로도
드러나기도 하였음은 널리 알려진 일이다. 이러한 개신 의지가 문화적
인 바탕 위에서 방사되는 지명으로는 한자의 뜻을 빌린 훈독 계열의
것이 있고, 다시 한자의 소리를 밀린 음독 계열의 지명이 있다.

　훈독 계열에 드는 표기형으로는 신(新) 초(草) 우(牛) 조(鳥)(鳳
鶴 鳩 鷹 雁 雉) 금(金 鐵 銅) 동(東) 광(光) 적(赤) 단(丹) 창(昌)
양(陽)이 있는데 그 분포의 양이나 쓰임새로 보아 신(新)을 기본형으
로 봄이 옳을 것이다.

　아울러 음독 계열에 드는 지명으로는 사(斯 沙 史 泗) 시(始) 소
(所 素 蘇) 서(西 徐) 성(省) 실(實)/ 달(達)이 있는데 이 가운데 사
(沙) 계의 지명이 가장 많은 분포를 보이고 있다. 이를 기본형으로 봄
이 좋을 것이다. 여기 달-계를 함께 고려한 것은 지명 개신의 대응으
로 보아 '새-'의 또 다른 계열의 같은 형태소를 보이기 때문이다.

낙동강의 발원 황지(黃池)

1. 머리말

지명이란 가장 보수적인 언어재(言語材)로서 지명이 이루어짐에 있어 여러 가지 문화적인 요인들이 투영되는 경우가 많다. 이르자면 민간신앙이라 할 수 있는 풍수 신앙이나 거북신앙과 솟대신앙 같은 경우가 그러한 보기라 할 수 있다. 이와 관련하여 지명유래 전설이 지명에 반영되는 수가 있고 거꾸로 지명 때문에 지명 유래 전설이 생겨날 수도 있다.

낙동강의 발원지로 알려진 황지는 태백시의 중요한 고장이지만 수원지로서 황지가 가장 중요한 지명 형성의 준거가 된다. 황지는 태백시의 한 가운데 자리한 고장으로 굴아우(九曲－穴岩), 신촌(新村), 장터거리(市邊), 흙다리골(土橋), 서학골(棲鶴谷), 활목이(弓項), 안반등(安盤嶝), 고목(古木), 번적골(蕃積谷) 등 자연부락으로 이루어졌다.

황지는 예부터 피가도읍지(皮哥都邑地)라는 말이 전해온다. 피씨가 왕국을 건설한다는 이야기다. 오늘날로 보면 피가(皮哥)란 다름 아닌 광원들을 말하는 것이고 태백시가 되었으니 황지가 피가들의 도읍이 되었다고 해서 흠잡을 데가 없다.

서쪽의 함백산은 마을의 주산이며 북쪽의 천의봉(매봉산)에서 뻗은 산맥의 연화산이 되어 마을의 동쪽을 막아선다. 연화산은 마을의 안산이 되고 태백산에서 뻗어 내린 산줄기의 상봉(된봉)이 남쪽을 막아섰다. 마을 가운데 황지못은 낙동강의 뿌리샘이며 화전에서 내려 온 냇물들이 절골물과 한데 합하여 마을 남쪽에서 소도천과 합하여 문곡쪽으로 흘러내린다.

황지를 둘러싼 자연부락의 토박이 마을 이름을 대상으로 하여 황지못을 포괄하는 지명형성의 기반이 되는 지명유래 전설과 황지못으로 말미암은 지명의 방사(放射) 현상을, 언어적인 지리분포를 중심으로 하여 살펴보기로 한다.

2. 황지의 지명 형성 배경

2.1. 황지라 이름하게 된 동인으로서 먼저 황지가 이른바 명당으로서의 의미를 부여하는 전거들을 알아보도록 하고 이어 황지라 하게 된 전설의 속내를 알아보도록 한다. 언어외적인 정보일 수는 있으나 언어가 곧 문화를 반영한다는 관점에서 보면 결코 가볍게 다룰 수 없는 까닭이 여기에 있다고 할 수 있다.

(1) 黃池-西南一百十里太白山之東支有泉湧出成大池其水南流至三十餘里穿
山山南出云穿川卽安東府界南流爲洛東江之源 池上有穆祖舊墓名曰活耆村
璿譜云穆祖嘗避仇黃池因轉家朔庭遂失黃池墳塋云詳德源湧州里(大東地志)
(당초의 이름) 天潢>潢池>黃池 / 黃-糞+田(설문) 검(갑골문)/光-廣:黃)

(황지는 서남 일백십리쯤 되는 태백산 동쪽 지맥에 자리하고 있다. 한
샘이 솟아 올라 큰못을 이루었고 그 물이 남으로 흘러 삼십리쯤 가면
천산에 이른다. 다시 산의 남쪽으로 흘러 나와서 천천(穿川)을 이루니
안동부의 경계를 이루고 낙동강의 근원이 된다. 못 위로는 목조의 옛 무
덤이 있는데 이름하여 활기촌이라고 한다. 선원보에 이르기를 목조는
일찌기 원수를 피하여 황지로 왔다. 집을 옮겨 못의 북쪽 어름에 자리를
잡았다. 마침내 황지의 묘 자리를 잃게 되었는데 자세한 것은 덕원 용주
리 부분을 보라.)

(2) 咸白太白兩白下山高水長一勝地東向案山蓮花峰北水南流丙丁破坎癸辛山
入於亥丙間挾巳捍寅午震巽庚辛峰起圓此奇可居萬戶也(地理訣)
(함백산과 태백산 아래 산 높고 물이 길어 천하의 명당이 있으니 동쪽
으로 안산 되고 북에서 흘러 오는 물은 남으로 흐르네. 북에서 뻗어온
산줄기 가 터전을 이루고 동쪽과 서쪽 산이 명당을 에워 싸도다. 사방의
산봉우리가 둥글게 솟아 참으로 기이한 형국이라. 여기에 가히 여러 만
호가 살만한 땅이로다)

(3) 訣云年豊世和之又云八名山一曰金龜沒泥二曰金烏啄尸三曰金鷄抱卵四曰
芍藥半開五曰 蓮花浮水六曰將軍大座七曰祥雲奉日 八曰玉女散髮(地理訣)
(비결에 이르기를 해마다 풍년이 들고 세세로 평화스런 곳 또한 여덟
명당이 있다. 첫째 금구몰니요, 둘째 금오탁시오, 셋째 금계포란이요, 넷
째 작약반개요, 다섯째 연화부수요, 일곱째 상운봉일이요, 여덟째 옥녀
산발이 그 것이다.)

(4) 黃池在府西一百十里其水南流至三十餘里穿小山南出謂之穿川卽慶尙道洛
東江之源官置祭田天旱禱雨(동국여지승람삼척도호부)/穿川水穿過小山南
爲洛東源前古官置祭田凡水旱祭之(陟州誌)

보기 (1)≪대동지지≫의 내용에서 밝히고 있듯이 조선왕조 이태조의 선대인 목조의 묘자리를 잡은 것이라는 이야기다. 황지의 위치와 낙동강의 원류임을 드러내줌과 동시에 경상도 안동과의 경계임도 아울러 적시하고 있다. 목조의 묘자리가 있었다고 함은 필시 황지를 중심으로 한 명당의 자리에 모셨음을 암시하고 있다.

황지라 하기 이전에는 본디 천황(天潢)이라 하였다. 옛 문헌에는 황지(潢池)라 이르기도 하였다. 뒤로 오면서 황지(黃池)라 하였다. 천황은 하늘 못이라고 할 수 있는데 백두산의 천지와 같은 뜻으로 보면 된다. 반도 이남으로 내려오면서 아주 높은 곳에 자리한 연못으로 낙동강과 한강 그리고 오십천의 발원지가 되는 자리가 되니 말 그대로 하늘만큼이나 중요한 근원 샘이라고 본 것이 아닌가 한다.

황(黃)은 색 상징으로 보면 가운데 정 중앙을 이르는데 군기의 색으로 보더라도 가운데 자리한 중군기(中軍旗)는 황색이며 황의 근원은 태양으로 모든 힘의 근원이 되는 까닭에서 그러하다(보기 (1)참조).

다시 보기 (2-3)에 이르면 풍수 지리 비결서인 기록에 함백산이나 태백산 같은 큰산으로 둘러 있으면서도 황지와 같은 좋은 수원을 얻음으로써 살아서도 죽어서도 명당의 자리가 됨을 예언하고 있다.

흔히 팔명당이라고 하여 황지를 비롯한 함백산과 태백산의 주위 어름에는 많은 명당자리가 있음을 들고 있다. 첫째가 금구몰니라 금 거북이가 흙 속으로 들어가는 형국이고, 둘째로 금오탁시니 금까마귀가 죽은 시체를 쪼고 있는 형국의 명당을 들고 있다. 셋째로는 금계포란으로 금계 곧 닭이 알을 품고 있는 형국이다. 넷째로는 작약반개이니 함박꽃이 반쯤 피어나는 형국의 명당이고 다섯째는 연화부수로 연꽃이 물 위에 피어 있는 모습을 한 자리를 들고 있다. 여섯째로는 장군

대좌이니 장군이 딱 버티고 서있는 모습의 형국이고 일곱째로는 상운
봉일이니 노을을 머금은 구름이 해를 떠받들고 잇는 모양의 형국의
자리이다. 여덟째로 옥녀산발이니 하늘의 아름다운 선녀가 머리를 감
고 빗는 형국의 자리가 있다는 사연이다.

앞의 금 거북이나 금 까마귀나 황금 닭이나 모두가 생산과 무관하
지가 않은 것으로 보인다. 황금 곧 물질이 풍족하고 자손이 번성해야
그 집안이 번영할 수 있다는 믿음은 바로 인간과 환경의 함수관계를
중시하는 풍수지리의 기본 원리와 무관하지가 않다고 본다.

그러면 자연스럽게 부귀와 영화를 대대로 누릴 수 있다고 보는 논
리다. 그러니까 함박꽃과 연꽃이 피어나는 자리를 찾음으로써 살아서
는 물론이고 죽은 뒤라도 아름다운 낙토에 이를 수 있다는 그리움을
드러낸 것이라고 할 수 있다는 것이다.

이와 함께 장군대좌라 하니 앞으로 장군의 재목이 될만한 자손이
나오면 좋겠다는 것도 되지만 명당의 자리는 바람과 물의 피해를 막
을 수 있어야 한다는 자기 방어의 개념이 강하게 반영된 것이다.

상운봉일과 옥녀산발의 자리라 함은 이제 막 떠오르는 모습을 한
자리이고 하늘의 선녀가 내려와 머리를 감는 아름답고 평화로운 자리
를 이름이다.

여기서 주목할 것은 황금 황금빛 혹은 옥과 같이 귀한 보배로운 자
리에 조상을 모심으로써 자손이 대대로 복을 받을 수 있다는 것과 황
지의 황(黃) 또한 황금과 깊은 상관성을 보이는 것이 아닌가 한다.

보기(4)에서와 같이 황지는 낙동강의 근원으로서 비가 오지 않으면
기우제를 이 곳에서 지냈다는 기록을 엿볼 수 있다. 연못 속에 돌을
던지면 비와 바람이 세차게 일어났다고 한다. 연못 주위에는 천하의

명당이 있다고 하여 조선의 풍수가들이 이 곳을 답사하였으며 그래서 그런지 연못 주위에는 수십의 무덤들이 있었다고 전해 온다. 상수도가 없던 시절 황지에서 마실 물을 길어다가 썼다고 한다.

2.2. 장자못 전설의 근원이라 할 황지의 자리는 본디 황 부자의 집 터였다고 한다. 먼저 황지의 본디 이름이 천황(天潢)이었는데 뒤에 황 지(潢池)가 되었다(보기(1) 참조). 다시 황지(黃池)가 되었음을 고려 하면 황 부자의 전설과 황지라는 이름의 형성 단계를 추정하기란 쉽 지 않지만 변이 된 순서가 확실한 것이라면 황지란 이름이 먼저이고 뒤에 이와 관련한 황 부자의 전설이 형성되어 그 유연성을 더한 것이 아닌가 한다. 황 부자 이야기의 줄거리를 들어보면 다음과 같다.

(5) 옛날 황동지라는 부자 노랭이가 살고 있었다. 어느 날 외양간에서 쇠똥 을 처내고 있었다. 허름한 차림의 늙은 노승이 찾아와서는 염불을 하면 서 시주를 하라는 것이었다. 시주할 게 없다는 황동지의 거절에도 불구 하고 가지 않고 계속해서 염불을 하며 서 있는 중을 보자 황동지는 화 가 불끈 솟아올랐다.

그만 심통이 나서 치우던 쇠똥을 한 가래 퍼서는 중의 바릿대에 퍼 안 겼다. 노승은 아무 말 없이 돌아섰다. 마침 아기를 업고 방아를 찧던 며 느리 지(池)씨 부인은 이러한 광경을 보고 너무나도 안타까워서 시아버 지 모르게 찧고 있던 쌀을 한 바가지 담아 시주를 하였다. 며느리에게 노승이 말을 건넸다.

"이 집의 운이 다하여 곧 큰 변고가 있을 터인즉 살려거든 나를 따라 오시오."

지씨 부인은 아이를 업고 노승을 따랐다. 노승이 다시 일러 말하였다. "절대로 뒤를 돌아보아서는 안됩니다."

송이 재를 넘어 통리로 해서 도계읍 구사리 산등성이에 이르렀을 때였다. 며느리는 갑자기 자기 집 쪽에서 번개가 치고 벼락 치는 소리가 나서 놀란 나머지 노승의 말도 잊고 뒤를 돌아보았다.

마침내 황 부자의 집은 꺼져 내리고 큰 연못이 되었고 황 부자는 이무기가 되어 연못 속에 살게 되었다. 뒤를 돌아보던 며느리는 돌이 되어 구사리 산등성이에 서 있는데 미륵바위가 되었다고 한다. 얼른 보아도 아이를 업은 여인의 형상이 여실한 듯하다.

그 옆에는 개 바우가 있는데 며느리를 따라 가던 개도 함께 돌이 되어 버렸다는 것이다. 그 뒤 황 부자의 집터는 세 개의 연못으로 바뀌었는데 가장 위쪽의 연못은 황 부자의 집터이고, 중간의 것은 방앗간 가장 아래의 것은 뒷간 자리였다고 한다.

이 고장에서 전해 오는 노인들의 말을 빌리면, 며느리가 돌이 된 것은 노승의 말을 지키지 않았기 때문이 아니고 늙으신 노친을 버리고 자기만 살자고 달아났기 때문에 돌이 되었다고 한다. 황지 못은 한 해에 두어 번씩 흙탕물이 일어나는데 이는 이무기가 된 황 부자가 심술을 부려서 그렇다는 것이다. 삼십여 년 전만 해도 연못 속에는 큰 나무 기둥이 여러 개 잠겨 있었는데 그 것은 황 부자 집의 기둥이고 대들보였으며 서까래였다고 한다. ─나무가 별 거라고 나무를 건져내어 농장을 만들어 쓰기도 했다고 한다.

결국 황 부자 집이 변하여 된 연못이기에 황지가 되었다는 추론이 가능하고 일설에는 황 부자의 황(黃) 자와 며느리 지(池)씨의 지를 따서 황지가 된 것으로 추정하기도 한다.

3. 황지의 지명 방사(放射)

이름난 산이나 강이 있는 곳에는 반드시 그와 관련한 많은 이름들이
생겨나게 마련이다. 마찬가지로 황지와 같이 이 고장 형성에 절대적인
영향을 준 황지의 이름이나 그 이야기가 이 마을의 다른 지명이 만들
어지는데 상당한 영향을 주었을 것으로 상정된다. 이를 일러 지명의 방
사라 하는바 이러한 관점에서 황지 고장의 지명을 살펴보도록 한다.

3.1. 먼저 자연부락으로서 이 곳 사람들이 통해 쓰는 토박이 마을
이름들을 중심으로 이러한 방사현상의 가능성을 알아보도록 한다.

(6) 못과 관련한 황지의 방사 지명

늪벌 - 황지 연못이 자리한 주변 일대를 이른다. 지금과는 달리 예전에
는 연못 주변이 질퍽한 늪지대였기에 붙여진 이름으로 보인다. 물기가
많아서인지 버드나무와 물푸레나무 등이 숲을 이루고 있었다고 한다. 늪
이 있는 벌판이라고 하여 그리 부르게 되었다는 것이다(태백시 김강산
제보).

마당늪 - 연못 위를 이른다. 상지(上池)라고 하는데 황 부자의 집터였
다고 한다. 가장 넓은 마당으로 되어 있기에 그리 부른 것으로 보인다.
황지 하면 마당 늪을 이르는데 솟아오르는 물의 양이 가장 많고 늪 속에
는 깊이를 알 수 없는 굴이 있으며 이무기로 된 황 부자가 사고 있다는
것이다.

방깐늪 - 가운데 늪을 이른다. 중지(中池)라고 한다. 중지는 상지의 물
이 흘러 들어 잠시 머물렀다가 다시 흘러 나가는 곳인데 거기서도 샘물
이 솟아 오른다. 황 부자의 방앗간 자리라 하여 붙여진 이름이다.

통시늪 - 일명 하지(下池)라 이른다. 하지의 물은 고여 있는 것처럼 보

인다. 황 부자의 뒷간 터가 자리라 하여 붙여진 이름인데, 가장 깊은 곳은 명주실 한 꾸리를 넣어도 끝이 닿지 않는다고 전해 온다. 오늘날에는 통시 늪을 반으로 갈라 중지와 하지로 만들어 놓았으나 옛날에는 이 곳이 가장 깊은 곳이었다고 한다.

　굴뚝소(沼) - 마당늪 동쪽에 자리한 못이다. 그러니까 상지로 흘러드는 곳인데 맑은 물이 솟아올라 나오는 그 깊이를 알 수 없다고 한다. 물이 귀하던 시절에는 이 못의 물을 길어다가 마셨다고 전한다. 황부자집의 굴뚝에 해당하는 곳으로 둥글게 수직으로 내려가 마치 둥그런 굴뚝의 모양을 하였으며 끊임없이 샘이 솟는다.

　늪뒤 - 황지의 뒤쪽을 이른다. 오늘날의 여관 골목쪽이다.

　늪뒤 펀디기 - 현재 황지중학교와 황지여상 일대를 이른다. 일명 늪뒤 펀세기 혹은 늪둔지라 한다. 펀디기는 평지를 이름이요, 둔지라 함은 습지대로 물기가 많은 펀펀한 땅을 이른다.

　늪골 - 골짜기의 아래쪽과 안쪽에도 늪이 있었는데 골짜기와 맞닿았다고 하여 이른 지명이다.

　황지와 관련한 지명과 더불어 보기 (2-3)에서 이른 명당풍수와 관련한 지명들의 소개를 알아보도록 한다. 일찍이 지리결에서는 황지는 수만 호가 살만한 명당이며 특히 여덟 명당이 있다고 하였다. 이른바 피가도읍지(皮哥都邑地)라는 것이다. 여기서는 팔 명당을 포함하여 풍수와 유연한 다른 지명도 함께 다루기로 한다. 이 또한 지명의 방사로 볼 수 있기 때문이다.

　3.2. 황지와 관련한 방사지명과 함께 지리결(地理訣) 기록에서도 보여주었듯이 황지의 팔명당을 중심으로 하는 관련한 풍수 신앙이 어떻게 지명 형성에 투영되었는가를 알아보도록 한다.

(7) 황지의 풍수 신앙을 투영한 지명

오두봉(烏頭峰)-오두봉은 까막바우라고도 이른다. 그 바위 색깔이 검게 보여서 붙여진 이름이다. 동해광업소 저탄장 오른쪽 산끝이 되는 곳으로 안산에서 내려온 산줄기가 이 곳에 와서 서학골 어귀를 막아섰으며 그 산 끝에 툭 불거진 바위를 가리킨다.

까마귀 바위가 있으므로 하여 바로 금오탁시(金烏啄尸) 형국이라는 것이다. 이는 금 까마귀가 시체를 쪼아먹는 모양인데 여기 오두봉이 그러한 모습이라고 본 것이다. 해서 까마귀 바위가 있는 서학골 어딘가에 명당이 있다고 전해 온다. 여기 서학골에서 서학(棲鶴)의 학은 다름 아닌 금 까마귀를 상징하는 것으로서 미화하여 학으로 적은 것이 아닌가 한다. 풀미골 어귀를 지나 좀 올라가면 하천 건너 오른 쪽에 깎아지른 바위 절벽이 있는데 학봉(鶴峰)이라 함도 금 까마귀와 그 궤를 같이 하는 지명으로 보인다.

오두봉의 금 까마귀와 관련하여 사장등 혹은 사장편디기라 이르는 산등이 있다. 여기 사장(死葬)은 죽어 장사 지내는 편디기를 뜻한다. 서학골과 흡시시악골 사이에 자리한 산등인데 주위가 편평하고 습지대였다. 금오탁시형국으로 볼 때, 여기는 죽은 시체에 해당하는 곳이라고 한다. 서학골의 오두봉에서 이 곳을 보고 까마귀가 시체를 쪼는 형상을 하였다고 본 것이다.

곳곳에 금오탁시의 명당에 묻고자 했음인지 오래된 주인 없는 무덤들이 많은 곳이다. 실제로는 걸인의 무덤이 많다고 한다.

연화산(蓮花山) - 연화산은 천의봉의 지맥으로 마을의 동쪽을 막아 안산(案山)이다. 연꽃이 피어 물위에 솟은 모양이라 하여 명당의 자리로 치는 곳이다. 산 속에 연당지(蓮塘池)라는 연못이 있고 산의 모양이 연꽃처럼 생겨서 붙여진 이름이라 한다. 이르자면 연화부수형(蓮花浮水形)의 자리가 되는 셈이다. 본디 연화봉이라 하였는데 근년에 들어와서 연화산이라 하였다. 문곡역 쪽에서 보면 영락 없는 연꽃 모양을 한 산봉우리로 보인다. 연화산에는 옥녀봉과 비녀봉이라는 아름다운 두 봉우리가 조화를 이루고 있다.

옛날 그 어름에 서학사라는 절이 있었는데 절의 운영이 어려워 없어지고 그 자리에 박씨가 터를 잡고 살았다고 한다. 이 곳에 박씨가 살 적에 연화산 너머에 있는 연당지 부근 명당에 묘자리를 쓰고 큰 부자로 살았다가 망했다는 전설이 전해온다. 줄거리를 소개하자면 이렇다. 박 부자가 잘 살다 보니 많은 손님이 찾아 들어 그 집 며느리는 손님 접대가 너무 힘들어 짜증이 날 지경이었다. 그런데 어느 날 웬 노승이 찾아 들어 시주를 하라는 것이었다. 시주는 달라는 대로 줄 테니 우리 집에 손님이 오지 않게 할 방도를 일러 달라고 하였다.

노승은 그 집 며느리에게 손님이 찾아 들어야 좋다고 일렀지만 막무가내였다. 그럼 당신네 선대의 묘터가 연못가에 있을 것인데 그 연못의 둑을 터서 물을 빼버리면 원하는 대로 될 것이라고 하였다. 사람을 풀어 연못 둑을 파헤치기 시작했으나 바위가 물을 가로막고 있었다. 바위 위에다 불을 놓고 달군 뒤에 물을 끼얹으며 정으로 바위를 깨버리자 못의 물이 빠지게 되었다.

그러자 흰 학 두 마리가 박씨 집을 바라보고 울더니만 날아가 버렸다고 한다. 일설에는 연못의 물을 빼자 큰 잉어 두 마리가 나왔는데 울다가 죽어버렸다고 한다. 그 뒤로 박 부자는 망하게 되었고 찾아오는 손님이 끊어지게 되었다는 것이다.

옥녀봉(玉女峰) - 연화산의 중심을 이룬 봉우리가 옥녀봉이다. 전해오는 이야기에 따르면, 옛날 바다의 조수물이 올라와 세상이 온통 물바다가 되었을 때의 이야기다. 옥녀봉에 옥녀가 피란을 하던 중 유령산(일명 우보산) 갈미봉에 갈미를 쓴 남자가 피란을 하고 있었는데 나중에 함께 만나서 세상에 사람을 번성하게 하였다는 사연이다.

옥녀가 이 봉우리에서 피란을 하였다고 해서 옥녀봉이라 부른다. 봉우리 서쪽으로 옥녀가 머리를 풀고 엎드려 있는 모양을 하였다고 하여 옥녀산발형(玉女散髮形)의 명당 자리가 있다고 한다. 황지 연못은 옥녀가 머리를 감는 물 대야에 해당한다는 것이다.

비녀봉은 옥녀의 머리 뒷꼭지에 해당하는 곳으로 큰 바위가 양쪽으로 튀어 나와서 마치 비녀처럼 보인다. 비녀 바위는 큰 바위에 가늘고 긴 돌이 가로로 꽂혀 있어서 그 모양이 여인의 뒷머리에 꽂아 놓은 비녀처럼 보인다.

물동이 바위가 있는데 이는 옥녀봉과 비녀봉 사이의 산 능선에 자리한 바위로 생김이 물동이처럼 생겼다. 연화산의 옥녀가 물동이를 이고 내려와서 머리쏘의 물을 길었다고 하여 일명 옥녀 물동이 바위라고도 이른다.

옥녀가 머리소에서 머리도 감고 빨래도 하여 이 곳에다 널어놓은 곳이라 하여 붙여진 이름이다. 황지 쪽에서 보면, 꼭 빨래를 널어놓은 것처럼 보인다. 이 바위는 맑은 날에는 희게 보이고 흐린 날에는 검게 보인다고 한다.

투구봉 - 비녀봉을 달리 투구봉이라고 이른다. 본디는 비녀봉이었으나 성씨네가 비녀봉 아래에다 묘를 쓰고 장군대좌(將軍大座)의 형국이라 하여 장군대좌형의 뒷산 봉우리에 비녀봉의 바위 절벽을 장군의 투구로 보고서 그리 부르게 되었다고 한다.

사두봉(蛇頭峰) - 승륭재 뒤쪽에 볼록하게 솟은 봉우리이다. 그 봉우리 앞에 상주 주씨네 7대조 할머니 무덤이 있는데 이 곳이 장사축와(長蛇逐蛙) 형국의 자리라는 것이다. 이 봉우리는 뱀이 개구리를 잡아먹으려고 머리를 쳐든 모양을 하였다고 하여 붙인 이름이다.

함백산(咸白山) - 함백산은 일명 작약봉이라고 하는데 산 속에는 흰 진달래가 자생하고 흰 짐승과 꽃들이 있다고 한다. 이르자면 황지의 팔명당 가운데 작약반개(芍藥半開)의 형국을 한 자리라고 본 것이다.

황지의 진산(鎭山)으로 삼국유사(三國遺事)에는 묘범산(妙梵山)이라 적고 있다. 묘고산(妙高山)과 같은 이름으로 불교에서 이르는 바의 수미산이라고 보면 된다. 일종의 신산(神山)이요, 세계의 중심이라는 뜻을 갖고 있다.

안산(案山) - 문곡역이 있는 뒷산을 안산이라고 한다. 서학사와 큰터에서 보면 앞쪽에 놓여 잇는 산이기에 그리 한 것이다. 안산이라 함은 풍수 이론으로는 명당앞쪽의 산이니 황지의 앞쪽이 되기도 한다.

목조(穆祖) 능터 - 새 펀디기에 조선왕조 이 태조의 선대인 목조의 능이 있다고 하여 붙여진 이름이다. 옥녀산발형의 명당 자리가 있다고 하여 많은 풍수들이 다녀 간 곳이라고 한다. 함백산에서 뻗어 내린 산맥이 다시 돌아서 함백산을 되돌아보는 회룡고조(回龍顧祖)의 자리인데 이런 곳에 묘를 쓰면 임금이 난다고 하는 속설이 있다. 용은 왕의 상징이니까 그런 가설을 세울 수도 있다.

이성계의 고조인 이 안사가 전주에서 황지로 피란을 와서 살 때, 소도에서 바디장사를 하면서 어렵게 지내다가 죽었다. 그의 아들 이행리가 새펄의 자리에 장사를 하였다는 것이다. 앞으로 임금이 날 것을 예견하고 이 자리에 아버지를 묻었다고 한다. 얼마 안 있어 전주의 산성 별감이 안렴사가 되어 좇아와서 함경도 영흥으로 도망을 갔다.

그 뒤 이성계가 임금이 되어 고조부의 묘를 찾으려고 했으나 찾지 못하였다. 임진왜란 당시 일본군들은 이성계의 고조부의 묘 자리가 있는 곳이라 하여 가등청정이 새펄 위쪽의 산줄기를 끊어 혈을 질러 버렸다고 한다. 그러고 나서 삼척 미로면으로 묘를 옮겨갔다는 설도 있다. 아직도 새펄 부근에 옥녀산발형의 명당이 있다고 전해 온다.

삼척 미로마을에 전해 오는 이야기로는 여기 목조 능터의 이야기와는 서로 다른 점이 있다. 목조의 능이 아니고 이성계의 고조인 이안사의 아버지 무덤이라는 것이다. 이른바 백우금관(白牛金棺)의 전설이다. 이안사가 미로 마을에 살 때에 부친상을 당하였지만 마땅하게 모실 산 자리가 없었다. 마침 길거리에 지나가는 노승과 동자승과의 이야기 가운데 이 마을 가운데 어디쯤 앞으로 왕후장상이 날 명당터가 있다는 것이다. 사정사정 끝에 그 명당터를 알게 되었는데 조건이 있었다. 그 조건이라는 것이 바로 저 유명한 백우금관의 이야기인 것이다.

이르자면 묘를 쓰기 전에 산신님께 소 백 마리와 금으로 된 관을 써야 한다는 것이다. 곰곰이 생각한 끝에 이안사는 처가에 있는 흰 소 한 마리와 밀집으로 관을 싸서 묘를 파기 전에 제를 올렸다고 한다.

"소 일백 마리도 백우요 흰소 한 마리도 백우이니 가난한 사람의 처지를 살펴 주시고 관은 밀짚으로 싸서 드리오니 금관으로 헤아려 주소서."

이 무덤이 삼척 활기리에 있는 활기묘라고도 이르고 준경묘라고도 이르는 명당 자리라는 것이다. 실로 162년 뒤에 이성계가 나라를 세우고 임금이 된 것도 딴은 이 명당에 모신 준경묘에서 비롯한다고 전해 온다(손석우, 1995, 터, 245 참조). ≪대동지지≫에서는 활기촌을 목조의 무덤이 있는 곳으로 이르고 있으니 한 때는 황지 고장이 본디 삼척 땅이기도 하였지만 황지 고장으로 알려졌던 행정 지역상의 해석도 가능하다(보기(1) 참조). 척주지(陟州誌)에는 조선 왕조 선조 무렵 이태조의 고조부 내외분의 묘를 찾기 위하여 두 번씩이나 탐색을 하였다는 기록이 나온다. 선조 13년 경진년의 일이다. 정병 임호와 역리 김계수 등이 말하기를, 목조 내외분의 양묘는 다 황지에 있는데 석물이 다 갖추어져 있다고 했다. 부사 황정식이 그 말을 듣고 전하니 사대부들은 그 말을 믿는 이가 대부분이었다고 한다. 이듬해 경연관 이발과 김륵 등이 장계를 올리니 임금께서 안동과 삼척부사에게 명하여 양 묘를 찾아보라고 하여 양쪽의 부사가 산중을 수색하였지만 끝내 찾지 못하였다(明年辛巳經筵官李撥金玏等啓上令安東三陟搜訪山中竟不得).

다시 선조 23년에 황지 어딘가에 이성계의 고조 묘가 있다는 상소를 접한 임금은 안동과 삼척 부사에게 명하여 태백산을 찾아 헤맸으나 결국 찾지 못 하였다고 한다. 기록으로는 강릉에 사는 무인 강사룡의 상소에 황지 연화봉 서쪽 기슭에 무덤이 있다고는 하였지만 끝내 찾지 못 하였다(宣祖二十三年己丑江陵有武人姜士龍者又上疏言黃池蓮花峰西麓有二墓云〈陟州誌〉).

혈 지른 목이 - 옥녀봉에서 새펄로 내려오는 중간쯤에 있다. 임진왜란 당시 가등청정이 이 곳에 와서 혈을 질렀다고 하여 붙여진 이름이다. 혹은 중국의 이여송 장군이 혈을 지른 것이라고도 한다. 산줄기의 중턱을 파서 돌을 깨고 산줄기를 끊어 버린 것이다. 산줄기 아래로 큰 인물이 날 명당이 있기 때문에 혈을 지른 것이라고 한다. 깊이는 약 5-6미터 정도로 푹 파서 마치 구덩이를 파놓은 듯하다.

바람부리 - 일명 통리 고개라 하는 송이재에서 바람이 많이 불어오기 때문에 붙여진 이름이다. 본디 큰골이라고 했다 한다. 언젠가 바람부리 안쪽 큰골 소등에 있는 다리미 모양의 명당이 있었는데 여기에 지(池)씨 들이 묘를 썼다고 한다. 다리미란 불을 담아 옷을 다리는 가재 도구이다. 항상 바람이 잘 불어야 숯이 잘 타서 열을 받아 옷을 다릴 수가 있다. 그렇게 되어야 다리미 형국의 명당에 복이 생긴다고 믿었으므로 근처 어딘가에 바람과 관계가 있는 지명이 있어야 한다고 생각하였던 것이다.

이런 명당의 발복 신앙 때문에 지씨의 후손들이 비싼 성냥을 사서는 황지 시내 사람들에게 주면서 이 골짜기를 바람부리라고 불러 달고 부탁을 했다는 사연이다. 그래서인가 지금도 사람들은 이 곳을 바람부리라고 이른다.

금계포란지(金鷄抱卵池) - 태백역에서 북쪽으로 한 이 백여 미터쯤 가면 둘레가 약 일 백여 미터 가량 되는 연못이 있는데 연못의 서편 언덕에 연일 정씨 9대조 할머니 묘가 있으니 이 곳이 명당터라는 것이다.

삼백 년 전에 연못가에 연일 정씨네가 살고 있었다. 연못가의 언덕에 밭을 일구어 농사를 지었다. 어느 날인가 밭을 매고 있는데 길 가던 노승 한 사람이 기진맥진하여 연못가에 와서 배가 고파서 죽을 지경이니 먹을 것이 있으면 조금만 달라는 것이었다. 마음씨 좋은 정씨 내외는 점심을 먹으려고 가져온 음식을 대접하면서 기운을 차리게 해 주었다.

두 사람의 점심을 다 먹은 노승은 정신을 차리었고 너무나도 고마웠다. 그 고마움을 갚기 위하여 연못가 언저리에 명당 자리를 하나 잡아 주고 떠났다고 한다. 정씨의 어머니가 돌아가시자 이 곳에다 장사를 모시니 후손이 크게 번창하여 잘 지냈다고 한다.

예전에는 물이 많아 묘 앞의 제축이 물에 잠길 정도였으며 후손들의 도포 자락이 물에 젖었다고 한다.

이와 관련하여 심기솔께라는 마을이 있다. 정씨네가 조상의 묘를 쓰고서 천의봉 쪽에서 내려다보이는 매봉의 불길함을 막기 위하여 묘와 연못가에 소나무 삼백 그루를 심었다고 한다. 아름드리 소나무가 숲을 이루었지만 오십여 년 전에 다 베어버리고 지금은 작은 소나무 한 그루만이 남아 있는 실정이다. 소나무를 심은 곳이라고 하여 붙여진 이름이다.

팔형제터 - 가는 골과 식복이 골 사이의 산등에 자리하였다. 오늘날에는 관음사라는 절이 있는 곳이기도 하다. 절 옆에는 맑은 샘물이 솟아나는데 어디서 물이 나는 지를 잘 알 수가 없다. 이 곳의 산 모양이 마치 어미노루가 새끼 노루에게 젖을 먹이는 형국이니 곧 모장포유형(母獐哺乳形)의 자리라는 것이다.

옛날 어느 한 부인이 아들 낳기를 기원하러 와서 이 샘물로 백일 정성을 드리니 무려 팔 형제나 두었다고 하여 붙인 이름이다.

4. 지명 형태소의 분포

앞에서 우리는 황지 고장의 지명 형성에 따르는 여러 가지 형성 요인과 지명 방사에 대하여 알아보았다. 이와 함께 황지 지명 형태소의 분석을 통하여 언어내적인 자료의 성격을 탐색하여 보기로 한다.

황지를 이루고 있는 이 고장의 자연부락의 지명을 지명접미사라 할 수 있는 후부 형태소와 전부 형태소를 살펴보면서 등어선과 관련한 해석을 하도록 한다.

(8) (후부 형태소)

ㄱ. (-골) 늪골 여우바우골 도장골 되골력골 서낭뒷골 큰전골 샘물골 산막골 작은 흙다리골 흡시시악골 불당골 면유지골 흙다리골 멍우바우밭 서학골 풀미골 활목이골 사당골 산갓골 연화산골 머리쏘골 제당골 동이골 모세밭골 독장골 곳집골 송나무터골 화약골 작은골 큰골/ 상장동(上長洞)//공부실(천평)

ㄴ. (-굼) 쇠귀밭굼 양지밭굼 쇄필밭굼 진밭굼 원재밭굼 절터굼 고사리밭
굼가매굼 싸리재굼(화전)/ 호랑밭굼 깔매재이 굼 뻥나무밭굼 어두메굼
구무등(통리) 구무소(동점)외 38곳/ 孔 구무공 穴 구무혈 窟 구무굴
(훈몽초(하) 8)

ㄷ. (-실/골)공부실 당실(태백 봉화) 거무실 늘모실 지륵실 뒤실 조내실 조
천실(봉화명호)두룩실 샘실 이럭실 다양실(봉화 물야) 고마실 한실 전
의실 느룹실(안동길안) 감실 사두실 우무실 문좌실 노실 무덤실 배나무
실(영주 부석) 진싯골 홈골(봉화명호) 뒷골 바리골 귀골 탑골 긴골(봉
화물야) 집썻골 간덧골 하짓골(안동길안) 머골 망골 산양골 우수골 불
미골(영주부석)

ㄹ. (-이) 국수댕이 서낭딩이 활목이 용추목이 새목이 혈지른 목이 늦은목
이 취발목이 이르석이 포항구뎅이 장승모랭이 장광모팅이

ㅁ. (-늪(소)) 통시늪/ 단지쏘 무당쏘 합쏘 머리쏘 정백이쏘 이서낭당쏘 벼
란쏘

ㅂ. (-벌(평)) 늪벌 백석평(오리평) 감천버덩

ㅅ. (-바우) 거북바우 맷돌바우 병풍바우 설통바우 개구리바우 범바우 물동
이바우 빨래바우

ㅇ. (-터) 절터 야지터 큰터 음달터 솔밭터 심마니광터 불탄터 독장터 목조
능터 벼란터 토기점터 팔형제터 하백산당터 안충터 심적암터 묘적암터
은적암터

ㅈ. (-봉) 오두봉 학봉 사두봉 선녀봉 된봉 옥녀봉 비녀봉 투구봉

ㅊ. (-밭(터)) 버들밭 티안밭 솔밭터

ㅋ. (-펀디기) 늪뒤펀디기 사장펀디기 새펀드리

ㅌ. (-나드리) 두물나드리 세물나드리/ 조계 나들 오계 나들(영양)

보기 8(ㄱ-ㄴ)의 분포를 통하여 보면 황지를 아우르는 태백 지역에
서 천평의 공부실 하나가 '-실'계 지명일 뿐 '-골'계 지명을 찾아 볼 수
가 없다. 한편 인접한 봉화나 안동 지역을 살펴보면 '-실'계와 '-골'계

지명이 섞이어서 자리하고 있음을 알 수가 있다.

황지 부근의 마을에는 '-굼' 계열의 지명이 약 50여 개나 된다. 굼은 움푹 들어간 곳으로 골짜기보다는 좁고 구멍(穴)의 형태처럼 보이는 공간을 이름이다. 어디까지 지형의 특징을 이름으로 삼은 경우라고 할 것이다. 중세어에서는 구무가 기본형이었으니 구무 > 굼이 된 것으로 상정한다. 현재도 양형이 공존하고 있는 셈이다.

이는 어찌 보면 황지늪과 같은 웅덩이 모양을 한 움푹하게 들어간 곳으로서 풍수지리에서 흔히 명당혈(明堂穴)을 이르는바, 황지 일원이 명당 신앙의 조장으로 널리 알려지게 되는 동기가 형성된다고 할 수 있다.

여기서 우리는 황지는 남부 방언군과 북부 방언군의 등어선 지역이 아니고 봉화쪽으로 조금 더 내려오면서 등어선이 형성되어 있을 가능성을 엿볼 수 있다. 후부 형태소 가운데-바우는 바위의 이지역 방언이며-펀디기는 평퍼짐한 곳을 이른다.

이와 함께 후부 형태소로는-나드리가 주목에 값한다. 요즘 고속도로 진입로를 흔히 나들목이라 한다. 차가 나고 들고 하는 지점을 이르러 나들목이라 한 것이다. 아주 정겨운 이름이다. 보기에서도 그 예를 보이기는 하였는바, 영양 지방에 가면 오씨네와 조씨네가 같은 냇물을 건너다니면서도 서로 사이가 좋지 않아 따로 다리를 놓아 나고 들었다고 하여 붙여진 이름이다.

마찬가지로 두물 나드리와 세물 나드리도 물에 들어갔다가 나왔다가 하는 모양을 따서 그 지명으로 한 것으로 보인다. 소도천 하류가 물길이 갈라져 두 갈래로 되므로 이 곳을 건너려면 두 번 혹은 세 번 물을 건너야 하니까 그리 부르게 된 것이다.

마을 이름 가운데 뒤에 붙는 후부 형태의 특징을 알아보았는데 이러한 후부 형태를 꾸며 그 의미를 특별히 지칭해 주는 전부요소 가운데 두르러진 것은 어떤 것이 있는가.

(9) 전부 형태소
ㄱ. 통시- : 통시간에 가 잠이나 자(안동) 통시에 빠졌는기가(김천) 총각냄새 맡은 쉬파리가 유월 통슈 달려 들듯(규방유정가) 통시 비타리(의성)
ㄴ. 흡시 시악골 : 작은 서학골을 뜻하는 또 다른 이름이다. 작은 흙다리 골 안쪽에서 왼쪽으로 갈라진 골짜기로 작은 흙다리골 자체를 흡시 시악골이라 한다.
ㄷ. 방깐/멍우/티안밭

통시 혹은 통수는 경상도 방언에서 많이 쓰는데 이곳에서도 널리 쓰이는 형태이다. 이로 보면 부분적으로 등어선 지대임을 보여준다고 하겠다. 흡시 시악골의 흡시는 또 다른 지명 '작은 서학골'과 같은 지명으로 볼 때, '작다(小)'의 뜻으로 쓰인다. 방깐은 방앗간의 줄임말이며 멍우는 머우, 티안밭의 '티'는 터의 모음이 변이된 결과의 형태라고 볼 수 있다.

5. 마무리

이제까지 이 지역의 취락 형성에 가장 중요한 요소로 황지 못이 갖는 몇 가지 동인들이 이 고장의 자연 부락 지명 형성에 어떻게 반영되고 있는가에 대하여 알아보았다. 그 얼개가 되는 속내를 간추리면 다음과 같다.

(가) 연못으로서 황지가 갖는 마을 형성의 가장 먼저 손꼽을 수 있는 것으로서 넉넉한 근원샘이라는 점이다. 낙동강의 원류가 됨은 물론이거니와 비가 오지 않고 계속하여 가물 때에는 황지못에 기우제를 지낸다.

지명방사의 가장 영향력 있는 방사의 중심을 이루는 지명이다. 이와 유연성을 보이는 것으로는 늪벌―마당늪―통시늘―굴뚝소―늪뒤―늪디편디기―늪골이 있다. 여기에 황부자의 장자못 전설이 형성됨으로 하여 황지못의 신성함과 권선징악의 의미와 전설에 따르는 깊은 샘의 근원처럼 끝없는 사연 깊은 정서를 부여해 준다.

(나) 황지에 얽힌 민간신앙으로서 뿌리깊은 풍수 신앙이 여러 곳으로 퍼지면서 명당과 관련한 지명들이 자리하게 된 것이다. 지가서에 드러났듯이 황지 중심의 팔명당을 포함한, 그밖에도 이와 버금한 명당에 대한 믿음이 이 고장 사람들에게 막연하게나마 이 고장에 대한 믿음과 사랑을 더해준 결과가 된다.

이르자면 연화봉과 함백산, 옥녀봉과 투구봉, 금계포란지와 장군대좌지, 오두봉과 사두봉이나 팔형제터가 그러한 경우라고 할 수 있다. 이러한 풍수 신앙은 목조 능터와 같이 이성계의 조상 묘와 관련해서 역사적인 사건과 맞물림으로써 명당신앙의 개연성을 더해간 것으로 보인다.

(다) 황지 지명 형태소의 전후부로 미루어 보아 통시를 중심으로 하면 일부 남부와 북부 방언군의 등어선이 형성되고 ―실계와 ―골계 지명 형태소로 보면 황지는 북부 방언군의 성격이 강한 ―골계 지명이 주로 분포되어 있다. 이와 함께 굼 계열의 지명형태가 많은 분포로 드러나는데 이 지역의 지형을 단적으로 드러내 주는 이름으로 보인다.

▣ 참고문헌

김강산(1991) 태백의 지명유래, 태백문화원.

김정호(1976) 대동지지(영), 아세아문화사.

동국여지승람

척주지

강원도지

석일연(1969) 삼국유사(영), 최남선 증보, 민중서관.

정호완(2001) 제천 지명의 언어지리적인 고찰, 인문과학예술문화논총 24, 대구대
          학교.

_____(1998) 경산의 지명유래, 태학사.

한글학회(1979) 한국지명총람 6.

제천(堤川)의 마을 이름

1. 머리말

이 글은 제천지명의 기원적인 속내를 알아보고 자연부락 이름을 통한 언어지리적인 분포와 그 표기적인 특성을 문화기호론적인 관점에서 살펴보고자 함을 그 보람으로 삼는다.

지명이 이루어지는 과정은 몇 가지로 갈래 지을 수 있다. 땅의 모양이나 역사적인 유래, 혹은 신앙이나 군사, 정치, 경제와 같은 여러 가지 변인들에 의하여 결정된다. 정신적인 활동의 열매라고 할 삶의 양식(樣式)을 총체적으로 일컬어 문화라 하는바, 지명은 인류 문화의 무리 모임이라고 하여 지나침이 없을 것이다.

행정구역의 변천사로 볼 때, 제천 지역은 크게 북부지역과 남부 지역으로 나눌 수 있다. 북부는 본디의 제천 고장이며, 남부는 청풍(淸風)을 기반으로 하는 남한강 유역의 지역으로 제천으로 통합이 되면서 하나의 지역 공동체를 이루게 되었다.

제천 지명의 변천과 마을 이름, 그 가운데서도 자연 부락의 이름을 보면 제천문화의 단면들이 담겨 있음을 알게 된다. 가령 송학의 선돌 혹은 선돌배기라는 마을이 있다. 한자로는 입석(立石)으로 써서 오늘날의 행정지역의 동 이름이 되었다. 옛적에는 입석부곡이 있었던 곳으로 문화적으로는 한반도의 옛날 이른 시기의 뿌리깊은 거석문화(巨石文化)에 기원한 것으로 보인다. 지명 분포를 보면 이러한 돌 숭배 더 나아가서 태양숭배로 이어지는 자연물 신앙과 관련한 곳이 상당 수 있음을 볼 때 분명 돌 같은 자연물 숭배에서 비롯한 것이다. 이와 같이 중요한 신앙의 계기가 될 만한 종교 공간이나 사물의 내력이 지명 이름에 투영된 것으로 보아야 할 것이다.

언어지리적으로는 -실계 지명과 -골계 지명으로 크게 갈라지는데 -실계는 제천의 남동쪽에 분포하여 있으며 -골계 지명은 제천의 북서쪽에 분포하여 있는 것으로 상정된다. 언어 기층으로 보자면 -실계는 신라어계에 속하고 -골계는 고구려어 계열에 속하는 특징으로 보이는 바, 이는 오늘날에도 경상도 지역어와 충청도 지역어가 함께 공존하는 등어선지대임은 옛적에도 같은 분포특성을 보인다고 할 수 있다.

먼저 물과 관련하여 제천의 옛 이름인 내제(奈堤)와 청풍의 기원과 그 형태와 의미를 알아보도록 한다.

2. 내제(奈堤)와 사열이(沙熱移)의 형태와 의미

제천의 천(川)이 드러내는 기본적인 의미가 물이니 기원적으로 제천의 마을이 이루어짐에 있어 물과 무슨 관련이 있지 않겠나 하는 생각을 해 볼 수가 있다. 제천이란 이름이 쓰이게 되기까지의 그 내력을 알아보도록 한다.

고구려 시기에는 제천을 내토(奈吐)라 하였다. 『삼국사기』에 따르면 신라 35대 경덕왕 16년(757) 정유(丁酉)년에 이르러 한반도 전역의 이름을 당 나라의 주군현(州郡縣)제를 들여오면서 중국식으로 지명을 모두 바꾸게 된다. 이 때 내토는 내제군(奈堤郡)으로 하였으며 사열이현(沙熱伊縣)을 내제군의 속현으로 두게 되었는데 사열이현은 오늘날의 청풍을 이른다.

고려 태조 23년(940) 경자에 이르러 내제를 제주군(堤州郡)으로 고치고 성종 2년(985) 무렵 강원도 원주에 속하게 된다. 다시 성종 11년(992) 임진에 이르러 의천(義泉) 혹은 의원(義原)이란 별호로 부르게 되었다.

제천의 옛 이름인 내제나 내토 모두가 물을 갈무리하는 일과 무관하지가 아니하다. 여기 내제 혹은 내토의 내(奈)는 적은 글자가 한자일 뿐 우리말의 냇물의 내(川)를 이르는 걸로 볼 수가 있다.

그럼 내토의 -토(吐)는 어떠한 속내로 풀이할 수 있을까. 고대국어 시기에는 거센소리 티읕이 아직도 의미를 다르게 할 수 있는 음소로 자리를 잡지 못하였다고 상정할 수 있다. 그러면 토-도의 등식이 이루어짐을 알게 된다. 이는 우리말로 한자의 소리를 빌어다 적은 것이고 형태소 '도'가 기역으로 끝나는 특징이 있었음을 떠올리면 도-독-둑의 연관성이 있음을 짐작할 수 있다.

본디 한자를 빌어 우리말을 적음에 있어 먼저 대응시킨 형은 한자의 소리를 빌려오는 음독이었을 것으로 보인다. 우리가 영어를 배울 때에도 먼저 읽기를 가르침을 생각해 보면 한자의 경우도 소리를 우선으로 하여 빌려 썼을 것이 상정된다. 기원적으로 보면, '내'는 '나리'에서 비롯하였고 일부 소리가 떨어져 나리-나이-내로 굳어져 오늘날에 쓰이게 됨을 알기에는 어렵지 아니하다. 나리는 물건을 나른다고 할 때 쓰는 나르다의 '나르-'에서 온 것으로 '나르-'는 새가 날아가듯이 한 곳에서 다른 곳으로 움직이는 것을 이른다.

물로 말미암아 평야가 생겨나고 물위로 배를 띄워 물건을 나르고 사람들이 오가는 것을 생각해 보라. 청풍을 중심으로 하는 남한강 둘레는 많은 나루들이 있다. 나루라 함도 같은 뿌리에서 갈라져 나온 형태들이다. 한자로 뒤쳐 나루 진(津)이나 개 포(浦)를 써서 이르는 지명이 많지만 그 원형적인 의미는 나루 곧 사람이나 물건을 나름이라고 볼 수 있다.

냇물은 마을의 형성과 깊은 상관성을 갖고 있다. 제천의 경우도 예외일 수가 없으며 내토 혹은 내제의 내(奈)가 바로 물이 흐르는 공간으로서의 냇물을 뜻한다. 경북 영주에 내성천(奈城川)이 있는데 이 또한 내가 돌아 흐르면서 성을 이루었다는 정보를 드러낸다. 영주는 본디 고구려의 내기(奈己)였는데 신라 경덕왕 때 내령군(奈靈郡)으로 하였다가 조선조 태종 13년(1413)에 이르러 영천(榮川)으로 고쳤다.

지금도 내성천 어름에 무섬이라는 마을이 있는데 이는 물섬-무섬으로 바뀌어 굳어진 이름이다. 물로 말미암아 생겨난 섬 마을이란 말이 되는데 물이 모여 흐르는 공간을 통틀어 내라함을 한자의 소리로 적은 것으로 볼 수 있다. 이러한 가능성은 강원도 영월의 옛 이름에도 찾아 볼 수 있다.

영월의 옛 이름은 내성(奈城) 혹은 내생(奈生)이라 하는데 내생의 내(奈) 또한 오늘날의 동강을 이른다고 할 수 있다. 보기를 들자면 조선왕조 시절 어린 단종이 노산군으로 강봉되어 유배 생활을 하던 청령포에 가보면 말 그대로 물이 성을 이루고 있음을 알 수 있다.

고려 현종 때 영천을 길주(吉州)에 속하게 하였음을 생각하면 영

(榮)-길(吉)-영(永)의 대응성을 상정할 수 있다. 영주 아래 안동의
옛 이름이 길 영(永)자 영가(永嘉)이니 이와 변별적으로 쓰이자니 영
화 영(榮)을 썼을 뿐 길 영(永)의 본 뜻이 서려 있음을 알 수 있다.
이르자면 길 영(永)이 두 이(二)에 물 수(水)를 합하여 만든 글자이
고 이는 곧 두 물이 만나서 이르는 곳에 붙인 경우가 상당한 분포를
보이고 있다. 이런 점에서 보아 제천의 옛 이름인 내제에서 내를 막아
이루고 이 물을 이용하면서 마을을 이룬 데서 비롯한 고장의 이름이
라고 할 때 상당한 설득력이 있다고 본다. 물이란 우리 삶에서 불가분
리의 절대적인 요소가 됨을 알 수가 있다. 광개토대왕의 기(旗)에 우
물 정(井)자가 쓰여 있음을 떠올리면 물이 얼마나 소중한 것인가 함
을 미루어 짐작할 수 있을 것이다. 그 우물이야말로 백두산 천지(天
池)라는 주장이 있거니와 그럴 듯한 가설로 보인다. 마찬가지로 의림
지(義林池)는 제천을 풀이함에 있어 빼놓을 수 없는 공간임은 다시
또 다른 설명이 필요하지 아니하다.

의림지는 제천시 모산동(茅山洞)에 자리하고 있는데 1976년 12월
23일에 지방기념물 제11호로 지정되었다. 의림지는 달리 임지(林池)
혹은 소지(小池), 혹은 유지(柳池)라 이른다. 신라 진흥왕 시절, 약
1400년 전의 일이다. 가야금의 악성 우륵(于勒)이 의림지를 만들었다
고 한다. 이를 뒷받침할 만한 문헌자료는 없고 구전으로 전해옴이 아
쉬울 뿐이다.

고려 성종 11년(992) 임진(壬辰)에 주군현은 물론이고 행정구역과
강과 산, 포구의 이름을 고칠 무렵, 제천을 의림현이라고 일렀으며 달
리 의천(義川)으로도 일렀다. 골짜기를 따라 의림지를 거슬러 오르면
제2 의림지가 있음을 보면 이 어름 해서 얼마나 저수 시설로서의 기

능을 주력했던가를 쉽게 가늠할 수 있다.『제천군 읍지』에 따르자면 소지(小池)가 나온다. 의림지에서 피제골쪽으로 약 1킬로 정도 떨어져 있다. 이 못은 의림지의 보조 못이다. 본디 이름은 비룡담(飛龍潭)이라 하였다. 용두산과 백기암 사이에서 발원한 물줄기는 제2 의림지로 모여들어 백곡제와 함께 청전들에 농업용수로 이용된다.

임호 박수검(朴守儉) 선생의『임호집(林湖集)』에 실린 오언절구를 들어보자. "가야금 신선이 간 지 오래이건만/ 천년이 지난 지금도 의림못은 여전하이./빼어난 경치는 여기저기 맺혀 있는데/초야에 묻혀 사는 동안 덧없이 늙었네(琴翁仙去後 千載有湖山 秀色如堪結 誅茅老此間)."

임호 선생은 벼슬을 그만 두고 의림지 못둑 아래 살면서 스스로를 임호처사라 자처하였다. 후학들을 가르치면서 자연에 깊이 심취하여 본인의 아호도 임호라 함도 의림지에 대한 속살 깊은 사랑을 단적으로 드러낸 것으로 보인다.

의림지 물의 뿌리샘은 용두산(龍頭山)에서 발원하는바, 용두산은 감악산(紺岳山)의 큰 등뼈인데 제천의 북쪽 12리쯤에 자리하고 있다. 산의 꼭대기에는 작은 못이 있으며 동쪽으로는 가라곡(加羅谷) 고개, 배 고개(梨峴)가 있다고 했다. 예부터 용두산 머리에 작은 연못이 있었다 함으로 보아 의림지의 내력이 오래 되었음을 짐작할 수 있다(山頂有小池東爲加羅谷梨峙).

의림지의 기원에는 또 다른 설이 있다. 우륵으로부터 700년 뒤에 현감 박의림(朴義林)이 쌓아 만들었다는 이야기다. 하지만 제천 구읍지를 비롯한 그 어느 자료에도 이에 대한 기록을 확인할 수 없다. 의림지 북쪽 돌봉재에는 의림지를 만든 우륵의 공을 기리기 위하여 사당을 지어 놓고 봄가을로 향사를 모셨다고 한다. 이 향사는 조선조 영조 때가지 이어져 왔다고 하며 지금도 의림지 동북방에 있는 연자 바위에서 우륵이 가야금을 켰다는 전설이 내려오고 있다. 이로 보면 의림지의 우륵 기원설이 설득력이 있을 것으로 보이지만 속단을 할 수는 없다. 충주에도 우륵의 탄금대가 있는데 그럼 대가야 시절의 우륵이 여기 저기 다니면서 활동을 했다는 말이 된다. 풍수(風水)로 보는 의림지는 어떠한가. 치악산과 감악산에서 용두산으로 이어지는 산맥들은 용두산의 좌청룡으로 송학산(松鶴山)을 뒤로 한다. 이는 다시 뱃재와 조리재, 가창산(駕昌山) 부곡산을 지나 강원도로 이어진다. 이른바 서쪽의 우백호는 백운산과 구륵산, 구학산과 박달재를 휘감는 형국이다. 이들 산맥의 가운데에 만들어진 인공의 연못이 의림지다. 용두산 머리에 작은 못이 있었음을 고려하면 천연의 조건이 잘 갖추어진 지형학적인 저수 시설이라고 보아야 좋을 것이다.

의림지의 또 다른 이름인 유지(柳池)도 그러한 경우다. 우리 나라의 이름 표기에는 버들 유(柳)자가 들어가는 보기들이 왕왕 있다. 하백의 부인이 유화(柳花)이고 단군이 머물렀던 곳을 유궁(柳宮)이라고도 이른다. 이렇게 보면 유지는 버들 못인 셈이 된다. 의림지 폭포 위쪽 물이 흘러나가는 둑옆에는 수양버들이 우거지고 창포가 무성하며 물오리가 떼를 지어 놀았다고 해서 이 곳을 버들만 곧 유만(柳灣)이라고도 이른다.

버들을 흔히 버덩이라고도 하는데 버덩은 다시 넓게 펼쳐진 평야를 이른다. 벌과 들에서 비롯한 말이다. ≪두시언해≫에서도 들판을 버덩이라고 기록하고 있음은 이를 반증할 수 있다고 본다. 오늘날의 행정 명칭인 모산동도 의림지와 무관한 것이 아니다. 한자로 보면 띠모

자 모산이지만 우리말을 적은 이두식 표기로 보면 모산—못안이 된
다. 여기의 못은 다름 아닌 의림지를 이르는 말임에 틀림 없다. 못의
어원은 못—몰—몰로 이어지는 단어족을 형성하여 이른다. 작은 물줄
기들이 모여들어 이루어진 물의 공간이니 의림지의 물이란 가히 먹거
리의 창고라 하여 지나침이 없을 것이다.

　물과 인간의 삶은 불가분리의 관계를 갖는다. 제천의 옛 이름인 내
제(奈堤)가 그러하듯 제천지역의 중요한 문화의 요람이었던 청풍(淸
風) 또한 그러하다고 본다. 청풍의 옛 고을 이름은 사열이(沙熱伊) 혹
은 성열(省熱)이었는데 뒤에 청풍으로 고쳐 부르게 되었다. 모두 그런
것은 아니지만 옛 고을의 이름은 어떤 모양으로든지 고쳐 부르는 이
름 속에 어느 만큼의 정보라도 남기게 마련이다. 그럼 사열이와 청풍
의 사이는 어찌 보아야 할 것인가. 사열(沙熱)은 청풍의 청(淸)과 같
은 뜻을 드러내는 것이 아닐까 한다. 이렇게 볼 수 있는 논리적인 근
거는 무엇인가. 사열의 한자를 이두식 적기로 보고 한자의 소리를 중
심으로 하여 적은 것으로 볼 수 있지 않을까 한다. 그러니까 '사'-에
열의 리을(ㄹ)을 보태면 살-이 된다. 마침내 살—청의 관계를 짐작할
수가 있다. 이러한 가정을 뒷받침할 만한 또 다른 보기들을 들어 풀이
하자면 다음과 같다. 논자에 따라서는 사열이(沙熱伊) 의 의미는 '서
늘하다' 혹은 '차다'로 풀이하기도 한다.

　나머지 성열(省熱)의 경우는 어떻게 풀이하면 좋은가. 이 표기도
살-을 표기하기 위한 이두식 적기가 아닌가 한다. 성열의 성(省)을 그
뜻으로 읽고 성열의 열(熱)을 윗말의 말음 덧붙여 적기로 보아 리을
(ㄹ)을 표기한 것으로 보고 이를 합하면 살-이 된다. 이르자면 성(省)
의 훈(訓)이 '살피다'임을 고려하면 여기서 살이 나오고 열(熱)은 리

을을 표기하는 형태로 보고 이를 동아리 지으면 살-이 된다. 여기서 고친 이름 청풍(淸風)의 풍(風)의 암시를 떠올릴 수 있다. 살피-의 -피가 비슷한 소리에 터하여 이두식으로 표기하였던 것이 아닌가 한다.

이러한 살-과 청(淸)-의 상관성은 지명의 분포로 보아 믿을 만한 대응됨이 있을 때, 개연성은 그만큼 커진다고 할 수 있다. 먼저 청주(淸州)의 경우를 들 수 있다. 청주의 옛 이름은 청천(淸川)이었으며 이에 앞선 이름은 살매(薩買)였으니, 살(薩)은 맑을 청(淸)으로 바뀌었음을 알 수가 있다. 여기서 매(買)는 수원(水原)의 옛 이름 매홀(買忽)에서 수-매의 대응됨을 알겠다. 이로 보면 살-청의 가능성은 있는데,·이와 궤를 함께 하는 보기로는 이 밖에도 대동강의 옛 이름인 청천강(淸川江)인데 이에 앞선 이름이 살수(薩水)였음을 떠올릴 수 있다. 더러는 한수(寒水) 혹은 한천(寒泉)과 같이 찰 한(寒)이 주변에 있는 것으로 보아 찰-에서 연원한 것으로 보려는 견해도 있다.

물론 그럴 가능성도 있다고 볼 수 있다. 소리의 발달 단계로 볼 때, '찰-'과 같은 파찰음 소리들은 기원적으로 마찰음에서 발달하였으니까 '찰-'은 곧 기원적인 소리가 살-에서 왔기 때문이다.

공간적으로 청풍과 가장 가까운 고장에 이러한 가능성을 보이는 예는 오늘날의 충주 땅 수안보 쪽에 자리한 살미면(乷味面)의 경우라고 할 수 있을 것이다. 살미면은 청풍강의 북서쪽에 자리한 고장으로 청풍에 바로 인접한 곳이다. 이두식 표기로 보아 살(乷)-청(淸)이 대응되고 살미의 미(味)는 물을 뜻하는 형태로서 살매의 매(買)와 같은 뜻으로 몰 수 있다. 하면 청풍의 풍은 어떻게 볼 수 있을까.

여기 청풍의 풍(風)은 풍광(風光)을 뜻함이니 곧 경치를 이름이다. 단양팔경이 모두 남한강인 청풍강과 관련한 지역에 있음을 알겠거니와 산자수명한 남한강의 넉넉한 물 자원과 이를 이용한 수운(水運), 그리고 국방상의 이로움으로 기회만 있으면 이 지역에서 나라와 나라, 지역과 지역 사이에 분쟁이 끊이지 않았음을 보면 옛 선인들의 삶에 얼마나 소중한 역할을 하였는가를 미루어 짐작할 수 있지 아니한가.

단적으로 청풍(清風)은 이두식으로 읽으면 살풍이 된다. 살풍이란 살품의 변말로서 옷과 가슴의 사이를 뜻하는 말로서 여기 '살-'이란 사이(間)를 이르는 말이다. 그러니까 비봉산과 남한강 사이에 이루어진 들판을 이른다고 볼 수 있다. 동시에 강물은 강남 지역 즉 신라 지역과 강북 곧 고구려 지역의 정치적인 기층을 경계(=살피) 지워 주는 공간적인 어름을 뜻하는 것으로도 보인다. 이를 동아리 지어 보이자면 다음과 같다.

(1) 사열- 청풍의 대응
沙熱伊(省熱)>清風 : 沙(사)熱(ㄹ)>살/省(사-)熱(ㄹ)>살(삿-살-間)+풍(품)>살풍(=옷과 가슴 사이의 빈틈/살품의 변말)[1]

(2) 청풍의 형태와 의미
清風-살풍(살품의 변말 : 가슴과 옷 사이의 빈틈)-살[사이間]+풍(품)
[틈/넓이]

보기 (1)에서 청풍은 고구려의 땅으로서 옛 이름이 사열이었음을 알 수가 있다. 청풍은 비봉산과 남한강 사이에 이루어진 고장이다. 지

---

1) 사열이(沙熱伊)의 '-이(伊)'는 장소나 사물, 혹은 사실을 지칭하는 접사와 같은 형태로 가장 보편적인 조어론적인 구실을 보여주는 형태로 상정할 수 있다. 조어론의 분포를 보면 가장 폭넓은 분포로서 '-이'가 쓰임을 알 수가 있다.

금도 수몰이 되긴 하였지만 청풍 고을이 있었던 곳에 형성된 호수가 가히 청풍호라 할 만하다. 충주댐 안에서는 가장 큰 내수면을 갖는 호수인 것이다. 그만큼 산과 강 사이에 이루어진 들판이 넓다는 이야기가 된다.

여기서 우선 지적할 것은, 청풍을 이두식으로 읽어 살풍이 된다는 것과 살풍은 살품의 변이형으로서 옷과 가슴의 사이의 빈틈을 이르는 바, 비유하여 이르자면 남한강과 비봉산 사이에 이루어진 사이공간을 뜻하는 것으로 상정할 수 있다는 점이다.

보기(2)에서 성열(省熱)의 성(省)-도 한자의 뜻으로 읽으면 '살필' 성이 되는바, 여기 '살피-'는 청풍의 살풍과 같은 의미를 드러내며 이는 같은 사이 개념을 드러내는 것으로 보인다. 살피 또한 마찬가지이다. 한 장소와 또 하나의 다른 장소 사이의 경계 곧 사이를 뜻하는 것으로 모두가 사이공간을 이른 것이다. 구체적으로는 강과 비봉산 사이에 형성된 삶터 곧 마을의 터전이며 들판을 뜻하는 것으로 상정할 수 있다.

사이를 뜻할 가능성이 있음은 살미(乻味)에서도 드러난다. 보기 (3)의 살미는 청풍의 건너편 수안보 쪽의 고장으로서 청풍을 살풍으로 읽는 또 다른 하나의 지명이라고 보여진다. 본디 살미라는 형태도 기둥과 도리 사이에 끼워 넣는 쇠서 곧 소의 혓바닥과 같은 나무와 촛가지를 이르는 것으로 사이의 개념을 드러낸다. 혹은 .살미의 '-미'를 살매(買)의 '-매'가 고구려 말에서 물을 뜻함을 고려하여 매－미와 같이 대응시켜 강물을 드러낼 수도 있을 것이다.

우리가 흔히 쓰는 말 가운데에서 '살-'이 어떻게 사이 개념을 드러내는가에 대하여 생각하여 보기로 한다.

(3) ㄱ. 살피(省-) : ①두 땅의 경계선의 표(살피재〈거창〉숟가락의 변말)(=
살표) ②물건과 물건 사이의 구별 지은 표 / 살미 : 기둥 위에 촛 가
지와 쇠서를 여러 겹으로 차리어 도리를 걸치게 짜서 만든 물건 /
살 바람 : 좁은 틈으로 새어 들어오는 찬바람 / 살쩍 : 뺨위와 귀 사
이에 난 머리털 / 살품(살풍〈방언〉) : 옷과 가슴 사이에 난 빈틈서
리(淸風의 원말) / 사리다 : 꼬리를 뒷다리 사이로 꼬부려 끼다(쏘
리룰사리고〈마경(상) 105〉) / 살소매 : 옷소매와 팔 사이의 빈 곳 /
살거름 : 씨와 섞어서 쓰는 거름 / 살 : 참빗이나 얼레빗 따위의 머리
카락 사이사이에 들어가는 낱낱의 가진 조각 / 살바탕(=솔바탕) :
활터의 사정 앞에서 솔대 있는 데까지의 거리 / 살장 : 문빗장 (=
문을 잠글 때 사이에 가로지르는 쇠나 장대), 광산에서 동발과 뗏
목 사이에 끼우는 나무[2])

ㄴ. 살우치(=사이치)(고창고수두평)←사이산(=새산)(고창고수두평)
(살- : 사이-새)

ㄷ. 살의 의미(중심의미) 사이. 경계 /(주변의미) 가운데. 사이를 속성
으로 하는 물체나 사실

살피를 중심으로 한 보기(3)에서의 '살'은 모두 사이를 뜻할 가능성
이 있음을 알 수가 있다. 사이를 뜻하는 '살-'은 통시적으로 '삿(슷)-'
에서 비롯한 형태이다. '삿'은 사이를 뜻하는 형태로서 옛말에서의 분
포를 찾아 볼 수 있다.

---

2) 사립-의 경우도 이들 살-계의 지명족에 들 가능성을 상정할 수 있다. 사립-
살+이(ㅅ)>사릿>사릿(골)>싸릿골과 같이 분석될 가능성이 있기 때문이
다. 비유하자면 집안과 밖의 사이를 삼아 만들어 놓은 경계물임을 쉽사리 추
론할 수 있다. 날아다니는 새 또한 그러하다. 하늘과 땅의 사이를 날아다니기
에 사이 개념을 나는 짐승의 대명사로 삼아 굳혀진 것으로 보인다.

(4) ㄱ. 닛삿㉽ᄅ디말며(毋刺齒)(내훈(초) 1-13) 손ㅅ 삿(手ㅅ子)(역어유
　　　해(상) 34)다리삿(胯襠)(한청 5-54)삿깃(尿布)(역보 22) 삿횟말
　　　(물명)/ 살대-기둥이나 벽이 넘어지려 하는 것을 바로잡기 위하여
　　　버티는 나무/슷(삿)＋-이＞ᄉ시＞ᄉᆡ＞사이(새)(삿＝슷間〈훈몽
　　　자회〉)3)

　　ㄴ. 살건내(＝삿갓내)(울주) 숫막 店房(동해(하) 27)(＝숟막 뎜(왜어
　　　(상) 34)(＞술막) / 삿대 篙(＝삸대 篙)(훈몽 초 중:14) / 살대-기
　　　둥이나 벽이 넘어지려 하는 것을 바로잡기 위하여 버티는 나무

　　보기 (4ㄱ)에서 삿(슷)이 옛말이나 오늘날의 말에서 사이의 뜻으로
쓰임을 알 수가 있다. 닛삿은 이의 사이, 손삿은 손의 사이, 다리삿은
다리 사이를, 삿깃은 다리사이에 끼는 깃을 뜻하는바, 여기서 삿이란
모두가 사이를 이른다. 표기에 따라서는 아래아(、)를 써서 슷으로도
적는다. 표기상의 변이형으로 보면 된다.

　　많은 보기는 아니지만 보기 (4ㄴ)에서 시옷(ㅅ)과 리을(ㄹ)이 넘나
들어 쓰임을 볼 수 있는데 이는 그렇게 이상할 것이 없는 표기라고
하겠다. 그럼 어떻게 시옷-리을이 넘나들어 쓰일 수 있을까를 설명
할 수 있어야 한다. 가령 숫막-숟막-술막의 경우를 들어보기로 한
다. 앞의 숫-숟은 단일한 형태가 독립하여 발음이 되거나 자음 앞에
서 발음이 될 때에는 모두가 내파음에 따라서 디귿(ㄷ)으로 소리가
실현되는 음운론적인 해석을 할 수가 있다. 이른바 트루베츠코이의 원

─────────────

3) 삿-삻과 같이 끝소리가 넘나들어 쓰임은 중세국어에서 흔히 있는 일이었다.
　근대국어로 오면서 디귿(ㄷ)이 시옷(ㅅ)으로 합쳐져 표기가 되었다가 현대국
　어로 오면서 다시 디귿과 시옷으로 나누어 표기되기에 이른다. 디귿이 어말
　의 자리에서 리을로 넘나들어 쓰임은 유음화현상에 따른 일종의 소리의 유성
　음화라고 볼 수 있다.

음소(元音素)설로 이르자면 같은 음소에서 뻗어 나와 달리 실현되는 경우가 있으나 중화의 자리에 가면 동일한 음소로 실현됨을 보면 무리가 없을 것으로 보인다.

보기 가운데 특히 삿대-삯대-살대(=솟대)를 보면 이러한 가능성을 상당한 시사점을 얻는다고 하겠다. 민속에서 한 해 동안의 풍년을 기원하거나 마을이나 집안에 경사로운 일이 있을 때 높은 장대에 새를 만들어 하늘로 향하여 마을 어구에 달아매어 두는 행위이다.

(5) 원음소에 따른 삿-삽-살의 실현
　　[T](원음소)-「ㅅ(S)-ㄷ(ㅌ)(T)(Th)-ㄹ(L)」(실현음소)

특히 디귿(ㄷ)이 시옷(ㅅ)과 넘나들어 쓰이는 현상은 우리 국어에서 흔히 찾아 지는 일이다. 근대국어로 들어오면서 중세어의 믿어와 밋어가 밋어(명의록언해)로 표기가 합쳐졌다가 다시 현대국어로 들어오면서 분리 표기가 되기도 하였음은 널리 아는 일이다. 이어서 디귿과 리을도 넘나들어 쓰이는 분포가 있음도 예외는 아니다.

사열이(沙熱伊)의 또 다른 이름인 성열(省熱)은 어떻게 사열이의 살-과 상관성을 보이는 가에 대하여 알아보도록 한다. 앞서 이른 성열의 성(省)의 뜻이 살피-의 '살-'을 표기하는 글자로서 -열(熱)은 성(省)을 소리로 읽지 말고 뜻으로 읽으라는 이른바 말음첨기(末音添記)의 기능을 드러내는 글자라고 보면 좋을 것이다. 여기 살-은 사열의 살-과 마찬가지로 사이를 드러내는 형태로 상정할 수 있다. 그럼 성(省)이란 한자와 경계 혹은 사이공간을 드러내어 살피는 어떤 관계가 있는지를 알아볼 필요가 있다. 빌려쓰는 글자라고 하여 전혀 무관한 것을 갖다 쓰지는 않기 때문이다. 의미상의 혹은 형태상의 유연성을 배제할 수 없기 때문이다.

(6) 성(省)-의 자원과 살-의 관계

ㄱ. 省(息井切 xing/所景切sheng) 살필성/줄일생-(形聲) 目+生(淸通也)>
   眚>省/살피(두 땅의 경계선을 간단히 표시한 표/물건과 물건과의 사
   이를 구별지은 표)∞찌(殿講이나 講經에 講生이 뽑는 대쪽 : 柣>長柣
   (=이정표)>將丞)

ㄴ. 眚(所經切sheng) 잘못생/덜생-(形聲)目+生(淸通)>眚∞省 : 星과 통하
   는 글자. 재앙 눈병의 뜻으로 쓴다.

ㄷ.·生(淸通)-淸(形聲) : 水+靑>淸/靑(形聲)-生+丹>靑/生 : 푸른 풀
   이 나다(날 생/살 생)-丹(우물 난간 속의 물감)

ㄹ. [省-眚-生-淸(水+靑(生+丹∞省)/성(省)-생(生)-청((靑)∞생)

보기 (6)으로 볼 때, 성(省)은 자원의 목(目)을 뜻으로 하고 생(生)을 소리로 하여 이루어진 글자이다. 다시 생(生)은 맑을 청(淸)과 서로 통하는 글자인데 이가 바로 청풍의 청(淸)-과 대응한다는 이야기가 된다. 청(淸)은 다시 뜻을 드러내는 수(水)와 소리를 드러내는 청(靑)으로 이루어진 글자인바, 청(靑)은 기원적으로 물감 빛을 뜻하는 생명의 원천이라 할 단(丹)에다가 풀이 난 모양을 이르는 생(生)을 소리로 하여 이루어진 글자이다. 뜻으로 읽으면 청풍을 살풍이라 한다고 하였는바, 여기 살풍의 '살-' 또한 성(省) 혹은 생(生)의 뜻인 '살-'과 대응함을 보더라도 이는 분명 무관한 글자의 바꿈이 아니고 글자만 달리 썼을 뿐 결코 다른 표기가 아님을 유념할 필요가 있다. 생(生)의 뜻을 보면 날생 혹은 살생이라고 하는데 여기서 살생의 '살'은

바로 살풍의 '살-'과 같은 형태로 볼 수 있기 때문이다.

성(省)－청(淸)과 함께 같은 맥락의 과제로서 청풍의 청(淸)과 옛이름 가운데 상당한 분포로 보이는 살(薩)과의 상관성에 대한 풀이를 할 필요를 들 수가 있다. 그럼 살(薩)의 자원과 대응 가능성을 알아보도록 한다.

(7) 살(薩)의 자원과 청(淸)-과의 대응

ㄱ. 薩買＞淸州 / 薩水＞淸川 / 薩灘(乞味)＞淸風

ㄴ. 薩(桑割切 sa / sat〈범〉(形聲)土(意符)＋薛(聲符)＞薛土＞薩薛(私列節 xue)-쑥 설(숙〈방언〉-슷(ㄱ)＞숙-슷(間)〈훈몽자회〉)薛莎靑䔖(司馬相如) : 향부자 비슷하되 더 큰 사초의 일종 莎 : (師加切 sha) 방동사니과에 속하는 다년초. 바닷가의 모래땅에 사는데 그 덩이뿌리[塊根]를 향부자(香附子)라 하여 약재로 쓴다. 靑莎 혹은 綠莎라 한다. (莎靑/靑莎-水(莎 ↔ 氵)＋靑＞淸)

ㄷ. 土[(땅)＋薛(슷-슷-사이[間])][薩-薛-莎靑(靑莎)-淸]

위의 보기에서 청(淸)-의 옛 이름 가운데 나타나는 살(薩)-의 자원과 청(淸)-과의 상관성에 대하여 알아보았다. 살은 기원적으로 흙[土]을 뜻으로 하고 쑥(숙)을 소리로 하는 설(薛)이 합하여 이루어진 글자임을 알 수 있었다. 본디 범어로서 중국 한음으로는 사(sa)였다. 여기서 쑥의 방언형을 숙으로 보았는데 이는 기원형이 사이를 뜻하는 슷[間]에서 비롯하였다. 슷(슷)은 기역곡용형으로서 슷(슷)＞숙＞쑥의 과정을 전제로 하여 쑥이 된 것으로 풀이할 수 있기 때문이다.

다시 설(薛)의 출전을 살펴보면, 〈사마상여(司馬相如)〉에 설사청번(薛莎靑䔖)이라 하여 향부자와 비슷한 약재로 풀이하고 있다. 여기서 사초를 이르는 사(莎)를 상고하건대 청사(靑莎)라 함을 보면 앞의 설 사청번의 사청(莎靑)이나 뒤의 청사(靑莎)나 다를 것이 없다.

한자를 따다쓰는 과정에서 말음첨기와 같이 위의 글자 한 부분을 쓰기도 하였고 때로는 두 글자에서 각기 한 부분만을 따다가 합하여 쓰는 경우가 있다. 이로 보아 청사 혹은 사청에서 특히 사(莎)에서 물 수(氵)를 따오고 여기다가 푸를 청을 더하여 합하여 쓴 것을 청풍의 청(淸)-으로 상정할 수 있다.

결국 살(薩)-과 청(淸)-은 무관한 대응이 아니라는 것을 알 수 있 다. 성(省)-과 청(淸)의 대응에서 살펴보았듯이 두 글자 다 '살-'로 읽 을 가능성을 갖고 있다.

이와 함께 사열(沙熱)의 경우, 살(薩)의 기원형인 설(薛)의 소리 표기가 사열(私列)임을 떠올리면 글자만 달랐지 사열-살로 같은 뜻 을 드러내는 표기임을 짐작하게 해준다. 여기서 지나칠 수 없는 소리 의 유연성은 바로 살-설의 관계이다.

3. 언어지리적 분포와 지명의 표기

우리말의 지역에 따른 언어적인 특징을 크게 남부 방언군과 북부 방언군으로 나누어 풀이한다. 삼척 옥계에서 시작하는 두 방언군 사이 의 섞임 현상은 태백산맥으로 이어져 다시 소백산으로 내려 와서 전 라도 군산으로 한 줄기가 뻗어 가고 한 줄기는 서산 쪽으로 뻗어 간 다. 제천은 단양과 가까이 자리한 고장으로서 남북의 방언적인 특징이 함께 쓰이는 등어선이 일부 지나는 것으로 보인다. 남부방언군의 언어

기층은 신라말을 중심으로 하는 한(韓)계 언어이고, 북부방언군의 언어기층은 고구려로 이어지는 부여(夫餘語)계 언어로 보고 있다.

먼저 남부 방언군의 지명 접미사로 많이 분포하는 것이 마을을 드러낼 때 -실(谷) 혹은 '-마실'계가 생산적으로 드러난다. 이르자면 '-실'은 북부방언군의 -골(谷)에 대응되는 형태라고 할 수 있다. '-실'은 실현되는 소리의 달라짐에 따라서 -일 혹은 -이로도 드러남을 알 수가 있다. 우선 '-실'계의 자연 부락의 마을 이름을 알아보기로 한다.

(8) -실계 마을 이름
〈제천〉 가마실(두학) 무덤실(茂谷)(고암)
〈봉양〉 두무실(豆舞谷/豆毛谷)(삼거리)국화실(봉양)
〈송학〉 지실(도화)만지실(무도)가실곡(송한)뒤실(포전)
〈수산〉 가느실(계란)매실(고명)괴실(괴곡)구실(구곡)부르실(구곡)단지실(대전)나실(도전)호무실(도전)다느실(수리)쇠실(전곡)늪실(지곡)골무실(하천)
〈청풍〉 지푸실(물태)설매실(신리)너실고개(실리곡)홈실고개(실리곡)호미실(연론)
〈한수〉 덕실(덕곡)
〈덕산〉 나실.달롱실.밭남실(도전)단지실.불구실.집실(수곡)산의실(신현)

방위로 볼 때 제천의 남부와 동부 쪽에 '실-'계 지명이 주로 많고 나머지는 '골-'계가 상당수 분포되어 있다. 이는 경상도 방언과 충청 방언이 함께 혼재하는 등어선적인 현상과 무관하지가 아니하다. 그러니까 아직까지 제천의 동남부 지역에는 '실-'계와 '골-'계가 섞여 쓰인다고 할 수 있으니 이야말로 등어선 구획의 좋은 논거가 된다고 하겠다.

좀더 부연하자면, '-실'계 지명이 있는 부분까지 신라 지명이 분화
발전한 곳이라 할 수 있으며 나머지 '-골'계 지명이 분포한 고장은 고
구려 지명의 세력이 자리한 지역이라고 할 수 있다. 이르자면 지명을
중심으로 한 등어선의 분화가 제천의 한수, 덕산, 청풍, 수산, 송학면
을 중심으로 형성되어 있고 제천과 봉양, 백운면은 등어선의 지역에
접경한 곳이라고 하겠다.

이들 등어선 지대에 속하는 마을의 '-골'계와 '-실'계가 어떻게 함께
혼용되고 있는가를 알아보도록 한다.

(9) -실계와 -골계의 등어선 분포
〈제천〉 가마실(＝가마골)/괴골.맛골(두학)무덤실(＝무덤곡)/텃골.둔전골.오
　　　　양골(고암)
〈봉양〉 두무실(＝두무곡)/논꼴.재비골(삼거리)
〈송학〉 지실(＝지곡)(도화)만지실(＝만곡)/불당골.절골(무도)가실곡/엄승골.
　　　　절골.풀뭇골(송한)뒤실/갈골.지장골(포전)
〈수산〉 구실(＝구곡).부르실/논골.밋골.아랫집골.안골.점골(구곡)단지실(＝단
　　　　지곡)/가랫골.넛골.뒤싯골(대전)다느실/수라골(＝수랏골)(수리) 늪실
　　　　(＝지곡)/고숫골(지곡) 골무실/도사골/이맷골(하천)
〈덕산〉 나실.달롱실.밭남실/재궁골(도전)단지실.불구실.집실.넛골.동막골.수
　　　　랫골(수곡)
〈청풍〉 어리실(＝어리골)/병산골.병출골.뽕나뭇골(장선)
〈한수〉 덕실(＝덕곡)/딱밭골.머우골(덕곡)

'-실'계와 '-골'계의 등어선 분포와 같이 백운면(白雲面)을 제외한
지역에서 등어선 지역의 특징이 드러난다. 신라어를 기층으로 하는 지
명에는 '-실'계가, 고구려어를 기층으로 하는 지명에는 '-골'계 지명이

자리한바, 이들이 함께 섞여서 쓰이고 있음을 알 수 있다.

분포의 편향을 보자면 수산면과 송학면, 덕산면을 중심으로 등어선의 폭이 넓다. 차츰 청풍이나 한수, 봉양 쪽으로 가면 등어선의 분포가 좁아지는 경향을 보이다가 백운 쪽으로 가면 아예 '-실'계의 지명이 자취를 감추기에 이른다. 여기 분포에 드러나지 않은 지역들은 대부분이 '-골'계 지명의 고장임을 상정할 수 있다. 등어선 속의 초점 정보가 보이는 지명은 어리실이 어리골로 병기되는 경우로 볼 수 있다.

아울러 한자로 표기된 마을 이름 가운데 표기는 한자인데 실제로는 우리말을 적은 본디 우리말 식 마을 이름을 살펴보기로 한다. 이 부류에 드는 지명에는 음독중심의 것이 있고, 훈독 중심의 부류가 있다.

(10) 음독(音讀) 중심의 이두식 지명의 분포

ㄱ. 내제(奈堤＝奈吐:내둑-냇물을막아서이룬저수지둑)사열이(沙熱伊:살매-깨끗한 물〈살미(活山 矢山 居山 / 竓昧) 자감동(自甘洞＝잘개밋골)〈금금성 대장〉말응달산(末成강제〉검바위(儉岩: 거북 바위)〈금성명지〉고마창(高馬倉 : 곰 / 애첩)〈鷹達山＝멍달산)〈금성명지〉소갈야제(小葛也堤＝소가리뚝)〈제천명지〉 한티(汗峙＝큰 고개)〈금성 신곡〉 위림(渭林＝우실)〈금성월림〉 도기리(道基里＝독巖)〈덕산도기〉 백곡(白谷＝뱃골)〈덕산수곡〉수가리(壽加里＝숫갓)〈덕산수곡리〉방학리(放鶴里)＝방아다리)〈백운면방학리〉우움곡(犭音谷＝움실: 우음-움)〈백운면 방학리〉 구례곡(求禮谷＝구레골(굴골))〈백운면운학리〉 차도리(犬道里＝찻대)〈백운면 운학리〉 궁동(弓洞＝구무골-구무-굼-궁)〈봉양읍 구학리〉 헌덕동(憲德洞＝헌텃골)〈봉양읍 명양리〉 백골(百谷＝뱃골)〈봉양미당리〉 두모곡(豆毛谷＝두무곡＝두무실:두무＝둠圓 / 豆無岳―云圓山〈대동지지〉)다랑티(多郎峙＝달티)〈봉양연박리〉박달현(朴達峴＝밝달)〈봉양원박리〉고모동(顧母洞＝古母洞＝구못골:구모＝顧母(대구):거북)〈봉양장평리〉고지동(古

芝洞=고지골串洞)〈봉양천남〉어목(於木=늘목=널목)〈봉양학산〉만지실
(晩谷)〈송학면무도리〉조올티(曹乙峙/鳥乙峙=조리재)〈송학면무도리〉
너갈티(汝渴峙)〈송학면송한리〉개화(開花=개앗)〈포전리〉 단지곡(丹芝
谷=단지골)오티(吾峙=衣峙오티/우티)〈수산면오티리〉도덕암(道德岩=
도둑바위)〈수산면원대리〉대갈야지(大葛也池=美機池=대가리못)〈제천
시고명동〉도티(道峙되티=뒷고개)〈제천시고암동〉패현(敗峴=뱃재)〈제
천시고암동〉모산(茅山=못안)〈제천시모산동〉토구지리(土九之里=頭高
山堤=두구매=뚝매)〈제천시장락리〉소근이(素近-=소근잇골)〈제천시청
전동〉가라현(加羅峴)〈청풍면연론리〉황석(黃石=한돌)〈청풍면황석리〉
덕곡리(德谷里=딱밭골(楮谷)〈한수면덕곡리〉함암리(咸岩里=한바우)
〈한수면덕곡리〉오초전리(烏椒田里=옻추앗)〈한수면초전리〉무지동(務智
洞=뭇조골)〈금성면명지리〉도전리(道田里)〈덕산면도기리〉

ㄴ. 용가둔굴(龍可屯窟)〈송학면포전리〉

위의 보기에서 (10ㄱ) 부분은 고유한 우리말로 된 이름이지만 그에
상응하는 한자로 표기한 경우이고 (10ㄴ) 부분은 주술관계가 드러나
보이는 보기다. 표기상 특이한 것들을 중심으로 풀이해 보기로 한다.

앞에서 풀이한 대로 내제(奈堤)는 냇물을 막아서 농사와 취락 형성
의 기반을 이루었다는 뜻을 드러낸 것으로 보인다. 경상도 영주를 내
기(奈己/捺己)였는데 뒤에 고쳐서 내령(奈靈)으로 하였다가 다시 영
천 혹은 영주로 고쳐서 부르게 된다. 강원도의 영월도 내생(奈生)이었
는바, 여기 내(奈)-는 모두 냇물을 드러내는 상징으로 풀이할 수 있
다. 오늘날의 청풍의 옛 이름인 사열이(沙熱伊)만 해도 앞서 풀이한
것으로 가름하거니와, 깨끗함을 뜻하는 살-을 드러내는 표기로 보인
다. 청풍 주위에 그 방사형 지명으로 보이는 것으로는 청주의 옛 이름
인 살매(薩買)나 청풍 바로 옆에 충주의 살미(乷味), 살미(活山/矢山/

居山) 등이 그러한 풀이를 뒷받침하는 방증이 되고 있다.

자감동은 잘개밋골의 소리를 적은 것이고, 고마는 곰을, 말웅달은 명달을 이두식으로 표기한 것으로 볼 수 있다. 위림(渭林)의 경우, '위'는 아래의 반대 개념을 이름이다. 이러한 가능성은 대구를 또 다른 옛 이름으로 위화(渭火)라 함이나 위천(渭川)의 '위'가 모두 윗 부분을 드러낸 말이라고 할 수 있다.

도기실은 독을 풀어서 두 음절로 표기한 것이고 백곡은 뱃골을, 수가리는 숫갓을 드러내었으며 방학리(放鶴里)는 방아다리의 소리를 듣기 좋게 미화하여 이른 지명이다. 가령 파평(坡平)의 옛 이름이 파해평리(坡害平吏)인데 고치는 과정에서 나쁜 뜻의 글자를 고치고 줄여서 파평이라 함과 같다. 우음곡의 경우는 움을 뜻하는 말을 풀어서 한자로 깃 우(羽)자 소리 음(音)으로 풀어서 아래말에서는 받침 글자를 따고 윗말에서는 소리 모두를 따서 합하여 쓰는 꼴로 마을의 이름을 굳혀 쓴 것으로 상정된다. 궁동(弓洞)의 경우는 어떠한가. 흔히 속지명으로는 구무골이라 함을 보면 구무(굼)와 같이 미음으로 끝나는 형은 대부분이 기역 종성 체언이 많은데 구무의 기역이 기역 앞에서 자음접변이 일어남으로 하여 구무(굼)>굼>궁으로 굳어진 것이 아닌가 한다. 도무(돔)가 '동'으로 소리가 바뀌어 굳어진 것과 마찬가지이다.

헌덕동은 헌텃골의 소리에 의미부여를 하며 썼고 두모곡(豆毛谷=두무실)의 경우는 순수히 우리말인 두무(두메=둠圓)에서 비롯한 것이다. ≪대동지지≫에서 한라산은 두무산(豆無山) 혹은 원산(圓山)이라 함을 고려하면 이러한 개연성이 높다. 고모동(顧母洞)은 곰(熊)을 드러내는 이름으로 보이는바, 대구의 고모령에서도 그러한 가능성은 찾

아진다. 방위로는 북쪽이 대부분이고 물굽이가 휘어져 돌아간 지역을
이르는 일이 많다. 일본어로는 구파(くば)라 하는데 이는 같은 의미소
를 밑바탕으로 한다. 봉양의 고지(古芝)는 우리말 고지(串)를 드러냄
이니 냇물과 냇물사이나 혹은 산모롱이에 툭 튀어나온 곳을 이른다.

박달의 경우는 흔히 백산(白山)의 뜻으로도 풀이한다. 이는 밝달을
한자로 적은 것으로 보이며 밝-은 기본형이 발－불(陽)로 상정할 수
있다. 그러니까 태양을 숭배 혹은 그러한 종교 공간을 이른 것으로 보
인다. 조올티의 조올은 조리를 적은 것이요, 개화-는 개벌에 소리가
바뀌고 이를 미화하여 표기한 것이다. 황석은 큰 돌 곧 한 돌에서 소
리가 바뀌어 이른 지명으로 보이며 덕걱은 딱종이 나무를 뜻하는 말
에서 갈라져 나아갔다.

오초전(烏椒田)은 옻나무 밭에서 소리가 바뀌어 굳어진 이름으로
풀이할 수 있으며, 함암리의 경우는 한 바위 곧 큰 바위를 이르는 지
명으로 보인다. 무지동은 속지명으로 뭇조골이라 함을 보아 우리말 식
지명을 한자의 소리를 빌어 표기한 것으로 볼 수 있다. 끝으로 도전리
는 돌밭을 표기한 음독 중심이지만 거기다가 훈독을 함께 곁들인 이
두식 지명이다.

(10ㄴ)의 용가둔굴(龍可屯窟)을 주술 관계의 지명으로 보는 근거는
'용을 가둔 굴'에서 말이 줄어 이루어진 마을 이름으로 보기 때문이다.
이르자면 용을 가둔 굴＞용가둔굴로 굳어져 한자로 적은 마을 이름이
다. 다음으로 훈독 중심의 보기를 들어보도록 한다.

(11) 훈독(訓讀) 중심의 이두식 지명
　　수라리(水羅里)〈수산면수리〉야미동(夜味洞)〈청풍면대류리〉

수라리의 수라(水羅)에서 수(水)-는 물이고 -라(羅)는 물을 리을로 끝나는 말로 읽으라는 말음첨기식 표기라고 할 수 있다. 야미동도 마찬가지인데 야미(野味)의 -미(味)는 야(夜)를 밤으로 읽으라는 말음첨기식 표기로 보는 것이 좋을 것이다.

4. 마무리

제천의 지명의 옛 이름인 내토(奈吐)와 사열이(沙熱伊)의 형태와 의미를 물과 관련하여 그 형태와 의미를 상정하고 그 언어적인 지리 분포의 특성을 기술하고 표기상의 두드러진 점을 알아보고자 한 것이 이 글의 목적이었다. 이제 앞에서 살펴 본 속내를 동아리 지으면 아래와 같다.

가) 제천의 옛 이름 가운데 하나인 내토(奈吐)는 내(奈)와 토(吐)로 형태분석이 된다. 그 의미로는 같은 글자로 쓰이는 지명들의 대응 관계로 미루어 내(乃)는 냇물의 '내(川)'이고, 토(吐)는 '둑(堤)'을 뜻하는 것으로 상정하였다.

나) 제천을 이루는 중요한 고장의 하나인 청풍의 옛 이름이 사열이 (沙熱伊)었다. 사열(沙熱)은 이두식 표기로 보고 기존의 해석인 서늘 (凉)-이기보다는 '사-'에 열(熱)의 말음인 '-ㄹ'을 합하여 '살-'을 적은 것으로 추정하였고, 따라서 청풍(淸風)은 '살풍'으로 읽게 된다. 살풍은 살품의 변말로서 '옷과 가슴 사이의 빈틈'을 뜻하는 것으로 보아 살-사이의 대응성이 가능할 것으로 본다. 이는 다른 지명에서도 살-삿-살로 이어지는 지명족을 찾을 수 있으므로 그리 읽을 가능성이 있다.

청풍의 공간적 특성으로 보더라도 비봉산과 남한강 사이에 이루어진 들판으로 보고 남한강 상류에서 충주에 이르는 유역 가운데에서 가장 넓은 유역을 분포하고 있다. 바로 이 지역에 수양개나 황석리 유적과 같은 구석기 시대의 유적이 출토되었음 또한 청풍의 공간적인 특성과 깊은 상관성이 있다고 본다.

한편 사열의 또 다른 이름인 성열(省熱)의 경우, 성(省)의 훈으로 읽어 살필 성에서 '살피-살'을 재구성할 수 있다. 여기 성(省)의 자원을 보면, 생(眚)인바 이 글자는 다시 의미부인 목(目)과 소리부인 생(生)으로 분석된다. 여기 생(生)의 자원이 맑을 청(淸)에서 비롯하였음을 떠올리면, 성열-청풍 또한 무관하지 않음을 알 수 있다.

다) 언어지리적인 분포로 볼 때, 제천의 지명 가운데 지명 접미사인 -실/골을 중심으로 살피면 '-실'계의 지명은 주로 제천의 남동부에 걸쳐 분포되어 있으며 '-골'계의 지명은 제천의 서북부에 걸쳐 분포되어 있다. 이는 오늘날의 경상도 방언과 충청도 방언이 함께 공존하는 등어선 현상과도 연결되는바, 언어 기층으로 보면 신라어와 고구려어로 소급하는 기원으로 풀이할 수 있다. '-실'계는 신라어의 기층으로, '-골'계는 고구려어의 기층으로 상정할 수 있다. 강을 사이 하여 신라와 고구려가 경계를 두었음도 시사하는 바가 크다고 하겠다.

▣ 참고문헌

강길운(1991) 고대사의 비교언어학적 연구, 새문사.
_____(1994) 국어사 정설, 형설출판사.
김진규(1993) 훈몽자회 어휘 연구, 형설출판사.

김차균(1983) 음운론의 원리, 창학사.

도수희(1982) 백제어 연구, 아세아문화사.

서재극(1980) 중세국어의 단어족 연구, 계명대출판부.

양주동(1980) 고가연구, 일조각.

이병선(1988) 한국 고대 국명 지명 연구, 아세아문화사.

정호완(1987) 후기 중세어 의존명사 연구, 학문사.

_____(1989) 낱말의 형태와 의미, 대구대출판부.

_____(1991) 우리말의 상상력 1, 정신세계사.

천소영(1992) 고대국어의 어휘 연구, 고대민족문화연구소.

최학근(1987) 한국방언사전, 명문당.

청풍부지

한국땅이름사전(1991) 한글학회.

단군왕검의 문화론적 풀이

1. 머리말

이.글은 언어의 문화 투영이라는 관점에서 "단군왕검"의 형태론적인 풀이를 하고자 함에 그 보람을 둔다.

"단군왕검"은 단군 신화의 실체를 밝힐 수 있는 열쇠라 하여 국사 학계에서는 무성한 논의와 열띤 천착이 있어 왔다. 단군 신화가 허구적인 것이고 허탄지설일 수밖에 없다는 강한 회의를 받아들일 경우, 국사 기술의 말미암음이 허물어지는 결과가 오기 때문에 학문 이전에 민족의 뿌리가 그 바탕을 잃게 된다.

"단군왕검"의 "단군"을 중심으로 하는 풀이들은 (ㄱ)신단수 관련, (ㄴ) 제사장(무당), (ㄷ) 천왕, (ㄹ) 땅신 또는 산신, (ㅁ) 부족장과 같은 논의로 간추려진다.4)

---

4) 허목(1595~1682): 불함 문화론, 이능화(1927): 조선 무속고, 안재홍(1947): 조선 상고사감, 김재원(1947): 단군 신화의 신연구, 이탁(1958): 국어학 논고, 리지린(1963): 고조선 연구, 이병도(1976): 한국 고대사 연구, 이기백(1963): 한국 고대사론, 이기백(1991): 단군 신화 논집, 강길운(1991): 고대사의 비교 언어학적 연구, 정호완(1988): 낱말의 형태와 의미, 정호완(1991): 우리말의 상상력, 小田省吾(1923): 조선 상세사, 今西龍(1937): 조선 고사의 연구 등.

명시적인 자료가 없는 고조선 시대의 "단군"이 정확하게 무슨 뜻인가 함은 한 가설일 수밖에 없다. 언어의 문화 투영이라는 기초 위에서 "단군"은 고조선 시대의 제의 문화를 드러내는 문화 상징의 언어적인 징표가 아닌가 한다. 이는 방언 분포를 통한 내적 재구나 친족어와의 비교를 통한 외적 재구의 걸맞음에서 알아차릴 수 있다고 본다. 해서 기존의 논의 가운데에서 '부족장'이자 '제사장'이 곧 "단군"이란 가설이 온당하다고 판단된다. 언어 기호는 그 내용의 특성으로 보아 사회성과 역사성을 드러내는 바, 이는 겨레들이 일구어 온 문화의 알맹이가 되는 속성이기 때문이다. 제정 일치니까 부족장이 제사장이라는 등식이 이루어짐은 의심할 나위가 없지 않은가.

연구사적으로 "단군"이 제사장이라면 "단군왕검"의 "왕검"은 그 형태와 의미를 어떻게 풀이해야 할 것인가. 아울러 "단군"과 "왕검"의 형태 및 통사론적인 구성의 얼개는 어떠한가.

주장에 따라서 서로 다른데 간추리자면 "왕검"은 '(ㄱ) 주신(主神), (ㄴ) 신의 대통을 이은 사람, (ㄷ) 임금, (ㄹ) 왕도, (ㅁ) 위대한 군주'와 같이 풀이된다는 것이다.5)

보기에 따라서 많은 풀이가 있겠지만 필자는 강길운(1991)에서와 같이 "왕검"은 "님금"으로 읽음이 옳을 것으로 생각한다. 왜 그러한가에 대하여는 본 풀이에서 밝히기로 한다. "님금"은 제사장이자 부족장인 "단군"이 제사 드리는 그 대상 신으로 상정할 수 있다. 단군 신화

---

5) 최남선(1918): 계고탑존, 박노철(1934): 고어원류고, 안호상(1962): 고대 한국 사상에 관한 연구, 리지린(1963): 고조선 연구, 박시인(1970): 알타이 인문 연구, 이병도(1976): 한국 고대사 연구, 천관우(1982): 인물로 본 한국 고대사, 강길운(1991): 고대사의 비교언어학적인 연구, 정호완(1991): 우리말의 상상력, 김종택(1992): 국어 어휘론.

에서 보여 주었듯이 하늘로부터 내려온 태양신 숭배와, 웅녀로 표상되는 토템 신앙으로서 곰신앙은 신화의 중심이 되는바, 이러한 사회성과 역사성 곧 문화의 속성을 언어 상징으로 드러낸 것이 "님금"이 아닌가 한다. 형태론적인 풀이에서 자세한 언어적 질서를 보이기로 한다. "단군왕검"이란 말은 [태양신 "님(니마)"과 곰신 "검(금－고마)"에게 부족장이자 제사장인 "단군"이 빌었다.]는 통사론적인 구성의 심층 구조를 기초로 한다.

이 심층 구조는 형태론적인 구성으로 바뀌면서 [단군→(빌다)→(태양신)님/(곰신)금]이 되었고, 표면형은 [단군왕검]이 되었다.

그러니까 이병도(1976)에서 보인 대로 [단군－제사장/왕검－행정의 머리]로 풀이함은 되돌아봐야 한다는 것이다. 종교와 행정이 한 지도자를 따라 이루어졌을진대 이를 따로 나누어 가름은 설득력이 약하다고 본다. 그건 오늘날의 "임금"이 행정의 머리를 뜻하는 말로 보는 관점에서 가능한 판단이다. 제정 일치를 바탕으로 하는 고조선 당시에 둘을 나누어 이름은 가능한 일이 아니다. 보다 근원적인 물음은 "단군"이 제사장이자 부족장이라면 그 기원의 대상 신은 무엇인가 하는 것이다.

김재원(1974)에 따르자면, 천신 숭배 곧 태양신을 제사하는 종족과 원주민격인 곰 토템의 종족이 통합되는 과정이 이야기로 드러난 것이 단군 신화라는 것이다. 필자가 보기로는 태양신 숭배의 언어적 상징이 "님금"의 "님(니마)"이고, 곰 토템의 상징이 "님금"의 "금(곰－고마)"이 아닌가 한다(필자 1989, 1992－①, 1992－②).

종족의 짜임으로 보면 태양신 숭배의 종족인 알타이 계통의 청동기 문화를 갖고 들어온 "예(濊)"이며 원주민인 곰 숭배의 겨레로 이어지는 "맥(貊)"이라고 할 수 있다(유엠부쩐 1991, 고조선 참조).

이 논의의 몫은 고미술사를 통한 단군 신화의 실증적인 살핌과 함께 언어학적인 접근을 통하여 "단군왕검"의 형태론적인 풀이를 함으로써 단군 신화가 제의 문화의 상징적인 바탕이었음을 보이고자 함에 무게를 둘 수 있다고 본다.

2. 스승과 제사장

앞에서 "단군"은 종교 직능자로서 부족장이자 제사장이라고 하였다. 이렇게 볼 수 있는 문화적인 배경은 어떠한가. 방언 분포로 보아 "단군"은 또 다른 형태인 "스승"으로도 쓰였다. 언어의 재구성이란 방법으로 보아 "스승"과 "단군"이 곧 제사장으로 쓰였음을 쉽사리 찾을 수 있다.

(1) ㄱ. 중세어 자료

스승튜믄(鞭巫)(두시(중) 12-41), 셰쇼개 스승이(世俗巫)(정속 20), 스승아니면(非師)(능엄경 4-55), 水天을 스승사ᄆ샤(師水天)(두시(중) 5-74)

ㄴ. 무당의 방언 분포

스승(단천·길주·부녕·무산·회령·종성·경흥·의주), 스승이(명천), 스성(황천), 당골(전라도 전역·당진·안성·평양·안주·박천), 당골레(전라도), 당골레미(김제·임실), 무당(전지역), 선무당(홍원, 부녕), 무덩(개성·연안), 무여(갑산), 굳쟁이(진도·예천·사천·고성), 화랭이(함안·마산), 심방(제주도), 호세미(풍산), 마신(양구), 복술(북청·단천), 점바치(경상도)

중세어 자료와 방언형의 분포를 살피노라면 "당골"계(당골레 · 당골레미)가 "단군왕검"의 "단군"에 직접적인 대응을 보여 준다. 이 때 "당골"에 가까운 소리를 빌어다 쓴 한자 표기가 "단군(檀君)"임은 되물을 필요가 없다. 이러한 대응의 가능성은 만주어에서도 찾아진다(tangor · tengri · tangwe(비는 사람)⟨man⟩).

"무당"의 변이형인 "스승"의 경우는 어떠한가. 제정 일치 시대에는 '종교와 행정의 지도자'로 불리다 뒤로 오면서 '무당 · 선생 · 승려 · 왕'의 뜻으로 바뀌어 쓰이게 되었으며, 오늘날에 와서는 방언을 뺀다면 '자기를 가르친 선생'을 뜻하게 되었다. 일종의 뜻바꿈이 일어난 결과라고 할 것이다. 단군이 제사장이자 부족장임은 물론이지만 같은 뜻으로 쓰이던 "스승"이란 형태의 문화적 배경을 알아보고 형태 분석을 함으로써 "단군"이 종교 직능자이자 행정의 머리였음을 드러내 보이고자 한다. 아울러 "단군"이 비는 대상 신이 태양신 "님(니마)"과 태음신 "곰(고마)"이었음을 증명하고자 하는 바탕으로 삼는다.

(2) "스승"의 뜻과 형태
ㄱ. 南海次次雄或云慈充金大問云方言謂巫也 世人以巫事鬼神尙祭祀故畏敬之 (삼국사기)
ㄴ. 麻立干 · 居西干 · 尼師今(삼국사기)
ㄷ. 慈充一[tsitsung]/-次次雄[tsitsung](karlgren)→(당시 파찰음소 미확립) →[sisung]
ㄹ. 슷간間(훈몽자회(하) 34), 그츨슷업시(無間斷)(능엄경 7-23)
ㅁ. 슷間(N)+~웅(접미사)>슷웅>스승

위의 자료로 보아 한자의 소리를 빌린 음차로 적어 "스승 慈充"으로 나타냈었다. (2)ㄷ에서와 같이 칼그렌 식으로 읽으면 즈증이 되는데, 당시에는 아직 파찰음소의 확립이 이루어지지 않았으므로 마찰음인 스승으로 읽어야 옳기 때문이다.[6) 형태 분석을 통한 "스승"의 뜻은 '사이'에서 비롯되었음을 알게 된다. 하면 '사이'와 '제사장'의 걸림은 어떻게 풀이할 수 있을까.

종교 직능자로서 행정의 책임자로서 스승은 신과 인간의 '사이'에서 다스리는 일을 이루어 간다. 마침내 ① 신→인간, ② 인간→신, ③ 인간↔인간과 같은 함수 관계가 성립됨을 상정할 수 있게 된다. ≪삼국유사≫에 전해 오는 단군의 계보를 보면 '환인-환웅'이 아버지 신으로, '웅녀'가 어머니 신으로 되어 있다. 앞의 것이 하늘·불인 태양신의 상징이라면 뒤는 땅·물인 태음신의 상징이다. 어버이에게서 자식이 태어나듯 "단군"은 하늘신과 땅신 '사이'에서 태어난다. 그러면서 예족과 맥족으로 이루어지는 종족 사이의 다스림을 맡는다(유엠부찐 1991). "스승"은 이미 단군 신화에서 바람·비·구름 스승으로 나오는바, "환웅(桓雄)"도 [한슷(숫)]으로 추정된다. 그 뜻은 '위대한 스승'으로 풀이할 수 있다. 중세어 자료를 보면 "수雄(훈몽자회(하) 7)"으로 드러나기 때문이다. "수"는 ㅎ곡용의 변화를 보이며 받침으로 ㅎ이 윗말에 붙어 "수(ㅎ)→숫~슷"으로 표기적인 변이형을 허용하는 말미암음에서 그렇게 본 것이다(우(ㅎ)-웃, 세(ㅎ)-셋, 네(ㅎ)-넷 등).

의미소 '사이' 개념은 태양 숭배의 제의 문화와 청동기 문화의 역사적인 내력을 원관념으로 한다. 음성 상징으로 보아 비슷하면서 '사이' 개념을 드러내는 자료의 분포를 알아보면 다음과 같다.

---

6) 문선규(1969), 유창균(1981), 김동소(1981), 이윤동(1988) 참조.

(3) '사이'류의 낱말 겨레

ㄱ. [鳥]새(대부분 지역), 사이(개성・재녕・서흥・수안), 생이(제주), 쌔
(경산); sagi 〈Jap〉

ㄴ. 雀曰賽斯乃切(계림유사), 東語新曰斯伊(해동역사); sajhai(新) 〈mon〉, sai
(少) 〈turk〉

ㄷ. [鐵] 쇠잣(金城)(용가), 鐵曰歲(계림유사), am쇠로(정석가); 새(영양・
영천・밀양・양산・임실・장계・곡성・논산), 세(구례・곡성), 세(경
주・상주・함양・안면・서산・목포・해남・진도・완도・연안), 세데이
(청양), 쇄(도계・서천・대천・박천・선천・영변・용강), 쇠(전지역),
쉐(영천・포항・영덕・울산・밀양・청주・충주・목포・나주・개성・
인천・제주・대정), 시(청도・대구・합천), 쌔(경상도), 쎄(포항・의성・
양산・부산・김해・마산・장계・순천), 쐬(경상도), 씨(상주・합천)

ㄹ. [日]닷쇄이시니(五個日)(박통사(중) 53), 엿쉔날더운기운이(두시(초)
10-28), ~희日頭(역어유해(상) 1), 희年희歲(신증유합(상) 4)

ㅁ. 옷수이(衣中)(구급간이방 1-19), 수이ᄒ논(中媒)(소학언해 5-67)

'사이'의 개념은 시간・공간은 물론이고 상호 작용의 개념을 밑으로
한다. 소리의 비슷함으로 (3)의 자료와 같이 동음이의어들이 이루어지
며 뜻 보람은 모두 '사이'로 한다. 뜻으로 본 낱말들 간의 걸림은 어떻
게 풀이할 수 있을까.

짐승으로서 "새"는 하늘과 땅 '사이'를 나르니까, 아니면 길짐승과
네 발의 짐승 사이로 보더라도 사이 되기는 마찬가지이다. 금속을 일
컫는 "쇠"도 방언형을 보면 "서이—사이—소이—시—쌔—쎄—씨"
등의 여러 가지 변이형들이 있다. 나무와 돌의 '사이'쯤 되는 물질로서
석기를 쓰던 당시의 세상을 다르게 만든 물질이었다.

과학사가에 따라서는 쇠를 우라늄의 출현에 비유하는 이들도 있으

니 말이다. 쇠를 씀으로써 문명이 달라지게 된다. 돌을 이용하는 농경 사회에 더 많은 생산이 보장되며 확고한 국방력을 갖추게 되니 어둠 속의 한 줄기 빛이 들어왔다고나 할까. 청동기 문화를 갖춘 알타이 종족이 곰 토템의 원주민을 지배 · 통합하기에 이르렀다는 고조선의 형성 가설은 설득력이 있으며 이를 반영시킨 이야기가 단군 신화로 봄에 무리가 없다. "알타이"란 말도 본디 '쇠붙이'를 뜻함에서 비롯되었다(Altai-Aisin(金)〈turk〉).

(3)ㄹ에서 보여 주듯 태양은 "새(시)~해(히)"로 넘나들어 쓰인다. 같은 마찰음으로 치조 마찰이냐 아니면 성문 마찰이냐와 같이 조음의 자리가 다를 뿐 [마찰성]을 변별 자질로 함에서 음운의 보람을 드러내게 된다. 이런 보기가 많은 것은 중국어와 우리말의 주고받는 과정에서 뚜렷이 드러난다(학교 : 시에샤오, 형 : 싱, 학문 : 시에원 등). 뜻으로 본 태양과 '사이'의 걸림은 어떤가. 당시로는 지구를 중심으로 해가 하늘과 땅 '사이'로 떴다가 지는 것으로 인식하였던 것으로 보인다.

특히 짐승으로서 새[sai]와 걸림이 있는 건국 신화들은 흥미롭다(박혁거세 · 석탈해 · 김알지 · 김수로왕 : 천조대신(일본)). 짐작컨대 이들 건국 신화는 태양 숭배 혹은 청동기 문화를 원관념으로 하며 보조관념으로서 새들이 등장하는 걸로 판단된다. 하늘에서 나는 새는 태양과 함께 인간의 현실과는 동떨어진 신비한 정서를 일으키며 왕권의 신성을 부여하는 징표이기도 하다.

왕의 권위는 태양신으로부터 말미암으며 현실적으로는 강력한 쇠문화에 기초한다. 해서 단골(단군~스승)은 "신－(단골 · 스승)－인간"의 구도 속에서 신의 대변자이자 부족의 머리가 된다. 신라 시대의 "자충"이 곧 "스승"이고 그 스승이 최고의 통치자라면 단군계의 "환웅" 또한 '위대한 스승'이라 하겠다.

간추리건대, "스승"이 신과 인간, 인간과 인간 사이에서 일어나는 종교적인 제의와 행정적인 통치를 했다는 의미소를 드러내는 형태임을 전제로 하면, 스승과 같은 역할을 하는 "단군(단골)" 또한 태양신 "님(니마)"과, 땅신이며 물신이라 할 "곰(고마)" 신에게 제의를 드리는 중재자임을 알 수 있다. 이제 '사이'를 드러내는 "스승"의 기본 형태가 "숫"에서 비롯되었다고 하였는바, "숫"과 관련하여 음운 교체에 따른 낱말 겨레로는 어떤 형태들이 있을까를 더듬어 보기로 한다.

형태들이 갈라져 낱말 겨레를 이르는 틀로서는 음운 교체와 형태들의 첨가를 들 수 있다. 음운 교체는 크게 모음과 자음의 교체로 말미암는데, 모음 교체에는 양성 모음계와 음성 모음계, 그리고 분리 계열인 중성 모음계의 형태들이 있다. 자음 교체에는 모음 교체를 바탕으로 하여 어두와 어말의 자음 교체가 있는데 분포의 실제를 확인하여 보기로 한다.

(4) 의미소 '사이'의 낱말 겨레

ㄱ. ['음성모음'계] "숫-슫-슬~숫-숟-술~섯-섣-설"
숫다 · 숫봇다 · 숫이다 · 숫치다 · 스승(월인석보 1-9)-슫다-슬다 · 쓸다~숫다 · 숫어리다 · 숫이다 · 숫 · 숫고개 · 숫먹 · 숫불 · 숯-숟간나희 · 숟도외다 · 숟두어리다 · 숟가락-술(酒) · 술무늑다~섯흘리다 · 섯느리다 · 섯돌다 · 섯들다 · 섯딜다-섣달-설 · 설먹다 · 섦(두시(초) 12-21)섦(두시(초) 12-21)-세(舌)

ㄴ. ['양성모음'계] "샷-삳(샅)-살-삵~솟-솓(솥)-솔"
손샷 · 샷깃(尿布)(역어유해(보) 32) · 샷흰말 · 다리샷-삳(샅)-살(술)-삵(원각경(상) 1-2의 14)~솟고다 · 솟글다 · 솟돋다 · 솟돕 · 솟적다새-솓(훈몽자회(중) 10) · 솓뫼 · 솔-솔 · 솔옷(훈몽자회(중) 14)

ㄷ. ['중성모음'계] "싯-신-실"
　　싯다(훈몽자회(하) 11)·씻다-신다(석봉 천자문 28)-실絲(훈음해례종
　　성해): 밤실·돗실·시렁섬·線曰實(계림유사)

　이들 보기에서 어두나 어말의 자리에서 파찰음화를 따라서 교체 현
상에 따른 낱말 겨레들이 있으므로 더 많은 낱말 겨레를 이루게 해 준
다(술―줄·섯―젓·삿―잣·새―재·솟―좃·실―질). (4)의 형태
들은 '사이'를 함께 밑으로 하는 낱말의 겨레들이다. "설"의 경우, 중
근세어에서는 "설―살(歲)"(삼강행실도·곽거)로 넘나들어 쓰이는데
'시간의 경계―사이'를 드러낸다. 묵은 해와 새로운 해의 경계를 넘으
면 나이를 먹는다. "섣달"의 경우도 마찬가지다. 설이 들어 있는 달을
이름이고, 어말에서 ㄷ→ㄹ의 유음화 현상에 말미암아 "섣―설"이 된
것으로 보면 된다.

　양성 모음계인 "살(술)"의 경우도 마찬가지다. 이들은 동음이의어
로서 '피부와 뼈 사이에 만들어진 근육 조직'을 통틀어 이른다. 활의
"살"도 그럴 유연성을 충분히 갖고 있다. 과녁의 조직체 '사이'나 활
의 시위와 활 사이에 끼워서 씀을 보면 같은 뜻 '사이'를 드러내는 낱
말의 겨레로 보인다. 그럼 "실"은 어떠한가. 실은 '고치·솜·털·삼
따위 식물의 섬유를 길고 가늘게 자아 겹으로 꼬아 만든 물체'를 이
르는데, 모든 생물의 세포 속에는 실 모양의 염색사가 꼬여 상호작용
을 함으로써 번식이 가능하다. 이제까지의 논의를 간추리면 다음과
같다.

　(5) "스승"의 형태와 의미
　　"스승"의 형태는 "슷間＋웅(접미사)＞슷웅＞스승"으로 분석되며 의

미소는 '사이'를 바탕으로 한다. 제정 일치 시대의 스승 곧 단군은 같은
뜻이며 ① 신과 신(神), ② 인간과 신, ③ 인간과 인간 사이에서 상호 관
계를 맺는다. 그 대상 신은 단군 신화와의 걸림을 전제로 하고 제의 문화
의 문화적 배경을 고려하여 하늘의 태양신 "니마(님)"와 땅의 태음신
"고마(곰)"로 상정할 수 있다. '사이'를 바탕으로 하는 낱말의 겨레는 양
성계와 음성계, 그리고 중성계의 모음 교체와 어두와 어말의 자음 교체
로 이루어진다.

3. 님(니마)과 태양신 숭배

연구사적으로 보아 단군왕검의 "왕검"을 "님검(님금 > 임금)"으로
보아야 한다는 데에는 크게 다른 이견이 없다. 앞(제2부)에서 보였
듯이 필자는 "님금(님검)"을 단군 스승이 모시는 제의와 대상 신으
로 본다. "님금(님검)"은 다시 태양신 "니마(님 > 임)"와 태음신 "고
마(곰)"가 합쳐서 된 합성 명사로 풀이되며 무슨 근거로 "님(니마)"
이 태양신이 되는가에 대하여 언어적인 질서를 부여해 보고자 한다.
과정 논의로서 "님(니마)"의 형태와 의미, 이로 말미암는 "니"의 낱말
겨레들을 더듬어 보기로 한다.

형태의 짜임으로 보아 "니마"는 "니(日) + ~마(경칭 접미사) > 니
마(님 > 임)"로 가를 수 있다. 때문에 "니"의 형태소를 추려 내게 되
는데, "니 - 태양(日)"을 대응시킨 까닭은 무엇인가. 언어는 인간 삶의
총체적인 양식으로 정의되는 문화를 반영한다. 이를 일러 언어의 문화
투영이라 해 둔다(지은이 1992 - ②).

고조선의 문화적인 특징은 제정 일치의 보람을 드러냄에 있다 하겠다. 이러한 특징이 "단군왕검"이란 언어 표상의 역사성이라 할 것임이오, 태양신 숭배 민족의 청동기 문화와 원주민인 곰 토템의 석기 문화를 드러냄이 사회성이라 할 것이다. 장덕순(1972)에서도 지적된 바 단군 신화의 환웅은 태양신 환인의 아들이었다. 환웅은 이어 단군으로 혈맥이 닿았으니 단군이 후예로서 조상신이자 거레의 말미암음인 태양신을 제사하고 숭배함은 너무도 당연한 일이었다.

≪고사기≫에 나오는 일본의 천조대신도 연오랑-세오녀와 관련되는 바, 모든 태양신을 상징한다. 옛적 '임금'을 훈으로 하는 "왕"이란 글자의 자원도 태양 숭배 곧 불신과 무관하지 않다. 이집트의 피라오 신화가 그러하듯 농경 문화에서 태양신 숭배는 문화의 아주 자연스러운 바탕이 된다. 그것은 당시 모든 권능의 구심점이 태양신에게 달렸다고 믿었기 때문이다. 태양 숭배 문화의 또 다른 흔적으로는 고인돌을 중심으로 하는 거석(巨石)문화, 동으로 머리를 두는 동침제, 빗살무늬 토기, 고분의 벽화, 임금의 의상 등을 들 수 있다.

언어적으로 어떻게 "니-태양"의 대응이 될 수 있는가를 살펴보도록 한다.

1) 형태소 "니"의 의미 특징

음절 구조의 변동으로 본 "님"은 개음절의 "니마"에서 비롯되었다. "니마"의 "마"는 경칭 접미사로서 알맹이가 되는 핵 형태는 "니"라고 상정할 수 있다. 먼저 "니"와 관련한 땅이름에서 한자와의 대응 관계를 살펴볼 수 있겠다.

(6) "니"와 땅이름

ㄱ. 古昌郡-日谿縣-熱也縣-泥兮縣 (대동지지 권7 의성)

ㄴ. 尼山-熱也山-魯城 (대동지지 권5 노성)

ㄷ. 塹城壇-摩尼山(山川祭壇在摩尼山醮星壇下)(신증동국여지승람), 摩尼山 —陽山(대동지지)

ㄹ. 發火始教熟食謂之壇國 (한단고기)

위의 보기에서 "니-泥・尼・熱・日・陽・古(넷)"의 대응 관계는 한자의 소리와 뜻을 빌려 쓴 "니"의 이표기로 보아도 좋을 것이다. 그럼 도수희(1977)에서 '尼≠魯'의 불일치를 주목한 나머지 "熱也-덥이"로 상정하였는데, "니"와의 걸림은 풀이할 수 없을까. 유창균(1991)에서처럼 소리를 중심으로 하여 [ni]로 대응시킴이 온당할 것으로 본다. '熱也'에서 '也'는 '熱'을 [ni]로 읽으라는 석독의 말음 표기로 보면 무난하다(ya-i). 나머지 문제는 '尼(ni)≠魯(luo)'의 경우인데 소리로만 보면 불일치를 풀이할 수 없게 된다. 하나 땅이름이 고쳐지거나 달리 불리울 때 두드러지는 몇 가지 현상을 떠올리면 그 불일치를 무리 없이 수용할 수 있다고 본다. 경덕왕 때 땅이름을 고쳤는바, ① 주・군・현 식의 2자, ② 옛 땅이름에서 나쁜 글자이거나 부르기 거북한 글자의 유보, ③ 새 이름은 한자의 소리로만 읽는다 등의 기준이 쓰였다(김형규 1975).

다시 ②의 기준으로 생각해 보면, '尼-魯'가 같은 내용의 다른 표기임을 알 수 있다. 가령 "대구(大丘→大邱)"에서와 같이 성현 공자의 이름을 피하면서도 그 본디의 뜻은 살려서 썼듯이, 공자의 자이자 고향(仲尼, 尼山)임을 꺼려서 노나라 사람임을 은유적으로 드러내서 적은 것이다. 본디의 땅이름 "尼[ni]"는 공자와 걸림이 없는데 후대 유교가 지배 이데올로기로 떠오르면서 이런 현상이 일어난 것으로 본다. 결국 '니-태양'의 대응성은 무리 없이 옳은 것이 아닌가 한다.

(6ㄷ)의 경우, 참성단은 분화구로서 단군이 하늘에 제사를 모신 것으로 전해 온다. 여기서 초제를 드렸는바, 초제는 다섯 방위의 별에 지내는 밤제사를 이른다(수서·군방보). 마니산의 "마니"도 불과의 걸림이 있다. "마니"는 불로 인한 재해를 방지하고 이 세상의 악을 제거하는 여의주를 뜻한다. 여의주는 곧 마니주로 이해되거니와 모두 불-태양과 걸림이 있는 것으로 보인다. 배화교를 바탕으로 해서 기독교와 불교적인 요소를 합한 마니교도 하나의 방증이 된다. 이 때 '마(摩)'는 무엇인가.

≪대동지지≫에서 옥천의 땅이름과 관련하여 같은 지역의 땅이름 분포를 보면 "摩-聖-馬-"의 대응이 확인된다. 그 훈으로 볼 때 '摩-걸'은 시사하는 바가 크다. 이를 바탕으로 "마니"를 풀이하면 '거룩한 태양(불)신'으로 뒤칠 가능성을 보인다. 하니까 "마니산"은 거룩한 태양신을 제사하고 거룩하게 모시는 장소로서의 의미로 떠올리게 된다.

앞에서 연오랑-세오녀와 일본의 건국 신화에 나오는 천조대신(天照大神)의 걸림을 보였는데 "니"와 관련한 일본의 자료를 찾아보기로 한다.

(7) "니"와 일본 자료
ㄱ. 日[ni~hi]→ 土·尼·荷
ㄴ. 尼公[nigou], 日本[nihon], 煮山[nitasi], 煮方[nikata], 丹塗[ninuri];
    -ni(경칭 접미사)

ㄷ. 옛적 신라국에 왕자가 있었는데 그 이름은 천일창(天日槍)이라고 하였
다. (중략) 하늘의 태양이 여인의 음부를 비췄는데 그 옆에 천한 사나이
가 감시하고 있었다. 그 뒤로 여인은 임신하여 붉은 구슬을 낳았고 뒤에
구슬은 다시 아름다운 처녀로 화하였다.(고사기응신기)

위의 보기에서 형태소 "니"는 '태양(불)'을 드러내거나 그 속성을 보
이며, ≪고사기≫에서는 천조대신과 태양신을 같은 숭배의 대상으로
보고 있다.

신라 초기에 임금의 가리킴말을 "니사금"이라고 한 때가 있었다.
필자가 보기로는 벌써 이 시기에 이르면 태양을 가리키던 "니"가 뜻
이 바뀌어 '태양신→통치자'로 쓰이게 된 것이 아닌가 한다. "니사금"
과 함께 "스승(자충)"이 제사장이자 부족장으로 쓰였음을 보면 두 개
의 가리킴말이 같은 시기에 통용되었던 것으로 상정할 수 있다.

땅이름, 일본 자료와 함께 '니-태양(불)'의 대응 관계가 중근세어
와 만주어의 자료에서는 어떻게 분포되어 있는가를 살펴보자.

(8) ㄱ. 泥丘(분화구 주위의 진흙 언덕), 泥火山(진흙 화산), 泥流(진흙의
흐름-용암); 니긴쇠(熟鐵)(동문유해(하) 23), 닐더(왜어유해(하) 38),
니을 연連(유합(상) 6), 니(此)(염불보권문 38), 니(稻)(구급간 1-86),
니(齒)(훈몽자회(상) 26)

ㄴ. 儒理尼師今 · 脫解尼師今 · 婆娑尼師今 · 氐摩尼師今 · 嗣聖尼師今
(삼국사기)

ㄷ. ningu(上 · 頭)⟨man⟩-nin(soin 영웅)⟨tung⟩

왕을 이르는 말이 바뀐 것을 보면 "거서간 · 마립간 · 자충 · 니사금⇒
왕"으로 되었는데, 이 때 "왕(王)"도 '불이 타오르는 모양'을 상징하였

다. 동음이의어로 보이는 "니(齒)"와 '태양—니'는 어떤 걸림이 있을까. ≪삼국사기≫ 권1 탈해왕 조에 '성스럽고 지혜로운 사람은 이가 많다'고 하여 결국 나이 순으로 왕의 자리를 물려주었다. ≪마경초집 언해≫에서는 '이는 뼈의 정수'로 규정하여 가장 빛나고 환한 부분을 일렀으니 태양의 속성을 잘 드러낸 것으로 보인다. 해를 뜻하는 "나(ㅎ)"(법화경 5-18)로 연령을 드러냄이나 "니"(법화경 6-13)로도 나이를 드러냄은 우연의 일치가 아니며 소리 또는 뜻으로 본 유연성이 있다고 하겠다

파생형이기는 하지만 "니다"는 '진행'을 뜻한다.7) 이른바 천체가 움직이는 천동설의 인식 위에서는 해가 움직여 가는 것이니 해의 움직임에서 '진행'의 속성이 비롯된 것이 아난가 한다.

지금까지 "니"의 의미 특징에 대하여 살펴보았는데 이를 간추려 보자(지은이 1990).

(9) "니"의 의미 특징
ㄱ. [중심 의미]태양(日・火)(＞임금＞좋아하고 그리워하는 사람)
ㄴ. [파생 의미]뜨겁다・끓이다・익힘・진행・이・잇다・붉다・앞

2) "니"의 형태

형태소 "니"가 조사와 만나 곡용을 할 때 그 형태상의 특징은 어떠한지 중세어의 자료를 통하여 확인하기로 한다.

---

7) 집의니거든(석상 6-15), 어셔도라니거라(월석 8-15), 우흐로셔니거디라(계축일기).

(10) "니"의 통합 분포

法을 닷가니겨(월석 18-15), 聖人이 닷가니겨(법화 1-142), 練은니길씨라(법화 6-155), 이밥이닉거다(박통사(중) 하 45), 글닉이다(溫習)(동문유해(상) 43), 여러번닉이다(한청문감 359)

위의 보기에서 "니기다·닉이다·닉다"는 모두 같은 뜻을 드러내는 표기상의 변이형으로 볼 수 있다. 하면 형태 변화의 특징으로 보아 ㄱ특수곡용을 하는 형태임을 알겠다. 곡용 어미 ㄱ이 어간에 교착하여 굳어져 형태 변동을 가져온 경우라고 하겠다. 다시 ㄱ>ㅎ으로 약화하여 ㅎ곡용으로 이어지며 형태 분화를 하는 과정에서 ㅎ－ㅅ－ㄷ－ㅈ(ㅊ)과 같은 어말 자음의 교체를 일으키게 된다.

(11) ㄱ. 녛다(평북 방언)(→이다～볏짚 등으로 지붕 위를 덮다), 디새닐와(훈회(하) 18), 하늘홀이고(頂天)(금삼 2-11), 일다(훈몽자회(하) 24), 니마해(법어 7), 니마흘(내훈 2-60), 니마히(법화 6-14)

ㄴ. 샹녜닛게ᄒᆞ야(常常相續)(몽산법어 9), 니을승承(석봉천자 20), 드른말卽時닛고(고시조 宋), 길우희 糧食니저(용가 50), 닞은니즐씨오(월석(서) 17), 以齒長相嗣故稱尼師今(삼국사기 권1 신라본기)

ㄷ. 나히 侵逼ᄒᆞ야(두시(중) 9-15), 나홀닛고(두시(중) 22-10), 나히로凡이라(두시(중) 23-24)

위의 보기들은 형태 변동을 함에 있어 "니"이 ㅎ곡용임을 보이고 있다. 분포의 예가 많지는 않으나 (11)ㄱ에서의 "녛다"가 그러한 가능성을 보인다. 이는 다시 "니(ㅎ)－나(ㅎ)"와 같이 걸림을 보임으로써 이에 대한 믿음을 더해 주고 있다. 해서 "니(ㅎ)－닛－닏－닐－닞"의 형태들은 어말 자음의 갈라짐에 따른 낱말 겨레의 기본형태라고 판단된다. 이제까지 형태소 "니"의 변화에 대하여 알아보았거니와 이를 간추리면 아래와 같다.

(12) "니"의 형태 변화

　　형태소 "니"는 ㄱ곡용을 하는 자동 교체의 특징을 보이며 ㄱ>ㅎ의 약화를 거쳐 ㅎ곡용형도 드러난다. ㄱ은 자동 교체를, ㅎ은 비자동 교체를 한다. 자립성으로 보아 표기적인 변이형 "니기(닉)- : 닣-닛-닞-닏-닐"계는 의존 형태소로, "니"는 자립 형태소로 쓰인다.

3) "니"의 낱말 겨레

　　형태 분화의 갈래로는 크게 "니" 계열이 있고 "님(니마)" 계열이 있다. 여기서 "님"은 "니마"의 폐음절형이고 "니마"는 "니(日·主·上·蓋)+~마(경칭 접미사)>니마"에서 비롯되었다고 했다. 모음 교체와 어말 자음의 교체, 형태의 파생에 따른 분화형으로 보이는 낱말 겨레를 들자면 다음과 같다.

(13) "니"의 낱말 겨레
ㄱ. [양성 모음계]나히(年)(소학언해 6-26), 나흐로(以天年)(소학언해 6-52)~낫(아언각비), 나을진(進)(유합(하) 5), 낫밤(日夜)(소학언해 6-10)~나지여바미여(내훈 2(하) 17)~여러낟거늘(開現)(능엄경 1-179), 낟만홈애미처(及日中)(명종소학언해 4-11), 두려이나타(圓現)(능엄경 1-79)~날와달와(日月)(능엄경 2-8), 飛生刃日其訓同날(아언각비), 나리져믈오(법화경 2-7) "나(ㅎ)~낫·낫다~낯(낯)·낟다(낟다 現)·날(日)·날"
ㄴ. [중성 모음계]서르닛건(相接)(두시(초) 21-18), 아져긔닛다가(염불보권

문 11)~제임금아니니저(용가 105), 니즐망(忘)(신증유합(하) 13), 어
딜플이즈면(忘善則)(어제소학 4-36)~구처니러(석상 6-3), 닐기(起)(훈
몽자회(하) 13), 起는 닐씨니(석상 6-42), 川原에니르거나(원각경(상) 1
의 2-136), 기운집니르다(사성통해(하) 4)~成은일씨라(훈민정음언해)~
어버이를닏논츠례라(소학언해 2-49) "닛다(잇다)~닞다(잊다)~닐다·
니르다(일다)~닏다"

ㄷ. [음성 모음계]녈구름이(송가가사 1-7), 녈손님(송강가사 2-8), 녯날애
(월곡 88), 녯정을(태평광기 1-6), 녯히(昔年)(한청문감 18), 萬人이우
러녜나(송강가사·장진주사), 우러밤길녜놋다(고시조·왕방연), 지새녜
다(한청문감 12-11) "녀다(行)·녯·녜다(行)"

(13)ㄱ에서 "나(ㅎ)"는 '나이'를 드러내는바, ㅎ곡용형이 어간에 달
라붙어 "낳다"가 이루어진다. ㅎ-ㅅ-ㅈ-ㄷ-ㄹ과 같은 음절말의
자음 교체로 "나(ㅎ)-낫-낮-낯-낟-날" 등의 형태 분화가 일어
나 이를 바탕으로 한 낱말의 겨레들이 빚어진다. 어말 자음의 교체는
주로 유음화와 파찰음화에 따른 분화 형태들이 대부분이다.

중성 모음계의 (13)ㄴ의 경우도 큰 예외는 아니다. "닞다(잊다)"만
해도 그러하다. 세월이 가면 현재는 과거가 되며 기억 속에서 멀어간
다. 해서 돌아올 수 없는 가버린 날-옛날이 된다. "닐다(니르다)"는
어떠한가.

모든 힘의 근원은 불에서 말미암아 일어나는 것으로 그 불의 원천
은 바로 태양이 아닌가. 태양신에게 드리는 말, 다시 겨레들에게 전하
는 말-그러한 동작이 "니르다(이르다)"로 상정할 수 있다. 이를테면
말 속에 영혼이 들어 있을 것이라는 언령설(言靈說 phusei theory)의
한 모습을 보여 주는 화석형이라고 하겠다.

마찬가지로 음성 모음계(13)ㄷ의 "녀다·네다·녯(옛)"도 해가 뜨고 지는 운행 과정에 비유하여 모든 동작상(相)의 바탕을 삼은 것으로 보인다. "녯"은 "니+어잇 > 니엣 > 녯 > 옛"으로 바뀌어 굳어진 말이며 태양을 드러내는 "니"에서 비롯한 형태임을 알게 된다. '지나가 버린' 어떤 시점이나 그러한 상태가 바로 "녯"이기 때문이다.

아울러 눈에 뜨이는 것은 "니마"의 줄임꼴인 "님" 계열의 낱말 겨레들이 있다. 어말 자음의 바뀜으로 말미암은 "님 — 닙 — 닢"이 이 범주에 들어간다.8)

자료의 분포로 보아 "님"은 주로 군왕을 가리키는 보기가 많다. 제의의 대상이었던 '태양신'은 없어지고 '태양신을 제사하고 다스리던 사람을 이은 통치자'의 뜻으로 바뀌어 쓰이는 것이다. 오늘에 이르면 '좋아하고 그리워하는 사람(대상)'으로 바뀌어 쓰이나니 신 본위의 인식에서 인간 본위의 인식으로 전이한 것으로 보인다. 자료에서처럼 "님"은 '맨 위·맨 앞'의 뜻으로도 쓰이는바, "님븨곰븨(동동), 닙(태평광기)"와 같은 형태들을 중심으로 하는 낱말의 겨레들이 있다. 기실 따지고 보면 사람의 "입"이나 나무의 "잎"이 하는 구실이나 붙어 있는 자리로 보아 유연성을 찾기란 어렵지 않다.

낱말 겨레를 이룸에 있어 음운 교체와 형태소들의 합성과 파생은 중요한 틀이 된다. 주로 [체언류+ ~다(접미사)]용언의 어휘 형성 규

---

8) 님 쥬(主)(훈몽자회(중) 1), 下稱上曰님(행용이문), 아소님하(정과정), 님군이예서업스시니(삼강행실 충27), 님군 우(禹)(석봉천자 26) ~ 님븨곰븨(청구영언 23), 님재업순디아니로다(非無主)(두시(초) 10-7): 프른닙픠그늘이일고(태평광기 1-14), 닙은丹砂로 직은듯(해동가요 113), 내입으로(염불보권 32), 닙셩의 것도(계축일기), 곳동앳니피즈므니라(석상 11-2) "님·님금·님븨곰븨·님자: 닙(口·葉·衣) ~ 닢(葉)"

칙에 따른 보기가 중심을 이룬다. 보기로는 음운 교체에서 보인 것으로 대신하기로 하며 '명사1＋명사2→명사'에 따른 복합어를 알아본다. '중성 모음'계의 자료들이 중심을 이룬다.

(14) "니"의 합성어

ㄱ. [중성 모음계] 니구무(신증유합(상) 20), 닛딥(역어유해(하) 10), 닛머리(훈민정음언해), 닛무음(두창집경험방 45), 닛발(처용가)～님븨곰븨(청구영언 123), 님재(두시(초) 10-7)～니마ㅅ돌(한청문감 123) 니마ㅅ박(역어유해(상) 32), 니마ㅅ살(한청문감 186)～니스리(석상 6-7), 니쉿곳(구급간 1-90)

ㄴ. [양성 모음계] 낫도적(역어유해(상) 66), 낫맛감(본문온역방 6)～날달(월인곡 17), 눌즘싱(동문유해(하) 36), 놀가래(훈몽자회 17)

ㄷ. [음성 모음계] 널구름(송강가사 1-7), 널비(서경별곡), 넷날(월곡 88)

이제까지 형태소 "니"를 중심으로 한 음운 교체와 형태의 합성에 따른 낱말 겨레를 알아봄으로써 의미의 같음으로 생겨나는 "니"의 계열 관계를 따져 보았다. 그 내용을 간추리자면 다음과 같다.

(15) "니"의 낱말 겨레 분포

음운 교체로 말미암는 "니"의 낱말 겨레는 양성-음성-중성모음 계열로 갈래 지을 수 있다. 특히 중성과 양성 계열에서는 어말 자음의 교체에 따라서 "니(ㅎ)·닛·닛·닏·닐～니마(님)·닙·닢 ; 나(ㅎ)·낫·낫·낯·날·날"로 발달하였다. 여기에 다른 말들이 복합하여 더 많은 낱말 겨레를 이룸은 물론이다. 한편 형태의 합성으로 빚어지는 낱말 겨레의 어휘 형성 규칙은 명사1＋명사2→명사의 틀에 따르는 중성 모음계 "니(ㅎ)·닛·님·닙·니마"의 형태들이 중심을 이룬다.

4. "검"과 곰 토템

앞에서 필자는 "단군왕검"의 "왕검"을 제사장이자 부족장인 단군이 비는 대상 신이라고 상정한 바 있다. "왕검"의 "검"은 그 앞의 "왕"을 "님검(님금 > 임금)"으로 읽으라는 끝소리의 징표로 보면 된다. "검"의 표기적인 변이형으로서 "검 - 금 - 감 - 곰 - 굼 ; 고마 - 구마(구무) - 거미"를 들 수 있다(필자 1989 - ①).

"니마(님→임)"가, 단군이 제사하여 모시는 아버지 신이며 하늘의 태양신(불신)이라면, "고마(곰 - 검 - 감)"는 토템으로 보아 곰을 조상신이며 영혼의 상징으로 보는 퉁구스 사람들의 믿음에 걸 맞는 기원의 대상 신이다. 단군 신화에 나오는 근원 상징으로서 "곰 - 검(금)"의 대응성을 어떻게 풀이할 수 있을까.

우리 글이 없던 때인지라 한자의 뜻과 소리로써 우리말을 적는다. 하면 "왕검"의 "검(儉)"은 한자의 소리를 빌어다가 쓴 것으로 상정할 수 있다. "검 - 금 - 곰 - 감" 등의 형태를 이루는 음절 구조는 ㄱ+모음+ㅁ+모음으로 보인다. 국어 발전의 흐름으로 보아 개음절 구조에서 폐음절 구조로 바뀌었음을 떠올릴 때, 폐음절의 형태로 되어 "고마(구마·구무) > 곰(굼)"이 된 것으로 추정된다. 그럼 단군 신화의 "고마(곰)"와 관련, "왕검"의 "검"이 갖는 상징성과 변이 표기에 대한 보기는 다음과 같다.[9]

---

9) 이병도(1961), 도수희(1977) 참조.

(16) "고마"의 상징성과 변이 표기

ㄱ. [신(神)] 熊得女身虎不能忌(삼국유사 권1), 고마敬고마虔고마欽(신증유
합)~[구멍(땅신)] 슈신곰(尿孔)(구황간 3-121), 一熊一虎同穴而居(삼
국유사 권1), 北爲구무바회津(용가 3-13), 구무孔구무穴(훈몽자회 18~
[뒤·검정] 龜城(-龜山-熊神-漆原)(경상도지리지), 以玄武爲神(한서),
前朱鳥後玄武(예기), 곰빈예(동동), 東良北동량뒤(용가 7-25), 月伊谷頭
衣谷-龜城山(경상도 지리지)~[물水] 喉居後而牙次之北東之位 (중략)
喉鑋而潤水也(훈민정음 해례)~[곰(거북·용·말)] 고마ᄂᆞᄅ(熊津)(용
가 3-15), 거미야거미야옹거미야네天龍비활량, 청용산에청바우미리국미
리국(영남민요·왕거미), 古馬彌知(>馬邑)/玄(검)+武(ㅁ)→검(玄武)

ㄴ. 甘勿阿(>咸悅-黑山-咸羅-熊浦), 金馬(今麻只), 乾馬(위지), 蓋馬(玄菟-
王儉城), 錦江(公州-熊津), 古莫夫里(甘奚縣本古莫夫里); koma 〈k-or〉
kame〈jap〉 kuma〈lamut〉 kuma〈tung〉 [熊]~kam〈kor〉 k-ami 〈일본〉
[神]

ㄷ. [곰·고마] 熊神·熊嚴·熊只(곰熊(유합)(상) 13)), 熊津(고마ᄂᆞᄅ(용가 3-
15)), 熊川; [검·거미] 龜山·龜旨·黑壤·漆原·거붑귀龜(유합(상) 14),
거믈흑黑(유합(상) 5), 거미야거미야(양산·왕거미 노래); [감] 玄武·陰
城(>흑양)(대동지지), 가만할음陰(신자원), 새셔가만ᄒ얘라(동동)

보기 (16)에서 "고마(곰)"의 상징성과 형태의 변이 표기에 대하여
살펴보았다. 단군 신화의 곰신(熊女)과 걸림을 생각해 보면, 근원 상
징으로서 "고마(곰)"는 복합적인 많은 상징을 드러내 준다. 짐승으로
서 곰은 물론이오 그 이상의 조상신이며 영혼의 뜻으로 쓰이는 친족
어계의 말을 보더라도 태양과 더불어 우리 조상들이 경건하게 숭배하
는 대상으로 섬겼음에 틀림없다[10]. 제정 일치의 제의 문화인만큼 그

---

10) homottiri(곰)-homokkor(조상신)-homogen(영혼)〈tung〉, 고마敬 고마虔 고

에 상응하는 시간성과 공간성을 통한 인식을 위한 하위 상징이 없을 수가 없다. 해서 복합 상징이 됨은 아주 자연스러운 일이다.

덧붙여 두어야 할 풀이는 동물 상징이다. 단군 신화에서 근원 상징으로서 "곰"은, 수용 변이하는 과정에서 "검(거미－龜 김수로왕)·말(박혁거세)·용(문무왕)"과 같이 확산과 변용을 거친다. 이서의 ≪마경초집 언해≫에서는 '용→기린→말'과 같이 진화한 결과 말은 영험스럽고 거룩한 의미를 갖는 것으로 기술된다. 거룩한 지도자가 태어나면 거기에는 반드시 그에 걸 맞는 짐승이 함께 태어난다. 환웅과 같은 거룩한 지도자가 있으매 이에 맞먹는 근원 상징의 짐승으로 곰(고마)이 단군 신화에 등장한 것이 아닌가 한다. 단군 신화의 고마(곰)는 경건하며 그리운 흠모의 대상이었음은 중세어 자료에서도 볼 수 있다.11)

"고마(곰)"와 음상이 비슷하고 같은 기능을 드러내는 표기적인 변이형은 아주 다양한데 그 갈래는 다음과 같다.

(17) "고마(곰)"의 변이형

ㄱ. [음독] 검·금·굼·곰·감～거미·가미·개마·가마

ㄴ. [훈독] 熊·釜·龜·玄·陰·漆

이제 (17)의 보기와 같은 표기적인 변이형들은 계열로 본 낱말 겨레들을 보임으로써 하나의 큰 방증을 얻는 셈이 된다. 주로 땅이름을 바탕으로 하여 그 자료를 찾아보기로 한다.

마欽(신증유합)

11) 고마敬 고마虔 고마欽(신증유합), 고마ᄒᆞ야드르샤(석보상절 6-12), 고마ᄂᆞᄅ(熊津)(용가 3-15)

(18) "곰(검-금)"의 땅이름 방사

ㄱ. [음독 계열] 甘勿(>今勿>陰達), 甘川(金泉)→外甘·中甘·內甘·佳勿·
巨勿~가막골(釜洞·加莫洞), 감남굴(태안), 가매바우(옥천); 公州(熊津
→錦江·孔岩·甘泉·加馬洞·궁동·궁현(공주), 곰섬·안곰섬·밧곰섬(태안);
감내(횡성)~갑산(갑산), 갑동(공주), 갑파리(연기), 갑사(공주), 가비
샷다(동동); 구미(구미) 등

ㄴ. [훈독 계열] (熊-계) 웅상(웅산), 웅봉(정선), 웅암·웅곡악·웅천(미인),
웅연(고부), 웅포(보령), 웅진(공주), 웅도(서산) ; (龜-계) 구령원(평산),
구담(단양), 구석(보은), 구성(정주), 구지진(김해), 구산포(철원), 구산
(홍산), 구포(동래) ; (釜-계) 부곡(영천), 부산(동래), 부곡포(웅천), 부
동(횡성); (陰-계) 음죽(흑석리), 음성(음성), 음동(오산); (玄-계) 현풍

위의 보기는 한 부분에 지나지 않는다. "곰(고마)"의 상징성까지
넣은 방사 지명은 아주 생산적이다. 여기에 '용－말－거북'까지를 포
함하면 그 분포는 더욱 넓어질 것이다.

앞에서 "단군왕검"의 "검"은 단군의 어머니신으로 제사하는 "고마
(곰)" 토템을 원관념으로 풀이하였다. "곰"을 한자로 적을 때에 가까
운 소리로 대응시키는 과정에서 "검－금－곰－감"으로 넘나들어 인
식하였던 게 아닌가 한다. 표기적인 변이형이라고는 하지만 서로 다른
땅이름을 적음에 있어서는 상당한 변별성을 띠었으리라고 본다. 지금
도 경상도 방언에서는 단모음에 있어 ㅓ～ㅡ가 변별적이지 못하여
복합 음소로 쓰이는 제약을 생각하면 "검～금"의 넘나듦은 자연스러
운 표기의 변이형이라고 볼 수 있다. 더욱이 ≪삼국 유사≫의 지은이
가 경산 출신의 석 일연임을 떠올리면 ㅓ～ㅡ, ㅏ～ㅗ의 섞바꿈은
충분한 개연성을 갖고 있다고 하겠다. 일종의 모음 교체의 범주에 넣

어 무리가 없을 것이다.

"검(금)"이 곰 토템의 "고마(곰)"에서 비롯했을 가능성은 오늘날의 "어머니"가 바로 "검(금)·고마(곰)·구무(굼)"에서 말미암은 것을 고리 지으면 더욱 미덥게 된다. 그것은 단군왕검의 어머니 신이 "고마(곰)"이기 때문이다.

(19) "고마(곰)"와 "어머니"

ㄱ. 가시개-hasaha·가루-haru·골-holo·구유-huju·고마(곰)-homottiri·~ㄴ(마흔·쉬)-gon>hon>on 〈kor-mong(tung)〉

ㄴ. 속(俗)-숳-쇼(소)·뎍(笛)-뎧-더-져(저)·견(見)-현·개(解)-해·개(奚)-해 (ㄱ→ㅎ→ㅇ)

ㄷ. 고마(곰)-구마(굼)[穴·熊]→홈(홈파다)-훔(홈패다·후미지다)→옴(옴팍하다)-움(움퍽하다·우묵하다);homottiri(곰)-homokkor(조상신)-homogen (영혼) 〈tung〉

ㄹ. ["어머니"의 방언형] 어머니·엄니·어무이·옴마·오마니·옴매·오매·오메·어메·엄마·움마·암마(최학근(1978), 한국 방언 사전).

ㅁ. [삼국유사 고조선]
스무 하루를 지나 곰은 여자의 몸을 입고 범은 뜻을 이루지 못하였다. (중략) 환웅은 짐짓 남자로 화하여 웅녀와 혼인을 하여 아들을 낳으매 단군왕검이라 하였다.

한국어를 포함한 알타이계의 말에 대한 음운 비교에서 람스테트(Ramstedt)는 ㄱ→ㅎ→ㅇ와 같이 무성 파열음 ㄱ이 약화 탈락하는 과정을 재구성한 바가 있다(알토 1957, 알타이어학 입문). (19)ㄱ에서 몽고어와의 비교를 통하여 ㄱ→ㅎ→ㅇ의 대응성을 확인할 수 있으며, (19)ㄴ의 한자음이 어말에서 자생적으로 약화·탈락함을 알게 된다.

이러한 현상은 (19)ㄷ에서처럼 곰·검·굼·감(고마·구마)→홈(훔)→옴(움)의 변이 과정을 풀이함에 있어 설득력을 보여준다.

퉁구스말에서 곰(고마) 토템은 '곰―조상신―영혼'의 뜻으로 떠올리고 있으며, 지금도 곰 숭배 신앙을 가진 사람들이 아무르강 가에 2만여 명이 살고 있다는 것이다. 제정 일치의 단군왕검 시대에 경건하게 모시던 "곰(고마)" 신앙은 중세어 자료에서 그 맥이 이어지고 있다[12] 곰(굼·검·감)→홈(훔·험·흠)→옴(움·엄·암)에서 '구멍'과 대응이 되는데, 여기 '구멍(굴)'은 생명이 탄생하여 자라나는 어머니의 태일 수도 있고 혈거 생활을 함에 있어 바로 그 '굴'일 수도 있다.

단군 스승의 어머니는 "고마(곰)―구마(굼)"라고 불렀다면 오늘날 우리들의 고마(곰)는 "어머니"가 되어 쓰인다. 상대편에게 감사하는 인사로 "고맙습니다"고 한다. 형태 분석을 하면 "고마(熊)+~ㅂ다(如)>고맙다"와 같이 된다. 이 형태 분석을 바탕으로 한 "고맙습니다"의 풀이는 '당신의 은혜가 고마(>어머니)의 그것과 같다'는 역사 문화적인 의미로 되새길 수 있다.

이제까지 "단군왕검"의 "검"과 곰 토템을 관련지어 살펴보았는데, 그 알맹이를 간추리면 다음과 같다.

(20) "검"과 곰신앙

"단군왕검"의 "검"은 "왕검"을 "님검(님금)"으로 읽으라는 말음첨가이다. 우리말을 한자로 적는 과정에서 "검·금·굼~곰·감/고마·구마·개마"와 같은 표기적 변이형으로 적힌다. 토템으로서 신앙의 대상이었던 "고마(곰)"의 상징은 '신(神)·구멍(굴)·검정·뒤·물·곰·용·말·거북·북쪽·

---

12) 고마敬 고마虔 고마欽(신증유합).

겨울' 등으로 대표된다. 경건하게 숭배해야 될 "고마(곰)"는 친족어에서
'조상신-영혼-곰'의 뜻으로도 쓰였다. 이러한 상징소의 상징 근거는 중세
어 자료와 땅이름에서 말미암는다. 음독형으로는 "검·금·굼~거미·가미·
개마·가마~갑(갋)"이 있고, 훈독형으로는 "熊·釜·龜·玄·陰·黑·漆"과
같은 계열의 땅이름을 들 수 있다.

곰(고마) 신앙의 제의 문화가 지배했음은 오늘날 "어머니"의 기원형
으로 상징할 수 있다. 이는 람스테트의 ㄱ→ㅎ→ㅇ 가설에 근거하여
[곰(고마)굼(구마)→훔(훔)→옴(움)]에서 입증되며 방언 분포로 보아
"어머니"의 방언형 중에서 "옴(움)"과 대응되기 때문이다.

5. 마무리

언어는 문화의 투영체로서 역사성과 사회성을 갖는다는 관점에서
"단군왕검"의 형태론적 풀이를 함으로써 단군 조선의 문화적 실체를
언어적으로 증명하고자 했다. 그 줄거리를 간추리면 다음과 같다.

(가) "단군"은 제사장이자 부족장으로 겨레를 다스렸다. 방언 분포
로 보아 "단군"은 "스승"으로도 쓰였는데 "스승→슷間+~웅(접미
사)＞스승"으로 보아 ① 신과 인간, ② 인간과 신, ③ 인간과 인간의
'사이'에서 신정 정치를 이끌어 갔다. 따라서 단군 조선 시대는 교황에
맞먹는 스승 문화의 상고 국어 시기였음을 상정할 수 있다.

(나) "왕검"은 단군 스승이 받들어 모시던 제의의 대상 신이었다.
"왕검"의 "검"으로 보아 "왕검"은 "님검(님금)"으로 읽는다.

(다) "님(니마)"은 "나(日)+~마(경칭 접미사)＞니마(＞님＞임)"
와 같이 형태 분석이 되며 하늘의 태양신(불신)으로 단군의 아버지

신 계임을 알 수 있다. "니"의 중심 의미는 땅이름, 비교언어적인 자료로 보아 '태양'이며 파생 의미는 '하늘·앞·이마·혀소리·여름·진행·붉다·희다·이'라고 하겠다. 형태 변화의 보람으로는 ㄱ곡용어로 상정되며 ㅎ곡용으로도 비자동 교체된다.

　이러한 "니"의 뜻과 형태 변화의 근거로는 음운 교체와 파생 및 합성에서 비롯되는 낱말 겨레의 계열장이 있다. 어말에서 자음 교체가 됨을 함께 고려하면, ① 중성 모음계 "니(ㅎ)·닛(닞)·닏·닐~님·닙·닢"이 있고 ② 양성 모음계 "나(ㅎ)·낫(낮·낯)·낟·날", ③ 음성 모음계 "녀·네·녯(>옛)"과 같은 고유어계의 기본형들이 있다. 이들로 말미암는 파생 형태는 [명사+-다(접미사)]동사의 어휘 형성 규칙에 따른 낱말의 분포가 넓다.

　(라) "왕검"의 "검"은 표기적인 변이형에 "검·금·굼~곰·감~고마·구마" 등이 있고, 기본형은 "고마(곰)"로 단군의 어머니신이자 땅신이며 물신의 상징으로 드러난다. 제의 문화 사회에서 태양신과 함께 숭배하는 대상 신으로 태양신이 예족이라면 고마(곰)신은 맥족을 원관념으로 한다. 상징소는 '신(神)·구멍·뒤·검정·북쪽·물·곰(용－말－거북)·겨울·목소리'로 상정되며 이들은 중세 자료나 땅이름에서 찾을 수 있다.

　땅이름에 표기되는 음독에는 "감·곰·검·굼·금~고마·가마·고미" 형이 있고, 훈독에는 웅(熊)·능(能)·맥(貊)·백(百/白) 형이 있다. 형태 변화로는 ㄱ곡용의 비자동적인 교체를 한다. 언어의 역사성으로 보아 "고마(곰)"는 "어머니"의 기원형이 된다. 람스테트가 지적한 ㄱ→ㅎ→ㅇ의 과정을 거쳐 무성 파열음이 약화 탈락되는데 "고마(곰~굼)→홈(훔)→옴(움)"으로 되며, 이는 "어머니"의 방언형 "오마(옴)·

움마"에 대응되기 때문이다.

(마) "왕검"은 "님검(님금)"으로 제의의 대상인 하늘의 태양신 "니마(님)"와 땅의 물신이자 조상신인 "고마(곰)"의 병렬 복합 명사이다. 정·교 분리에 따라서 '님금→군왕'으로 그 뜻이 바뀌어 오늘날엔 "님(>임)"만 남아 좋아하는 사람의 뜻으로 쓰였으니 어휘의 해체가 일어난 셈이다.

(가)~(마)로 보아 "단군왕검"은 단군 스승의 제의 문화를 반영하는 음성 상징이다. 해서 단군 신화는 언어적인 실증을 통하여 곰 토템을 갖는 맥족과 태양 숭배의 예족 사이에서 일어나는 문화 이행의 이야기라고 할 수 있다.

요컨대, 단군신화는 공허한 것이 아니고 제의 문화를 특징으로 하는 문화적인 공간과 시간이라고 하겠다. 따라서 단군왕검의 문화는 역사적인 사실로 상정된다.

저자 | 정호완

강원도 횡성 출생. 아호 감내
강원도 농도원 수료
공주사범대학 국어과 졸업
충남대학교 대학원 수료(문학박사)
한글학회 회원, 우리말글학회장
현재 대구대학교 사범대학 국어과 교수로 봉직

■ 저서

후기 중세어 의존명사 연구, 낱말의 형태와 의미
우리말로 본 단군신화, 우리말의 상상력 1·2
한국어의 발달과 의존명사, 경산의 지명유래
김천의 마을, 영양의 옛 마을
경산의 임란의병 항쟁(공)
삼국유사의 종합적 연구(공)
영남의 언어와 문학(공)
배달의 노래, 올 날이 아름답다

땅이름의 문화찾기

초판인쇄   2003년 1월 15일
초판발행   2003년 1월 30일
지 은 이   정 호 완
펴 낸 이   송 미 옥
펴 낸 곳   이회문화사
출판등록   1992년 5월 2일 제6-0532호

주   소   131-030 서울시 동대문구 답십리동 488-338 부영빌딩 503호
전자우편   ih7912@chollian.net
전화번호   (02)2244-7912, 3
팩   스   (02)2244-7914
정   가   14,000

ISBN 89-8107-209-4   93710
* 잘못된 책은 바꿔드립니다.